— HOW TO —
DRINK
RUM

DAVE BROOM

— HOW TO —
DRINK
RUM

VOM MIXEN UND TRINKEN

ÜBERSETZT VON REINHARD FERSTL

 Hallwag

Ich widme dieses Buch meinen immerwährenden Freunden Martin und Lisa sowie – in memoriam – dem genialen Dick Bradsell.

Die Originalausgabe ist 2016 unter dem Titel »Rum – The Manual« bei Mitchell Beazley erschienen, einem Imprint der Octopus Publishing Group Ltd., Carmelite House, 50 Victoria Embankment, London EC4Y 0DZ.

Projektleitung: Alexandra Bauer
(textwerk, München)
Übersetzung: Reinhard Ferstl
Lektorat: Eva Meyer
Korrektorat: Christian Wolf
Satz: L42 AG, Berlin
Herstellung: Markus Plötz
Umschlaggestaltung: herzblut02,
Martina Baldauf, München
Druck: C&C Offset Printing CO.Ltd., China

1. Auflage 2017
ISBN 978-3-8338-6111-6

Liebe Leserin und lieber Leser,
wir freuen uns, dass Sie sich für ein HALLWAG-Buch entschieden haben. Mit Ihrem Kauf setzen Sie auf die Qualität, Kompetenz und Aktualität unserer Bücher. Dafür sagen wir Danke! Ihre Meinung ist uns wichtig, daher senden Sie uns bitte Ihre Anregungen, Kritik oder Lob zu unseren Büchern. Haben Sie Fragen oder benötigen Sie weiteren Rat zum Thema? Wir freuen uns auf Ihre Nachricht!

GRÄFE UND UNZER Verlag – Leserservice
Postfach 860313, 81630 München

Wir sind für Sie da!
Montag–Donnerstag: 9.00 – 17.00 Uhr
Freitag: 9.00 – 16.00 Uhr
Tel.: 00800/72 37 33 33*
Fax: 00800/50 12 05 44*
(*gebührenfrei in D, A, CH)
E-Mail: leserservice@graefe-und-unzer.de

 Hallwag
Ein Unternehmen der
GANSKE VERLAGSGRUPPE

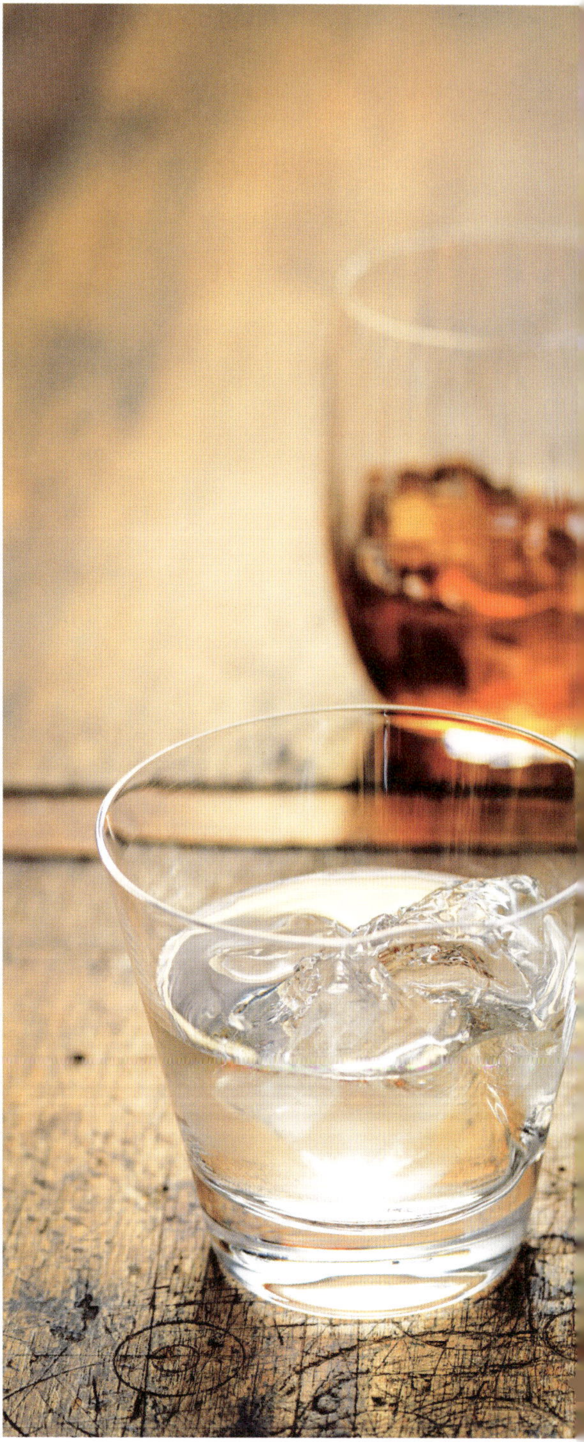

INHALT

EINFÜHRUNG

Wann hat alles angefangen? Vielleicht beim Halloween-Spiel, bei dem vor Sirup triefende Melassekekse an der Küchenreling baumelten. Wir mussten sie mit zurückgebundenen Händen zu schnappen versuchen. Die schwarze klebrige Masse, die sich über Lippen und Gesicht verteilte, war mein frühester Kontakt mit Zuckersirup. Er schmeckte süß, aber bitter, nach Eisen und Blut.

Rum kam später, in einem Fischer-Pub in Lochaline. Es gab dort ein Gemisch, das wir Rum, Sodomy und Lash tauften. Es schmeckte nicht wirklich gut, machte die Motorbootsfahrt nach Hause aber zur interessanten Erfahrung. Dann folgten erste Expeditionen in einen von Cadenheads Spirituosenläden, wo ich etwas Altes aus Guyana erstand, das mir die Füße wegzog.

Erinnerungen steigen auf: J. B. in jamaikanischen Strandbars ... hässliche Einkaufstaschen auf Réunion ... Melasse, die an meinen Beinen klebt ... der Geruch von Misthaufen ... geschwungene Macheten ... Eines Tages erzähle ich Ihnen die Geschichten. Die meisten werden Sie nicht glauben.

Immer schwang eine Mischung aus Gelächter, Menschen und Leidenschaft mit. Sie offenbarte, dass Rum das pulsierende Herz einer Kultur war. Mit der Zeit wurden die rumvernebelten Geschichten von Vergnügen und Ausbeutung immer spannender. Keine Spirituose klebt so vor moralischen Widersprüchen. Ihre Geschichte ist so süß und belebend wie ein Tropfen Sirup, so bitter wie ein Klecks Melasse, der einem ins Gesicht schlägt. Rum ist ein Kessel voller Möglichkeiten.

Meine Liebesbeziehung zum Rum ist wohl nie rum.

Diese Welt ist wie ein Dominospiel, in dem statt Spielsteinen Ansichten auf den Tisch fliegen, ein Ort, an dem lang, laut und hitzig debattiert wird – und zum Schluss Gelächter zu hören ist. Rum ist und bleibt die Spirituose, die uns zum Lächeln zu bringen vermag.

Was habe ich gelernt? Dass es bei Rum schon eine Qualitätskontrolle gab, als andere Spirits noch in kurzen Hosen rumliefen. Rum war der qualitative Maßstab und nicht ein minderwertiges Gesöff aus der Karibik. Das hat sich bis heute nicht geändert. Es wird Zeit, das anzuerkennen und einige Rummythen zu zerstören. Rum ist nicht nur eine Weltspirituose, sondern eine Weltklassespirituose – und das schon länger, als wir meinen.

Es ist an der Zeit, die unglaubliche Vielfalt und Vielseitigkeit von Rum zu würdigen.

Füllt die Gläser. Wir ergründen die Tiefen des Rums!

ENTZAUBERTE MYTHEN

Rum ist eine facettenreiche Kategorie. So verwundert es nicht, dass sich Mythen um diesen Hochprozenter gebildet haben. Versuchen wir einige zu enträtseln.

Mythos 1: Süße

Wie ein Blick in die Geschichte zeigt, wurde Rum von Anfang an gesüßt. Allerdings sind einige Vertreter so stark gezuckert, dass sie schon fast als Liköre durchgehen. Manchen mag das schmecken, doch hat das Zuckerdoping einen Nachteil: Der Zugewinn an Beliebtheit wird mit einem Verlust an Komplexität und Charakter erkauft. Süße schaltet gleich, wo Vielfalt regieren sollte.

Zudem ist die Praxis unfair gegenüber Erzeugern, die keinen Zucker hinzufügen wollen oder dürfen. Idealerweise sollte der Zuckergehalt auf dem Etikett angegeben und nach oben begrenzt werden, wie bei Cachaça oder Cognac. Ehrlichkeit und Transparenz sind wichtig. Angesichts der Probleme bei der Regulierung (siehe Seite 9) ist es vielleicht einfacher, wenn Erzeuger, die weder zuckern noch färben, das deklarieren.

Und noch etwas: Wer will, dass sein Rum nach Vanille schmeckt, sollte Firstfill-Fässer zum Einsatz bringen. Wer seinen Rum aromatisieren will, sollte ihn Spiced nennen. Lügen ist nicht gut.

Rum ist die geselligste Spirituose der Welt – der Spaß darf dabei nie außen vor bleiben.

Mythos 2: Spaß oder nicht Spaß

Rum ist leutselig und bietet sich deshalb als Partygetränk an. Allerdings sollte man ihn nicht darauf reduzieren. Ein Rum-Blogger hat mich einmal gefragt, ob Rum sein Image als Spaßdrink hinter sich lassen und ein Renommee wie Single Malt anstreben sollte. »Nein!«, habe ich gerufen. Noch heute haben Scotch-Novizen oft das Gefühl, sie bräuchten ein abgeschlossenes Studium, um ihre Favoriten angemessen würdigen zu können. Es geht nicht um die Wahl zwischen Spaß und »Ernsthaftigkeit«: Der Fun-Faktor muss auch dann erhalten bleiben, wenn Rum sein Repertoire erweitert. Es ist umfassender als das jeder anderen Spirituose und darf nicht beschränkt werden.

Mythos 3: Alter

Eine Spirituose sei erst ab einem Alter von zwölf Jahren glaubwürdig, sagt Scotch. Das bringt Rum in die Zwickmühle, denn im tropischen Klima reift er schneller. In den Tropen ausgebauter Rum »à la Scotch« beschert einem mitunter ein Eichenkonzentrat im Glas. Rum wird mit zunehmendem Alter nicht süßer, sondern trockener.

Auch bedenke man, dass der Ausbau in Soleras zwar eine anerkannte Methode ist, sich aber vom statischen Ausbau unterscheidet. Das Alter eines Solera-Rums anzugeben ist unmöglich. Man kann nur ein annäherndes

Durchschnittsalter nennen. Die Lösung? Nicht auf Zahlen schauen, sondern das Produkt schmecken.

Mythos 4: Etiketten

Die Welt des Rums ist nicht international reguliert. Wäre es gut? Ja. Ist es möglich? Unwahrscheinlich, denn es gibt in jedem Erzeugerland bereits Regularien. Was im einen erlaubt ist, steht in anderen auf der Verbotsliste. Alle auf ein einheitliches System einzuschwören ist utopisch. Obwohl der Rumsektor wächst und die Menschen wissen wollen, was in der Flasche ist, sind die Etiketten wenig aussagekräftig. Verwirrung oder Verschleierung aber schadet dem Ruf. Können wir eine eigene Klassifizierung aufstellen? Luca Gargano von Velier hat es versucht:

Pure Single Rum: 100 Prozent Pot (also Batch) Still Rum.
Single Blended Rum: ein Verschnitt aus Pot Still und traditionellem Column Still Rum.
Rum: Rum aus einer traditionellen Column Still.
Industrial Rum: Moderner Rum aus Multi Column Stills.

Wenn Bars und Einzelhändler so etwas unabhängig zu verwenden beginnen, wäre das schon mal ein Anfang.

Etiketten sind zwar oft farbenfroh, müssen aber entschlüsselt werden.

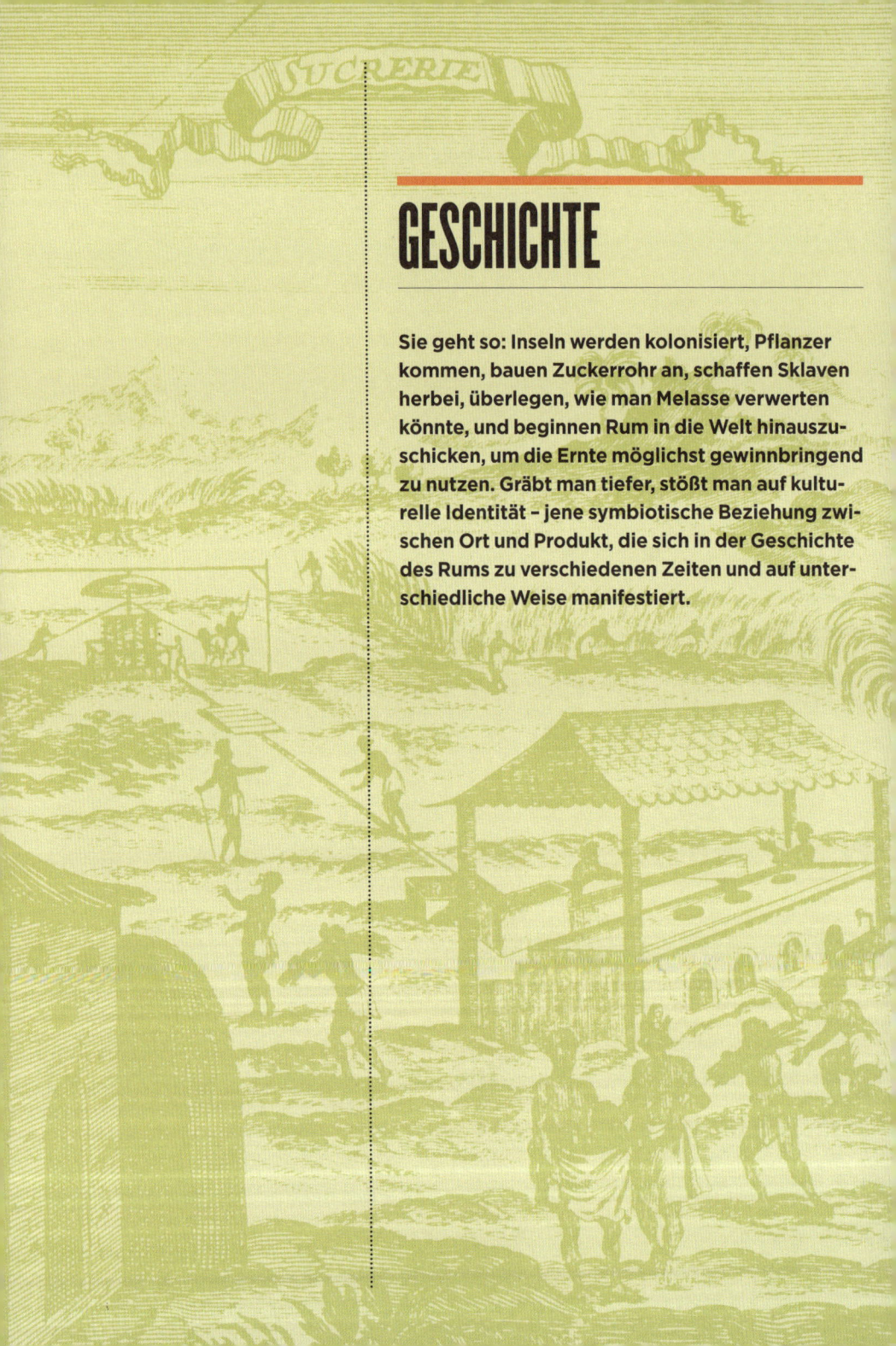

GESCHICHTE

Sie geht so: Inseln werden kolonisiert, Pflanzer
kommen, bauen Zuckerrohr an, schaffen Sklaven
herbei, überlegen, wie man Melasse verwerten
könnte, und beginnen Rum in die Welt hinauszu-
schicken, um die Ernte möglichst gewinnbringend
zu nutzen. Gräbt man tiefer, stößt man auf kultu-
relle Identität – jene symbiotische Beziehung zwischen Ort und Produkt, die sich in der Geschichte
des Rums zu verschiedenen Zeiten und auf unterschiedliche Weise manifestiert.

Zuckerrohr gehört zu den Gräsern.

ZUCKER: IM BANN DES SÜSSEN

Eines Tages, es gab noch keine Menschen, aber Zucker-rohr, bildeten sich an den Halmen eines solchen Zucker-rohrs zwei Beulen. Sie wuchsen und wuchsen, bis der Halm platzte und der erste Mann und die erste Frau auf die Erde fielen. Wir sind Kinder des Zuckers, glaubt man auf den Inseln des Pazifiks. Indem wir Zuckerrohr kauen, schmecken wir unsere Ursprünge. Es nährt und stützt uns, es hat uns hervorgebracht.

Bereits vor 10.000 Jahren wurde in Neuguinea Zu-ckerrohr domestiziert. Vor etwa 3.000 Jahren erreichte das Gras das asiatische Festland. In Indien nannte man um 500 v. Chr. Stücke aus Zuckersirup *khanda* – das englische *candy* ist davon abgeleitet. Auch unser deut-sches Wort Zucker hat seinen Ursprung auf dem Sub-kontinent: *sarkara* bedeutete im Sanskrit »körniger Zu-cker«. Und den schien der Himmel geschickt zu haben: Kāmadeva, der Hindu-Gott der Liebe, beschießt seine Opfer mit Pfeilen aus Blüten, abgeschossen von einem Bogen aus Zuckerrohr. Buddha wiederum ist der Über-lieferung zufolge ein Vorfahr des legendären Königs Ikshvaku (*iksu* bedeutet Zuckerrohr).

Für Chinas Buddhisten war Zucker Nahrung und Medizin zugleich. Seine Herstellung umfasste das Ent-fernen von Unreinheiten und konnte so als Metapher für die Erleuchtung gedeutet werden. Im 7. Jahrhundert schickte Kaiser Taizong aus der Tang-Dynastie Expedi-tionen nach Indien, wo sie dem Geheimnis des Zucker-raffinierens auf die Spur kommen sollten. Wer Zucker kostete, verfiel seinem süßen Zauber.

Indien: Heimat des ersten Zuckerrohrbrands

»Zuckerwein« gab es in Indien wie in China, doch deutet nichts darauf hin, dass die chinesische Version durch Destillation entstand. Indische Quellen dagegen erwäh-nen einen Brand auf Zuckerbasis. Als Sultan Alauddin Khilji, der von 1296 bis 1316 regierte, den Verkauf von Wein untersagte, bereiteten seine Untertanen ein Getränk aus problemlos verfügbarem Zucker – und destillierten es.

Älter noch ist eine Liste von Aufgaben des »Oberauf-sehers für Branntwein« in Buch II, Kapitel XXV des *Arthas-hástra*, einer alten hinduistischen Abhandlung über Politik

Kolumbus' Verwandtschaft machte in Zuckerhandel.

und Staatskunst. Auf der Liste zugelassener Getränke findet sich *amlasidhu*, ein Geist aus Melasse. Die Originaltexte stammen aus der Zeit zwischen 375 und 250 v. Chr., doch wurde der Eintrag wohl nachträglich hinzugefügt, wenn auch vor 300 n. Chr. Auf jeden Fall scheinen die Ursprünge des Zuckerrohrbrands damit in Indien zu liegen.

Persien

Als die Texte verfasst wurden, befand sich das Zuckerrohr bereits auf dem Weg nach Westen. Erstmals erwähnt wurde es 327 v. Chr. von Nearchus, einem General Alexanders des Großen. Er berichtete von einem »Schilfrohr in Indien, das ohne Hilfe von Bienen Honig erbringt, aus dem ein berauschender Trunk gewonnen wird«. Es könnte sich um Zuckerwein gehandelt haben.

Der Anbau von Zuckerrohr in großem Stil begann erst im 6. Jahrhundert, nachdem Kaiser Darius in Indien eingefallen war und die Pflanze nach Persien gebracht hatte. Dort wurde Zucker zwar in Kuchen und Gebäck ausgiebig eingesetzt und auch als Medizin verabreicht, doch existieren keine Hinweise auf eine Destillation.

Als sich die islamische Zivilisation im 7. Jahrhundert über Nordafrika bis nach Sizilien und Spanien ausbreitete, brachten die Muslime Zuckerrohr mit. Ein Zentrum des Anbaus war Ägypten, doch auch in Spanien wuchs die bepflanzte Fläche mit der Zeit auf 30.000 Hektar.

Zuckerrohr in der Karibik: die Anfänge

Der Sirenengesang des Zuckers untermalte die Ausbreitung von Zivilisationen und half Reiche zu gründen. Das weiße Gold war faszinierend, teuer und machte süchtig. Eine Regelung der Produktion wurde immer dringlicher.

Der portugiesische Einfluss

1425 brachte der Portugiese Heinrich der Seefahrer das Zuckerrohr nach Madeira und zu den Kapverdischen Inseln. Die nicht minder eroberungslustigen Spanier siedelten es auf den Kanaren an. Von dort nahm Kolumbus – die Familie seiner Frau war im Zuckerhandel aktiv – die Pflanze auf seiner zweiten Reise 1493 mit in die Karibik. 1552 berichtete Generalgouverneur Tomé de Souza, dass die Sklaven *cachaço* (den heutigen Cachaça) tränken. Seine Feststellung ist der erste schriftliche Hinweis auf Zuckerrohrbrand in der Neuen Welt.

DER DRAQUE VON EINST

Als erstes Mixgetränk aus Zucker-rohrbrand gilt der Draque aus *aguardiente de cana* und Zucker. Benannt ist er nach einem von zwei elisabethanischen Freibeutern, entweder Sir Francis Drake oder aber Richard Drake, die beide im späten 16. Jahrhundert vor der Küste Brasiliens und Guyanas kreuzten. Bis Anfang des 18. Jahr-hunderts war der Draque in Kuba ein gängiges Magenmittel. Dann kamen noch *hierba buena* (wörtlich »gutes Kraut«, was für gewöhnlich mit Minze gleichzusetzen war) und vielleicht etwas *limón* dazu. Damit ist der Draque also der Urahn des Mojito.

Jede Plantage hatte ihre eigene Brennblase. Im Lauf der nächsten 40 Jahre breiteten sich Zucker und Brände über ganz Brasilien aus. 1640 waren sie bereits auf dem Gebiet des heutigen Guyana angekommen, wo sich die Niederländer dem Anbau widmeten.

Sie waren jedoch nicht die Ersten, die das Potenzial der Region erkannten. Schon Sir Walter Raleigh hatte 1595 Kurs auf das »große und schöne Reich Guiana« genommen. 1617 berichtete er, dass der Boden »zum Anbau von Zucker, Ingwer und jeglicher Art von Le-bensmitteln, die es in Westindien gibt, geeignet ist«.

Das Zeitalter der Zuckerkolonien hatte begonnen.

Der britische Einfluss: die Verzauberten Inseln

Am 20. Februar 1627 betraten 80 Kolonisten und zehn Sklaven die leeren Strände von Barbados. Nachdem der Anbau erster Feldfrüchte misslang, stieg man auf Zuckerrohr um. Es wurde wohl von holländischen Züch-tern in Brasilien zur Verfügung gestellt. Sie lieferten auch Brennblasen und vermutlich Brenn-Know-how.

Binnen zwei Jahrzehnten wuchs die Bevölkerung auf 75.000 Plantagenbesitzer, Diener und Sklaven an. Ende des 17. Jahrhunderts war Barbados Großbritanniens reichste Kolonie. Sie faszinierte Besucher wie Richard Ligon, der sich 1647 bis 1650 auf William Hilliards Plan-tage aufhielt und darüber einen ausführlichen Bericht

Eine typische Zuckerrohrmühle des 17. Jahrhunderts.

Die Karibik avancierte in kurzer Zeit zur
ausbeuterischen Kolonialregion.

verfasste. Ligon war fasziniert von der Schönheit der
Insel und staunte über ihre Fruchtbarkeit, wusste aber,
dass ein Wurm am fauligen Herz des Sektors nagte.

Aus Zuckerrohr formten die Briten ein neues Reich,
das sich auf Handel und Ausbeutung gründete. Ende
des 17. Jahrhunderts war der Zuckerrohranbau der fort-
schrittlichste landwirtschaftliche Wirtschaftszweig im
Königreich. Um ihn am Laufen zu halten, brauchte man
Arbeiter. Viele waren irische und schottische Kriegs-
gefangene oder Zwangsverpflichtete. Die Insel geriet
zum Mikrokosmos der britischen Gesellschaft mit einer
Landadelklasse, die herrschaftliche Häuser errichtete,
einer Arbeiterklasse und einer Unterklasse aus Sklaven.

Rum wurde da bereits getrunken. Ligon aber setzt
ihn bezeichnenderweise nur auf Platz sieben seiner
Liste der zehn meistkonsumierten Getränke auf Barbados. Der Brand galt noch als Energietrunk und Medizin,
gedacht, die Mühsal der Arbeit zu lindern.

Die Gier, mit Zuckerrohr möglichst viel Geld zu ver-
dienen, machte aus Barbados rasch eine Monokultur, die
völlig von Einfuhren aus amerikanischen und kanadischen
Kolonien abhängig war. Die Währung? Melasse und Rum.

Glasgow unterhielt schon bald nach Beginn der Kolonisierung feste Beziehungen zu Barbados. Damit stieß die Stadt eine heute vergessene Entwicklung an, die ihre und Schottlands Liebe zum Rum begründete. 1667 nahm das Wester Sugar House seinen Betrieb in der Glasgower Geschäftsstraße Candleriggs auf; bald darauf wurde dort auch eine Brennerei eingerichtet. Andere zogen nach, darunter das Easter Sugar House. Es floss zwar zunächst importierter Rum durch die Kehlen, doch sprach man schon nach kurzer Zeit auch dem vor Ort erzeugten Destillat zu. Zu Beginn des 18. Jahrhunderts war nicht mehr die Raffinierung, sondern das Brennen von Hochprozentigem zum Hauptgeschäft der Zuckerhäuser geworden. Nicht anders verhielt es sich in Bristol, London und Liverpool.

Zucker und Rum wurden zum Treibstoff der Wirtschaft im Mutterland England, das damals tatsächlich noch englisch und nicht gesamtbritisch war. Die Plantagenbesitzer zogen, nachdem die Böden von Barbados ausgelaugt waren, weiter nach St. Kitts, Nevis, Montserrat, Antigua, Guyana und ab 1655 auf das fruchtbare Eiland, das später zur Zuckerkolonie Nummer eins avancierte: Jamaika. Die »Plantokratie« hatte sich etabliert.

Rum wurde für die Wirtschaft in den Kolonien immer wichtiger. Der Gouverneur von Jamaika, Sir Dalby Thomas, schrieb 1690: »Würde alle Melasse gebrannt, erbrächte der Spirit, obschon zum halben Preis von Brandy feilgeboten, jährlich 500.000 Pfund Sterling.«

Rum wird erwachsen

Im 18. Jahrhundert wurde das Vereinigte Königreich zum Teil dank der Karibik zur reichen Nation – und zum Land der Rumtrinker. Während man 1697 gerade einmal 100 Liter Rum einführte, machte der Zuckerbrand im letzten Viertel des folgenden Jahrhunderts ein Viertel der konsumierten Spirits aus.

Als Haupteinlasstor für Rum diente der Hafen von Bristol. Im gesamten 18. Jahrhundert hatte der Handel mit der Karibik dort einen Anteil von fast 60 Prozent. Um 1780 erreichte er einen Höchststand, doch dann konnten viele Schiffe den Hafen nicht mehr anlaufen, weil man die schmale Avon-Schlucht nicht erweiterte. Seither spielte Bristol hinter London die zweite Geige.

Einfuhren für die Mittelklasse

Im 18. Jahrhundert entwickelte sich eine »moderne« Gesellschaft. Damit stieg auch die Zahl der Einfuhren. Was Hochprozentiges betraf, so hatte die neue Mittelklasse die Wahl zwischen französischem Weinbrand, niederländischem Genever und karibischem Rum.

Die Zufuhr von Weinbrand wurde durch hohe Importzölle und -verbote gedrosselt. Das Image von Genever wiederum litt unter billigem Gin, der die Londoner Elendsviertel überschwemmte. Dem Rum dagegen haftete nichts Negatives an. Frederick Smith schreibt in *Caribbean Rum*: »Zur Strategie französischer Wein- und Weinbranderzeuger ... gehörte es, Rum als Sklaventrank abzutun. Britische Kreise in der Karibik dagegen versuchten ihn als exotischen Drink der neuen Reichen zu etablieren.«

Rum hatte alles, was Gin nicht hatte: Er war importiert, fassgereift, teuer und ein Erzeugnis der reichsten Männer im Land. Alle 40 großen Plantagenbesitzerdynastien hatten ein Familienmitglied im Parlament sitzen, eine mächtige Lobby. Die »Gin-Manie« von 1720 bis 1760 spielte ihnen in die Hände. 1733 hieß es in einem

RUM UND DIE NAVY

Die britische Marine spielte in der Geschichte des Rums eine wichtigere Rolle als die Piraten. Auf See verwandelte sich Trinkwasser in Schleim, und Bier wurde sauer. Keimfreier Rum gehörte bald zur täglichen Verpflegung des Seemanns in der Karibik. Leider litt die Disziplin etwas darunter.

1739 übernahm Vizeadmiral Edward Vernon das Kommando über die Karibikflotte. Am 21. August befahl er, dass »die tägliche Ration von einem halben Pint Rum ... fortan in einem Verhältnisse von einem Quart Wasser auf jeden halben Pint Rum, verteilt auf zwei Portionen, gemischt werde«. Was

etwa einem Verhältnis von 1:4 entsprach. Zudem empfahl er, jede Ration mit frischem Limettensaft anzureichern, um Skorbut zu verhindern, und Zucker hinzuzufügen, »auf dass das Ganze genießbarer werde«. Sollte man den Daiquiri vielleicht Vernon nennen?

Der Aufschwung der Rumindustrie war ein Ergebnis des steigenden Bedarfs der Flotte. Als zentrale Ankaufstelle fungierte die Admiralität in London über ihren Lieferanten Ed & F Man, der entweder direkt oder über Zwischenhändler kaufte. Der Rum kam im Royal Victoria Yard in Deptford in miteinander verbundene

Verschnittfässer, eine Art Solera-System (siehe Seite 56).

Kam zunächst Jamaika- oder Barbados-Rum zum Einsatz, so stieg man bis zum 19. Jahrhundert auf Demerara-Rum mit einigen leichteren Versionen aus Trinidad und Barbados um. Daraus entwickelten sich wiederum die »dunklen« oder »Navy«-Rums britischer Verschneider.

In den 1960er-Jahren wollte die tägliche Ration Rum nicht mehr so recht zu einer modernen Marine passen. Deshalb setzte man am 31. Juli 1970, einem Freitag, nach 230 Jahren einen Schlussstrich unter die Tradition.

Flugblatt: »Ich denke, die gesamte Menschheit wird mir beipflichten, dass sich kaum ein bekömmlicherer Brand destillieren lässt als jener, der Rum genannt wird.« Mitte des Jahrhunderts war fassgereifter karibischer Rum beliebter als preiswertere Alternativen wie Medford Rum aus den Vereinigten Staaten.

Auch die mageren Getreideerträge in den 1850er-Jahren kamen Rum zupass. William Beckford aus einer der mächtigsten Plantagenbesitzerfamilien auf Jamaika war zugleich Parlamentsmitglied und Bürgermeister von London. Mit seinen Kollegen von der Zuckerlobby drückte er ein Verbot von Getreidebränden durch. Also wandte sich die Bevölkerung dem Rum zu, was den Verbrauch in die Höhe trieb, vor allem in Irland, wo man zwischen 1766 und 1774 mehr Rum trank als in England und Wales.

Obwohl das Gros des Rums in Großbritannien aus Jamaika stammte (Barbados trieb nach wie vor überwiegend mit den amerikanischen Kolonien Handel), drängte nach 1740 eine Reihe weiterer Zuckerkolonien auf den Markt. 1744 hatte Britisch-Guayana (alias Demerara) sieben Plantagen – 1769 waren es bereits 56. Im Siebenjährigen Krieg (1756–1763) eroberten die Briten zeitweilig Martinique, Guadeloupe und Kuba und richteten dort Gewerbsbrennereien ein.

Die Zuckerkolonien waren für Großbritannien von großer wirtschaftlicher Bedeutung. Ende des Jahrhunderts brachten die jamaikanischen Zuckerplantagen 15 Millionen Pfund Sterling ein, fünfmal mehr als jede andere Kolonie. Durchschnittlicher (weißer) Jamaika-Rum kostete das Zwanzig- bis Dreißigfache seines britischen Äquivalents. Von Dauer indes waren diese goldenen Zeiten nicht. Die nächste Generation der Zuckerbarone vernachlässigte die Besitzungen und ließ sie von Faktoristen verwalten. Der Niedergang der Plantagen hatte begonnen.

Das Problem war aber auch kultureller Natur. Die Zuckerbarone waren Glücksritter und auf schnellen Reichtum aus. Matthew Parker schreibt in seinem faszinierenden Werk *The Sugar Barons*: »In der Karibik gab es nichts in der Art, was die Kolonien Nordamerikas erhielt und nährte: eine stabile, zunehmende Bevölkerung, Familie, langes Leben und sogar Religion, stattdessen nur Geld, Alkohol, Sex und Tod.«

Die Ausbeutung der Kolonien stand auf keinem festen, nachhaltigen Fundament.

GESCHICHTE

RUM IN DEN NORDAMERIKANISCHEN KOLONIEN

Rum war Amerikas erster Spirit. Kurz nachdem die ersten Importe aus Barbados eingetroffen waren, destillierte man schon Melasse: ab 1640 auf Staten Island in New York und drei Jahre später in Boston. Bis 1750 hatten in Boston und auf Rhode Island bereits 25 Brennereien den Betrieb aufgenommen, weitere 20 standen in New York und 17 in Philadelphia.

Die Bedingungen waren günstig. Brandy aus dem Ausland hatte seinen Preis und Getreide brauchte man für Brot. Melasse bekam man für einen Schilling pro Gallone, während man Rum für das Sechsfache verkaufen konnte.

Rum nährte den Pelzhandel, diente als Währung, half die amerikanischen Ureinwohner zu bezwingen und verhinderte gleichzeitig, dass sie sich mit den Franzosen verbündeten. Zudem wurde die Spirituose ausgiebig als Stärkungsmittel, morgendlicher Muntermacher und Gesellschaftsdroge konsumiert (siehe links). In seinem Buch *And a Bottle of Rum: a History of the New World in Ten Cocktails* meint Wayne Curtis, dass London zwar seine Gin-Manie gehabt habe, Amerika jedoch nicht weit davon entfernt gewesen sei, dasselbe mit Rum zu erleben.

»Keine Besteuerung ohne Vertretung«

Je mehr Rum erzeugt wurde, desto größer war der Bedarf an Melasse. Die Kolonien sollten mit der britischen Karibik Handel treiben, doch 1713 verbot Frankreich die Einfuhr von Rum und Melasse, was dazu führte, dass

PUNSCH

Wo immer man sich im 18. Jahrhundert befand, das gängigste Rumgetränk war der höchst demokratische, menschenfreundliche und gesellige Punsch. Es gab ihn in Kaffeehäusern, Herrenklubs, Landhäusern und Tavernen. Getrunken wurde er von Literaten, Großbürgern, Politikern und dem Volk, falls es ihn sich leisten konnte.

Ende des 18. Jahrhunderts indes änderten sich die Zeiten. Nach 1760 begann James Ashley in seiner Londoner Punschschenke den Mix in Gläsern anzubieten. Daraus entwickelte sich dann der Cocktail. Mehr über Punsch auf den Seiten 188–191.

große Mengen Melasse preiswert zu bekommen waren. Die Brenner in Amerika und vor allem in Medford, Massachusetts machten sich das zunutze, um größere Gewinne zu erzielen. England reagierte 1733 mit einem Melassegesetz, das den Rohstoff und damit auch den fertigen Rum mit hohen Steuern belegte.

Rum fand sich in einer zunehmend erhitzten politischen Landschaft wieder. Die Kolonisten – sie waren nicht wie die Zuckerbarone im britischen Parlament vertreten – fühlten sich ungerecht behandelt und ignorierten das Gesetz. Das Schmugglergeschäft blühte. Im Jahr 1735 beliefen sich die Steuereinnahmen auf gerade einmal zwei Pfund Sterling.

Alles noch schlimmer machte das Zuckergesetz von 1763. Während das Steueraufkommen sank, wollten die Zuckerbarone den Handel ankurbeln; zudem brauchte die Krone Geld für den Siebenjährigen Krieg. Marine und Obrigkeit versuchten ein Gesetz umzusetzen, das den Ruin für die amerikanische Rumindustrie bedeutet hätte. Die produzierte inzwischen 18.169.977 Liter, für die 143 Brennereien verantwortlich zeichneten.

Rum wurde zum Politikum. Wer ihn trank, begehrte gegen die Kolonialherren auf; wer ihn in einer Taverne genoss, traf dort Gleichgesinnte. Man begann den »Geist der Freiheit« zu genießen.

In den 1770er-Jahren griff eine von Rum genährte Geisteshaltung um sich: Großbritannien, das waren »die anderen«, Amerika war die Heimat. Anders als in der Karibik bildete sich in Nordamerika eine Art nationaler Identität heraus. Rum befeuerte den Streit. Seine Besteuerung war einer der Funken, die den Unabhängigkeitskrieg entzündeten. Als sich Großbritannien entscheiden musste, ob es seine Zuckerkolonien oder Amerika behalten wollte, entschied es sich für Erstere.

Damit hatte Rum den Zenit seiner Geschichte in der Neuen Welt auch schon erreicht. 1790, also bald darauf, verhängte der erste US-Finanzminister Alexander Hamilton eine Steuer auf Melasse und die britischen Einfuhren aus der Karibik (wer sagt, die Amerikaner hätten keinen Sinn für Ironie?). Sofort stand Rum im Ruf, Vertreter der alten Ordnung zu sein. Ein neues Land verdiente ein neues Getränk – erzeugt aus eigenen Rohmaterialien, gemacht von den eigenen Leuten.

Es brauchte Whiskey.

GESCHICHTE

DER MARTIN-PROZESS

Samuel Martin rät zu folgenden Anteilen: »Ein Drittel Abschaum aus dem Zuckerrohrsaft, ein Drittel Wascherde aus dem Kupferbehälter ... und ein Drittel Geläger [Dunder].«

Nachdem die Mischung 24 Stunden gegärt hat, kommt Melasse dazu (sie kann bis zu sechs Prozent Anteil am Gesamtvolumen haben): drei Prozent nach 24 Stunden, der Rest einen Tag später »oder wenn die Maische gesättigt ist und stark gärt«. Für eine kontrollierbarere Fermentation empfahl Martin, die ganze Melasse gleichzeitig hinzuzufügen, wenngleich die ältere Methode weiterhin praktiziert wurde. Die Temperaturregelung erfolgte mit Eimern kalten Wassers, falls die einwöchige Gärung »bis fast auf Blutwärme anstieg«, oder durch Beigabe von heißem Wasser, wenn sie stockte.

DIE ANFÄNGE DER RUMPRODUKTION

Beim Studium der Aufzeichnungen aus den Anfangsjahren wird schnell klar, dass Rum beileibe nicht nur ein Nebenprodukt der Zuckerherstellung war. Schon früher als bei den meisten anderen Spirituosen wurden bewusst Qualitätsentscheidungen getroffen.

Richard Ligons Darstellung einer Rumbrennerei im Barbados des 17. Jahrhunderts zeigt einen Raum mit zwei Brennblasen und einer Zisterne, die vermutlich als Gärbehälter diente. Auf Martinique schien man noch einfacher zu arbeiten, sofern du Tertres Zeichnung, die eine *Vinaigrerie* mit kleiner Brennblase mit Kühlschlange und Auslaufrohr darstellte, der Realität entsprach. Doch Rum entwickelte sich rasch vom rauen Sklavenbrand zum Punsch für Plantagenbesitzer und schließlich zum begehrten Exportgut, dessen Verkauf die Betriebskosten der Plantage decken konnte.

Das 18. Jahrhundert: vom Abschaum zur Spezialisierung
Wie der Botaniker Hans Sloane 1707 in *A Voyage to the Islands* schrieb, entstand Rum aus »Zuckerrohrsaft, der sich nicht für die Erzeugung von Zucker eignet ... oder aus dem Abschaum der Kupferkessel ... oder aus Melasse und Wasser, die 14 Tage in Zisternen gären«. Die ersten Rums waren also Destillate des Schaums, der sich auf kochendem Zuckerrohrsaft bildete. Später kam zwar Melasse in die Gärflüssigkeit, doch verwertete man anfangs auch die unbrauchbaren Reste, die sich oben absetzten.

Mit dabei war aber noch eine weitere Zutat. Der Londoner Brenner William Y-Worth erwähnt sie 1707: »Auf Barbados ... nimmt man Melasse, faulen Zucker und seine Rohre und vergärt sie mit den Resten der vorigen Destillation.« Hier wird zum ersten Mal der Einsatz von Dunder (siehe Seite 24) erwähnt.

Im 18. Jahrhundert erschienen etliche Anleitungen für Plantagenbesitzer, die zeigen, dass Qualität in den Brennereien ebenso wichtig war wie in der Zuckerproduktion. Die zweite Generation wollte vor allem Geld machen, und das setzte eine genaue Kenntnis der Abläufe und wie man sie »verbessern« konnte voraus.

Großen Einfluss hatte eine 1754 entstandene Schrift des Plantagenbesitzers Samuel Martin auf Antigua. Sein

Eine Rumplantage in Antigua nach der Beschreibung des dortigen Plantagenbesitzers Samuel Martin.

Gut Greencastle wurde zu einer Art Zuckerrohruniversität. Im *Essay Upon Plantership* fasst Martin nicht nur die besten Methoden zusammen, sondern gibt auch allerlei Ratschläge. Sauberkeit, so Martin, sei von größter Bedeutung, ebenso aber gekühlter und gefilterter Dunder, der als »Hefe« zum Starten der Gärung eingesetzt wird. Einen Großteil seines Wissens hat er von Kollegen auf Barbados, »den besten Brennern aller Zuckerinseln«. Sie erzeugten einen zweifach destillierten »kühleren Brand, genießbarer und bekömmlicher« als das alkoholstärkere – und vermutlich dreifach destillierte – Pendant aus Jamaika, das »auf dem Londoner Markt mehr einbrachte, weil die Käufer dort einen feurigen Spirit bevorzugten, der die meisten Verdünnungsversuche verzieh«.

Schon damals hatte man eine Vorstellung von dem, was wir heute Terroir nennen. Richard Long berichtet in seiner *History of Jamaica* von 1774, dass die fruchtbaren Böden an der Nordküste der Insel einen so zähflüssigen Sirup lieferten, »dass er sich oft nicht zu Zucker kochen ließ. Dafür stammt von dort eine außerordentliche Menge Rum. Der Süden dagegen erbringt weniger Rum, dafür mehr Zucker.« Die Spezialisierung hatte begonnen.

GESCHICHTE

BRITISCHE BRENNMETHODEN

Ambrose Cooper schrieb 1757, für britischen Melassebrand müsse man dem Gärbehälter »frischen Wein mit reichlich Weinstein« hinzufügen, um die Säure zu erhöhen. Das war zumindest eine bessere Lösung, als sie Y-Worth 50 Jahre zuvor vorgeschlagen hatte: Er wollte die Maische mit »einem Topf sehr kräftigen Senfs mit Meerrettich, einer guten Zwiebel und dem Eiweiß eines Eies« anreichern.

Fügte man Ethylnitrit hinzu, so Cooper, bekam man einen weinigen Rum, den man »schlichteren Geistern durchaus als französischen Weinbrand verkaufen kann«. Mit ihm streckte man in erster Linie Rum, Arrack und Weinbrand. Zuckerbrand wurde »aus der Wascherde, dem Abschaum, der Schlacke und den Abfällen aus der Zuckerraffinerie extrahiert«, zweimal destilliert und ebenfalls überwiegend zum Panschen verwendet.

1794 berichtet Bryan Edwards von einer neuen, »verbesserten« Methode des Rumbrennens in Jamaika, mit der man den Anteil von Dunder auf 50 Prozent hob. Ohne Dunder mussten die Brenner »starke Salz- und Säurestimulatoren« hinzufügen, wodurch die Gefahr einer Übersäuerung der Maische drohte. Edwards' und Martins Arbeiten offenbaren, dass sie die Bedeutung von Dunder begriffen hatten – 30 Jahre vor Dr. James Crows Einsatz von Sauermaische bei der Herstellung von Bourbon.

»Funk«-Störung: das Anrüchige des Rums

Der Kampf gegen den typischen Geruch von Rum, den »Funk«, begann schon früh. Hans Sloane charakterisierte ihn 1707 als »widerwärtigen Gestank«, während Y-Worth von einem »starken Geruch« sprach. Als Gegenmittel bot sich eine Neudestillation oder, wie Sloane empfahl, »das Beimengen von Rosmarin« an.

Die Bekämpfung des Gestanks, des üblen Odeurs, des fauligen Brodems, des abscheulichen Ruchs war im 18. und 19. Jahrhundert das größte Problem der Rumhersteller. Y-Worth führte ihn darauf zurück, dass die »Brenner oft die Überreste aus der Destillation oder der Maische ... zum Ansetzen verwendeten«. Er machte also den Dunder verantwortlich. Aber weil der nun einmal das Gros der vergärbaren Maische bildete, blieb nur, seine negativen Folgen zu minimieren.

Um den Geruch zu dämpfen, schlug man »hellen Rum« vor, der nach Coopers Ansicht besser »für die Herstellung von Punsch geeignet wäre ... da der Geschmack dann sauberer wäre. Er würde fast Arrack ähneln.« Ach ja?

Ende des 18. Jahrhunderts reisten Destillationsberater auf die Inseln, um die Rumqualität weiter zu verbessern. Unter ihnen war der Londoner Wissenschaftler Bryan Higgins. Ab 1797 arbeitete er drei Jahre lang im Südwesten Jamaikas. Bei seinen Untersuchungen konzentrierte er sich darauf, den »essigsauren Äther« zu eliminieren, der sich bei den ersten Läufen in der Brennblase bildete. Er schlug vor, entweder den Mittellauf der ersten Destillation zu nehmen oder die »färbenden und öligen Produkte des faulenden Unrats«, also Dunder und Abschaum, nicht mehr zu verwenden, denn dort lag das Problem. Die Verwendung von Melasse, so schloss er, wäre die beste Lösung. Damit kam er zu ziemlich genau demselben Schluss wie Y-Worth fast hundert Jahre vorher.

GESCHICHTE

Sloane empfiehlt das Lagern von Rum »in Behältern im Erdreich« als Möglichkeit, unerwünschte Aromen zu beseitigen. Cooper zufolge musste Rum »einer langen Lagerung unterzogen werden, um vor dem Gebrauche weich zu werden«. Mit anderen Worten: Der Ausbau sollte die Qualität verbessern. Auch damit nahm man Elemente der Erzeugung von Whisky vorweg.

Es war offensichtlich, dass die Monate im Fass an Bord von Schiffen Rum veränderten, weicher machten und verbesserten. Mit der Zeit wurde das Prozedere gängige Praxis. »Alter« Rum war auf dem britischen Markt beliebter. Ende des 19. Jahrhunderts gab es in London zehnjährige Abfüllungen zu kaufen.

Für Higgins war ausgebauter Rum »gewöhnlichem Rum in hohem Maße vorzuziehen«. Kein Zweifel: Pot Still Rum schmeckte ausgebaut am besten.

Edouard Adams Brennblase von 1801 gehörte zu den ersten Versuchen kontinuierlicher Destillation.

Higgins Vorschläge wurden nicht übernommen, zumindest nicht in Jamaika. Zwei Jahre nach seinem Bericht holten New Yorker Händler nach wie vor die Spunde aus den Fässern mit Jamaika-Rum und versuchten ihm sein Aroma auszutreiben.

Die Geruchsbeseitiger waren ausgezogen, das Übel zu bekämpfen. Erst im 19. Jahrhundert aber änderten sich mit der Erfindung des »hellen« Rums Aussehen und Aroma ein für alle Mal.

Das 19. Jahrhundert: die Suche nach dem Gral

Technische Neuerungen, ein veränderter Verbrauchergeschmack und der Wunsch, einen Terroircharakter zu bewahren oder zu schaffen, führten im 19. Jahrhundert dazu, dass sich viele Rumkategorien ausprägten.

Die ersten Änderungen hatten zwangsläufig mit dem Rohmaterial Zucker zu tun. Als es mit dem Sektor bergab ging, mussten die Plantagenbesitzer entscheiden, ob sie bei der Zuckerproduktion blieben oder auf die Rumbrennerei umstiegen. Während Jamaika an Dundergeprägten Stilen festhielt, wandte man sich andernorts in der Karibik davon ab. Weil die Brennereien immer häufiger unabhängig von Zuckermühlen betrieben wurden, konnte man keinen Abschaum mehr verarbeiten. Die stilistischen Unterschiede wurden durch die Verwendung mehrerer Arten von Brennblasen noch verstärkt.

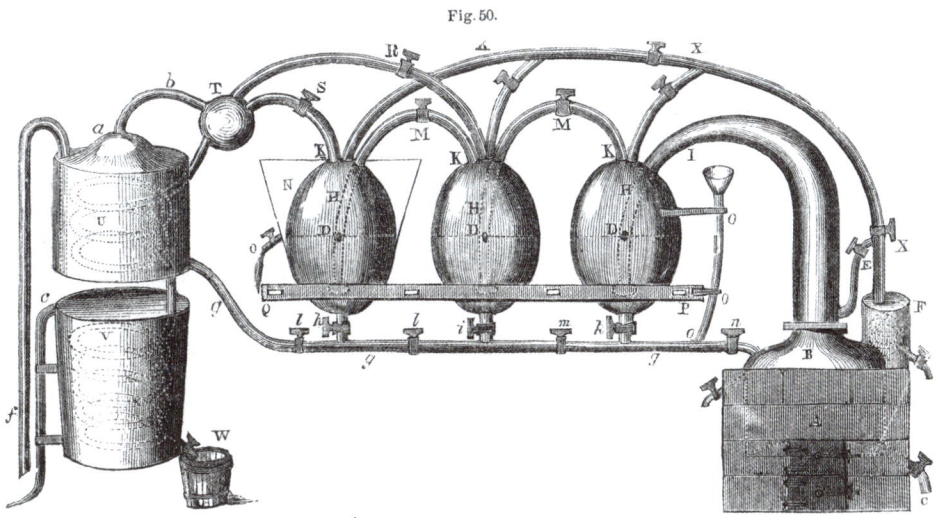

Fig. 50.

DUNDER

Dunder heißt der Rückstand, der nach der Destillation in der Brennblase bleibt. Er ist säurehaltig und schafft ein für Hefen günstiges Umfeld. Die Säuren verbinden sich mit Alkohol zu Estern (den fruchtigen Elementen). Die frühen Rumbrenner mussten die Versäuerung in den Griff bekommen, weil dabei unangenehme Noten entstanden. Früher war Dunder ein wichtiger Bestandteil der Rumerzeugung, heute dagegen kommt er nur noch selten zum Einsatz, obwohl ihn Hampden in Jamaika und Bundaberg in Australien nach wie vor verwenden.

Dunder wird oft mit den sauren Überresten aus Fest- bzw. Abfallstoffen, Früchten und anderen Bestandteilen in *muck pits* verwechselt (siehe Seite 43).

Cellier-Blumenthals Auslegung war der Vorläufer einer Reihe von Column Stills.

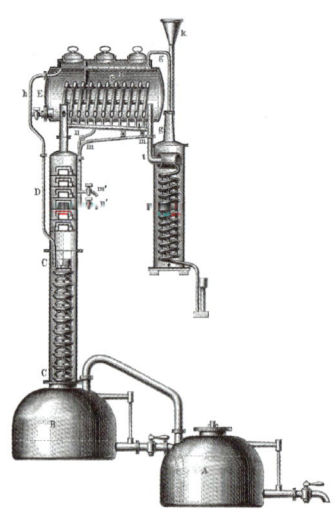

Bislang hatten alle noch Pot Stills eingesetzt. In Europa allerdings versuchte man das Brennen zu rationalisieren. Die Verarbeitung einzelner Posten war zeitintensiv, weshalb der kontinuierliche Brennvorgang, bei dem vergorene Flüssigkeit an einem Ende eingespeist wurde und der Brand am anderen Ende fertig herauskam, als heiliger Gral galt. In ganz Europa ersannen Ingenieure Anlagen, die zumeist in die Karibik verschifft wurden.

Edouard Adams Auslegung von 1801 umfasste zwei bis drei Mini-Brennblasen zwischen Pot und Kondensator und war das erste Pot-und-Retorten-System. Es wurde im Lauf des 19. Jahrhunderts immer weiter verbessert und ist bis heute die gängigste Methode bei der Herstellung von Pot Still Rum.

Cortys Patent Simplified Distilling Apparatus von 1818 kam in der ganzen Karibik zum Einsatz, wobei die meisten Anlagen in Tobago und Britisch-Guayana standen. Wassergekühlte Platten in den Hälsen der Brennblase erhöhten Rückfluss und Alkoholgehalt. Der Spirit besaß »nicht in gleichem Maße die eigentümliche Aromatik wie Brand mit 30 bis 35 Prozent Overproof«. Mit anderen Worten: Der unangenehme Geruch war eliminiert.

Der Durchbruch bei den Bemühungen um die Entwicklung einer kontinuierlich arbeitenden Anlage aber gelang Cellier-Blumenthal mit einer 1813 patentierten Brennblase, die in eine durch Platten untergliederte Kolonne führte. Sie wurde 1818 von dem Pariser Apotheker Louis-Charles Derosne und später vom niederländischen Zuckerhändler Armand Savalle übernommen. Savalles Auslegung setzte sich in der Rumproduktion ebenso durch wie Aeneas Coffeys Apparat aus miteinander verbundenen Kolonnen.

»Inzwischen ist die Zahl der in Gebrauch befindlichen Brennblasen so groß, dass es unmöglich ist, sie alle aufzuzählen«, schrieb der jamaikanische Plantagenbesitzer Leonard Wray 1848. Er lehnte jedoch die Coffey Stills als für die Erzeugung von Rum ungeeignet ab und schloss: »Ich kenne kein System, das besser ist als die herkömmliche Brennblase mit zwei Retorten.«

Entscheidend aber war, dass alle nun erzeugten leichteren Rums als hochwertiger eingestuft wurden – und auf dem europäischen Markt höhere Preise erzielten. Demerara befand sich dank der Einführung neuer Stills im Aufwind. Die Brennkunst in der Region hatte

GESCHICHTE

Charles Tovey zufolge einen hohen Grad an Perfektion erreicht, und der Rum von dort wurde »auf dem amerikanischen Markt ebenso geschätzt wie jamaikanischer Rum auf dem englischen«.

Jamaikanischer Pot Still Rum, über ein Jahrhundert lang der marktbeherrschende Stil, war unter Druck geraten. Die Konkurrenz wurde mutiger und wies ihren Rum selbstbewusst als nicht-jamaikanisch aus. Um eine eigene Identität zu etablieren, musste sie anders sein. Jamaika aber stand mit einem Mal vor existenziellen Problemen: Wer sind wir? Wie definieren wir uns?

Der Kampf um eine jamaikanische Identität

Leonard Wray studierte Zuckeranbau in Asien, Natal und der Karibik. Sein 1848 verfasstes Werk *The Practical Sugar Planter* ist eine unschätzbare Quelle von Informationen über die Herstellung von jamaikanischem Qualitätsrum im 19. Jahrhundert. Wray rät Jungbrennern zu einer langsamen, langen Gärung von 10 bis 14 Tagen. Sein Rezept enthält Abschaum, Dunder, Melasse, Wasser und den Inhalt der *muck pit*, einer Grube, in der Hefe-, Dunder- und Maischereste gesammelt werden, eine »widerliche Mischung, aus der beständig abscheuliche und ungesunde Dämpfe aufsteigen«. Zum Glück filterte, süßte und färbte er den Rum nach dem Brennen.

Aufschlussreicher sind die Pamphlete eines weiteren Plantagenbesitzers namens W. F. Whitehouse. Er erläutert darin nicht nur detailliert die Herstellung von Rum, sondern gibt auch Einblick in die damalige Politik. Ein Dank an Stephen Shellenberger, der mich auf seiner Website www.bostonapothecary.com auf Whitehouse aufmerksam gemacht hat.

Whitehouse verteidigte wie Wray die Tradition, war sich aber auch darüber im Klaren, dass die Qualität verbessert werden musste. In den meisten seiner Texte wetterte er gegen einen Berater und Brenner namens O'Keefe, der ein neues System »wissenschaftlicher« Produktion ersonnen hatte. Er forderte O'Keefe zu einem Rumbrennduell auf – und gewann.

Trotz der Rückzugsgefechte jamaikanischer Brenner setzte man Mitte des Jahrhunderts Qualität mit höherem Alkoholgehalt und angenehmerem Geruch gleich. Ende des Jahrhunderts war man auch in Jamaika auf hellen Rum umgestiegen.

FILTRATION

Die Kohlefiltration dient der Reinigung des Brands. Sie ist in der Wodkaerzeugung seit den späten 1780er-Jahren üblich, nachdem Johann Lowitz sie in Russland entwickelt hatte. Ab 1794 kam sie bei der Zucker- und später der Rumproduktion in der Karibik zum Einsatz. Auch Wray erläutert in seinem Buch die Filtration mit Aktivkohle. Den größten Einfluss hatte sie in Kuba. 1805 erfand der Brennblasenkonstrukteur Charles Derosne ein Kohlefilterungssystem. Seine beiden Erfindungen wurden von der kubanischen Zuckerindustrie übernommen. Als erste Plantage setzte La Mella von Wenceslao de Urrutia sie ein. Mit der Filtration des Brands war der letzte Schritt hin zur Erzeugung von hellem Rum vollzogen.

GESCHICHTE

Die West India Docks in London waren einst das größte Rumlager der Welt.

Das Zeitalter der Wissenschaft

Das 19. Jahrhundert war eine Zeit der Veränderung und Kommerzialisierung. Der Geschmack der Menschen wandelte sich, die ersten Cocktails entstanden und für Rum brach eine neue Ära an, denn er emanzipierte sich.

Als Amerika sich immer mehr seinem eigenen Brand, dem Whiskey, zuwandte, konzentrierte sich das Rumgeschäft auf Großbritannien. 1806 wurde in den Londoner East India Docks der 115 Hektar große Rum Quay eröffnet. Im ganzen Land traten Rumhändler auf den Plan. Sie verschnitten Erzeugnisse und bürgten mit ihrem Namen für Qualität. London hatte Lemon Hart, White, Keeling, Red Heart und Alfred Lamb, Liverpool Sandbach Parker & Co. Hall & Bramley und weitere. In Dundee brachte George Morton zwischen 1830 und 1850 die Marken Old Vatted Demerara (O.V.D.) und Old Vatted Jamaican Rum heraus. Das Verschneiden garantierte feste Mengen, Beständigkeit und Komplexität.

Nach wie vor dominierte jamaikanischer Rum, doch mussten die Zuckerplantagen mit tief greifenden Veränderungen zurechtkommen. Die einschneidendste war das Verbot des Sklavenhandels 1808 und die Abschaffung der Sklaverei 1833. Erstaunlicherweise setzte die

Im späten 19. Jahrhundert kamen bei der Erzeugung von Rum neue Technologien zum Einsatz.

Zuckerlobby als Ausgleich für den Verlust der Sklaven eine »Entschädigungszahlung« von 20 Millionen Pfund Sterling durch die britische Regierung durch.

Die Rohrzuckerproduktion wurde nun teurer, während billigerer Rübenzucker auf den Markt kam. Deshalb schwenkten die alten Zuckerinseln zunehmend auf Rum um. Ende des 19. Jahrhunderts war der Anteil von Rum an Jamaikas Exportvolumen schon höher als der von Zucker. Die Erzeuger der Insel konzentrierten sich immer stärker darauf, ihren eigenen Stil zu betonen.

Die einzige Zuckerkolonie, deren Bedeutung damals zunahm, war Britisch-Guayana. Zu verdanken hatte sie das der Massenzuwanderung von Schuldknechten aus China und Indien. Jede der 300 Plantagen betrieb eine eigene Brennerei. Bis 1849 machte Demerara-Rum fast die Hälfte des in Großbritannien eingeführten Zuckerrohrbrands aus. Der Geschmack wandelte sich.

Es war eine Liverpooler Firma, die das britische Rumimportgeschäft aufmischte. Josias und George Booker ließen sich 1815 in Demerara nieder und begannen 1835 mit der Ausfuhr von Zucker und Rum in ihre Heimatstadt. 1866 bezeichnete man Booker Brothers & Co. bereits als »Haupthändler der Kolonie«. Ende des 19. Jahrhunderts fusionierte das Unternehmen mit dem ihres einstigen Angestellten John McConnell.

Gleichzeitig gewann Demerara-Rum immer mehr an Bedeutung. Ende des Jahrhunderts enthielt der Navy-Verschnitt überhaupt keinen Jamaika-Rum mehr, sondern vorwiegend Brand aus Demerara.

Einen weniger festen Stand hatte Rum in den USA. Die erste Cocktailwelle ging an ihm vorüber, während die Abstinenzbewegung ihn mit Sittenverfall in Verbindung brachte und die Sklavengegner suggerierten, dass alle Rumtrinker für die Sklaverei seien. Insgesamt aber änderte sich sein Image allmählich. Zu verdanken war das einem neuen Rumland mit einem neuen Stil: Kuba.

KUBAS AUFSTIEG

Kuba schuf den heute meisterzeugten Rumstil der Welt. Er bildete die Grundlage der großen Rumcocktails, rettete die ganze Sparte und veränderte sie von Grund auf, indem er die älteren Stile – Demerara-Rum, Jamaika-Rum, Barbados-Rum – zu Nebendarstellern degradierte.

GESCHICHTE

Die Philippinen bekamen erst 1837 ihre erste unabhängige Brennerei. Sie hieß San Miguel und gehörte Domingo Roxas. Die Nummer zwei war 1854 der Konzern Ynchausti Y Cia (1893 in Elizalde & Co. umbenannt), als er die Tanduay Distillery übernahm. Heute füllt er die am drittmeisten verkaufte Rummarke der Welt ab.

Australien war schon seit seiner frühen Kolonialzeit ein großer Rumverbraucher. Zeitweise diente der Brand sogar als Währung. Trotzdem wurde erst mit der Verabschiedung des Zuckerdestillationsgesetzes von 1866 die Grundlage für eine eigene Brennwirtschaft geschaffen. Die erste Destillerie nahm mit der Gründung der Oaklands Sugar Mill in Queensland den Betrieb auf. Rumhistoriker Chris Middleton fand heraus, dass es 1890 18 Rumbrennereien gab. Die Region hatte auch die erste – und vielleicht sogar einzige – schwimmende Rumbrennerei, die SS Walrus: Sie brannte an Bord, während sie zwischen den Plantagen an der Küste bei Brisbane hin und her fuhr.

Ansonsten entstand Rum in der Pazifikregion noch auf Hawaii, Fidschi, Tahiti und Neukaledonien.

Es dauerte allerdings 300 Jahre, bis das Land so weit war. Destillieren war auf Kuba die meiste Zeit verboten gewesen. Spaniens Reichtum sollte auf Gold fußen, nicht auf Handel. Als das Land auf Kuba keine kostbaren Metalle fand, machte es sich über Mexiko sowie Mittel- und Südamerika her. Seine Niederlassungen in der Karibik waren fortan nicht viel mehr als Zwischenstationen.

Auf der Insel pflanzte man wenig Zuckerrohr, weshalb es auch kaum Brennereien gab. 1714 wurde per königlichem Dekret die gesamte Brennausrüstung beschlagnahmt und zerstört, um die Erzeugung und den Verkauf von spanischem Wein und Weinbrand zu schützen.

Im Jahr 1762 eroberten die Briten Kuba und brachten 4.000 Sklaven, ferner Zuckerproduktions- sowie Destillationsapparaturen und vor allem das nötige Know-how ins Land. Nach elf Monaten mussten sie zwar wieder abziehen, aber sie hatten Kuba verändert. Als Spanien wieder die Kontrolle erlangte, öffnete es den Handel und erlaubte 1777 die Produktion von Rum. Der Isolationismus ließ sich nicht mehr aufrechterhalten. Es brauchte aber noch zwei Revolutionen, den Amerikanischen Unabhängigkeitskrieg (1775–1783) und die Haitianische Revolution (1794–1804), bis die Zuckerindustrie – und damit auch die Rumerzeugung – in Schwung kam.

Kuba war ideal positioniert, um den Zuckerhunger der noch jungen Vereinigten Staaten zu stillen, vor allem nachdem die Welt dem befreiten Haiti den Rücken gekehrt hatte. Man brachte Massen an Sklaven ins Land (die Sklaverei wurde erst 1886 abgeschafft) und errichtete bis 1820 652 Zuckerfabriken. Schon 1829 produzierte die Insel mehr als alle britischen Zuckerkolonien. 1860 gab es auf Kuba 1.365 Rumbrennereien.

Bacardí tritt auf den Plan

Zeitgleich mit einer neuen Immigrantenwelle entstanden moderne Brennereien in Havanna, Matanzas, Cárdenas und auch Santiago de Cuba, wo 1830 der Katalane Facundo Bacardí Massó eintraf. Bald begann er Rum für einen englischen Brenner namens John Nunes an den Mann zu bringen. 1862 kaufte Bacardí Nunes' Destillerie und füllte von da an seinen eigenen Rum ab.

Die kubanischen Brenner wussten, dass sie etwas Neues bieten mussten. Nach und nach wurden die Destillerien von den Zuckerfabriken unabhängig und riefen dank verbesserter Technik einen neuen, leichteren, weicheren Stil ins Leben. Sie setzten bald Brennkolonnen sowie Hybridanlagen aus Pot Stills und Kolonnen ein. Als man auch noch anfing zu filtern (siehe Kasten Seite 25), war der leichte kubanische Rum geboren.

Damit einher ging eine Veränderung der Haltung kubanischer Siedler. Wie die Briten in der Karibik hatten sie sich als Heimatvertriebene gesehen. Sie waren mit importiertem Weinbrand und Weinen aufgewachsen; *aguardiente* war nur etwas für Sklaven.

Die Weigerung, Selbstproduziertes zu trinken, zeugt von einer gewissen Fremdheit. Wer dagegen stolz auf die eigenen Getränke ist, beweist eine Bindung zu seiner Heimat. Mit den immer lauter werdenden Rufen nach Unabhängigkeit begannen die Kubaner auch dem neuen Spirit stärker zuzusprechen. Rum wurde kubanisch, als Kuba zu einer eigenen Identität fand.

Nach der Erlangung der Unabhängigkeit 1898 stieg der Ausstoß von Rum weiter. Anfangs war er eine Devisenquelle. Die Nachfrage ging nach oben. Inzwischen hatte Kuba die Konkurrenz in der Karibik noch in anderer Hinsicht hinter sich gelassen. Die meisten Länder produzierten weiterhin Rum in Großgebinden, der ins Ausland verschifft und dort verschnitten wurde. Kubas Brenner dagegen riefen eine typische Erscheinung des 19. Jahrhunderts ins Leben: die Marke. Die Erzeuger waren nun Besitzer und Produzenten zugleich, ob es sich um Havana Club oder Bacardí handelte.

Rhum: die Antillen und der *Agricole*

1635 gründeten die Franzosen eine Kolonie auf Martinique. 1644 brachte Benjamin da Costa, ein niederländischer Jude aus Pernambuco, die erste Brennblase auf die Insel. Die frühesten Berichte über eine Destillation in den neuen französischen Kolonien stammen von Père Jean-Baptiste Labat, der von 1694 bis 1706 auf Martinique und Guadeloupe lebte. Er war Priester, Sklavenhalter, Abenteurer, Anthropologe, Plantagenbesitzer und Brenner, ein Mann der Gegensätze. In die Geschichte eingegangen ist er als Vater des *Rhum agricole* – Rum aus Zuckerrohrsaft – und auf Martinique zudem als Buhmann, von dem es hieß, dass er ungezogene Kinder mitnehme.

Labat fand heraus, dass man mit der Erzeugung von *Rhum* die Plantagenkosten decken konnte, doch half

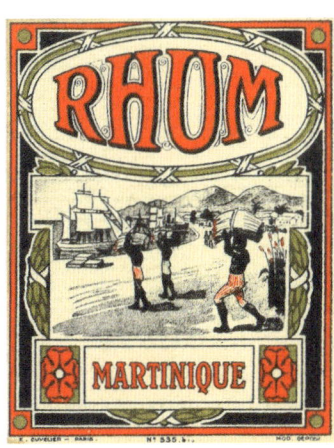

Rhum aus Martinique erreichte im ausgehenden 19. Jahrhundert den Zenit seiner Popularität.

GESCHICHTE

ihm das wenig. Ein Edikt von 1713, das die Einfuhr von Rum und Melasse nach Frankreich untersagte, machte eine ernsthafte Produktion unmöglich. Statt *Rhum* herzustellen, verkauften die Zuckerrohrbauern ihre Melasse daher an amerikanische Destillerien.

Erst mit der britischen Besatzung während des Siebenjährigen Kriegs gelangte eine verbesserte Brenntechnik nach Martinique und Guadeloupe. Ende des 18. Jahrhunderts gab es auf Martinique 215, auf Guadeloupe 128 und auf Saint-Domingue, dem französischen Teil von Haiti, 182 Brennereien. Damit war Schluss, als die Haitianische Revolution, die brutale Gegenreaktion Napoleons, der Bürgerkrieg, der Massenexodus der Weißen und der Zusammenbruch der Zuckerindustrie die Insel beutelten. Haiti hätte Kuba Konkurrenz machen können, wurde jedoch nun gemieden.

Die Insel verfiel in einen Zustand der Starre, 1887 anschaulich beschrieben vom amerikanischen Schriftsteller Lafcadio Hearn, in dessen Texten die gleichen romantischen Impulse widerhallten, die Engländer nach Norden in die schottische Wildnis trieben. Das Entlegene, so Hearn, schreckte nicht ab. Die Tropen waren ein träges, dekadentes Paradies.

In Martinique fand er eine Insel vor, von der weiße Siedler in Scharen flohen. Die *Rhum*-Industrie focht einen

Sloppy Joe's in Havanna auf Kuba: die Bar, die immer offen hatte.

Die Insel Kuba bot Amerikanern
reichlich Vergnügungen.

scheinbar aussichtslosen Kampf. Gleichwohl wurde der Brand noch getrunken. Hearn: »Der *mabiyage* ... unter der armen Bevölkerung ein beliebtes Morgengetränk ... wird aus etwas weißem Rum und einer Flasche bitterem einheimischem Wurzelbier namens *mabi* gemischt. Erst kurz vor dem Mittagessen kann man sich an einen ernsthaften Muntermacher wagen: *yon ti ponch*, Rum und Wasser, mit reichlich Zucker oder Zuckersirup gesüßt.«

Gerettet wurde *Rhum* durch die Einführung neuer Brennblasen. Ursprünglich arbeiteten die Destillerien mit Derosne Stills, die in Frankreich für das Brennen von Zuckerrüben entwickelt worden waren. Man machte sie melassetauglich, indem man im oberen Teil Anreicherungskörbe installierte. Sie wurden als Creole Columns (siehe Seite 50) bekannt und sind bis heute in Gebrauch.

Als der Echte Mehltau um 1850 und die Reblaus um 1870 die französische Wein- und Weinbrandproduktion zum Erliegen brachte, wandten sich die Verbraucher der Karibik zu. 1896 führte Frankreich 28, 6 Millionen Liter Rum ein. Hauptexporteur der Karibik war Martinique, und Saint-Pierre stieg zur Rumhauptstadt der Welt auf.

Das änderte sich jedoch 1902, als der Ausbruch des Mont Pelée 40.000 Opfer forderte und Saint-Pierre zerstörte. Die Zuckerindustrie lag in Trümmern, große Brennereien schlossen und kleinere Güter begannen sich auf eine neue, aus Zuckerrohrsaft gebrannte Rumvariante zu spezialisieren, die sie *Rhum agricole* nannten. Das Rumrepertoire war komplett.

Kubanischer Rum und die Prohibition

Während sich Martinique von der Katastrophe erholte, befand sich Kuba weiter im Aufwind und avancierte zu Amerikas bevorzugtem Rumlieferanten. Den wichtigsten Impuls für Rum im Allgemeinen und Bacardí im Besonderen gab die Prohibition. Selbst wenn die USA sich hartnäckig als »trocken« gaben, war das »große Experiment« ein Segen für die noch darbende Rumindustrie.

Durstige Amerikaner begaben sich schnurstracks nach Havanna, wo sie in neuen, in amerikanischem Besitz befindlichen Hotels wie dem Sevilla-Biltmore, dem Plaza, dem Bristol oder dem Miramar abstiegen. Auch Bartender zog es nach Havanna: Zu Ortsgrößen wie dem galicischen Einwanderer José Abeal Otero, dessen Sloppy Joe's Bar 24 Stunden am Tag geöffnet hatte,

gesellten sich die Bartender Eddie Woekle, Pete Econo-
mides, Vic Lavsa und George Harris. Die Nummer eins
unter den Bars war El Floridita von Constante Ribalagua.

Die Prohibition veränderte die Art und Weise, wie
Rum getrunken wurde. Mit dem Mulata, Constantes
verfeinerten Daiquiris, dem El Presidente und vielen
weiteren Kreationen brach ein neues Cocktailzeitalter
an. Auf Kuba entstand der moderne Rum.

Preiswerte Vergnügungen
Havanna war ein heißer, erotisch aufgeladener Schmelz-
tiegel mit 7.000 Bars, Golfplätzen, Boxringen, einem Ver-
gnügungspark, Nachtclubs, Cabarets und ab 1928 dem
Gran Casino Nacional. Die Stadt war verrufen, aber nicht
allzu gefährlich und wirkte auch nicht fremd, denn wo
Touristen verkehrten, wurde Englisch gesprochen. Kuba
war die Projektionsfläche für Amerikas niedere Instinkte.

Selbst nach Aufhebung der Prohibition blieben
Reisen dorthin billig. Weil die amerikanische Mafia eine
neue Einkommensquelle brauchte, wurde anstelle von
Alkohol das Glücksspiel zum Laster Nummer eins. Füh-
rend in dieser Szene war Meyer Lansky, der während
der Prohibition erstmals nach Kuba gekommen war, um
sich eine Melassequelle zu erschließen.

1934 flog Lansky mit einem Koffer voll Geld nach
Kuba und erreichte einen Deal mit Diktator Fulgencio
Batista. Batista erhielt drei bis fünf Millionen US-Dollar
im Jahr, dafür bekam die Mafia das Monopol auf Casi-
nos. Allein 1937 besuchten mindestens 178.000 Amerikaner Havanna. Das waren eine Menge Rum-Drinks.

Auch nach dem Zweiten Weltkrieg verlor Kuba
nichts von seiner Faszination. Touristen strömten auf
die Insel, während Rum sowie »kubanische« Tänze
wie Mambo und Rumba exportiert wurden. Es schien
ewig so weiterzugehen ...

UNTERDESSEN IN DER BRITISCHEN KARIBIK ...

1901 brach der Zuckerhandel im britischen Teil der
Karibik praktisch zusammen. Dadurch verlagerte sich
das Interesse der Gutsbesitzer hin zu Rum. Die Brenner
waren nun auch für die wissenschaftlichen Belange zuständig. 1905 richtete Jamaika eine Zuckerforschungs-
station ein. Sie wurde geführt von H. H. Cousins und

Das Appleton Estate auf Jamaika hielt die Produktion auch dann aufrecht, als Rum harte Zeiten durchlitt.

baute auf Percival Gregs und Charles Allans Arbeit über Gärung und Kulturhefen auf.

Auch der deutsche Markt hatte sich geöffnet, wodurch ein weiterer Stil entstand. Die Deutschen hatten eine Vorliebe für schweren Rum entwickelt, doch 1889 erhöhte die Obrigkeit die Steuer auf jamaikanischen Rum. Finke & Co. mit Niederlassungen in Kingston und Bremen reagierte darauf. Mit Unterstützung der Forschungsstation hob das Unternehmen einen neuen superkonzentrierten, hochesterigen Rumstil aus der Taufe: den Continental Flavoured Rum. Er konnte in Deutschland mit neutralem Branntwein verschnitten und anschließend verdünnt werden und erbrachte in etwa dasselbe Ergebnis – bei geringerer Besteuerung.

1907 brannten die 110 Güter auf Jamaika Rum dreier Qualitätsstufen. Sie spiegelten die Geschmackspräferenzen der drei Hauptmärkte wider. *Local Trade Quality* war ein rasch reifender, leichter Rum für Konsumenten auf der Insel. Die fruchtige, schwere, Dunder-geprägte *Home Trade Quality* aus Pot Stills ging nach Großbritannien, während die *Export Trade Quality* (Continental Flavoured) für Festlandeuropa bestimmt war.

GESCHICHTE

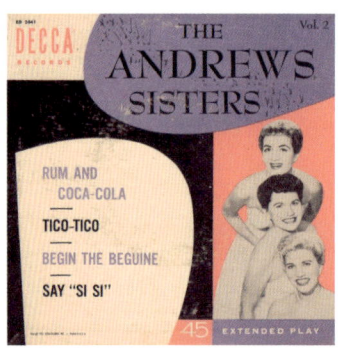

Mit ihrem Lied »Rum and Coca-Cola« setzten die Andrews Sisters dem Cuba Libre in den 1940er-Jahren ein Denkmal.

Trotzdem konnten sich nicht alle Güter halten. Das 20. Jahrhundert war für alle Erzeugerländer eine Zeit der Konsolidierung. 1948 gab es auf Jamaika 25 Brennereien. Investitionen von außen kamen vor allem vom kanadischen Unternehmen Seagram, das eine Quelle für seine Marke Captain Morgan brauchte. Es übernahm Long Pond Estates auf Jamaika und Anlagen in Mexiko, Venezuela und Brasilien sowie auf Puerto Rico und Hawaii.

Britisch-Guyana ging einen anderen Weg. Der Hauptlieferant Großbritanniens konzentrierte sich auf kurz vergorene Pot und Column Still Rums, da die Tankkapazität für die Verarbeitung größerer Mengen fehlte. Trotz Konsolidierung lief der Verkauf gut. Barbados dagegen hatte zu kämpfen. 1906 verbot man den Brennereien den Direktverkauf. Der gesamte Handel lief nun über örtliche Händler wie Alleyne Arthur, Martin Doorly, R. L. Seale und Hanschell Innis. Das Geschäft ging zurück und beschränkte sich allmählich auf den Inlandsmarkt.

RUM UND COCA-COLA

Der Rest der spanischsprachigen Karibik hatte es nun einfach: Er musste zu Kuba aufschließen und sich an den US-Markt anpassen, der immer leichtere Rums forderte. Puerto Rico war gut im Rennen, bis seine Einwohner 1917 die US-Bürgerrechte zugesprochen bekamen und bizarrerweise kurz darauf für die Prohibition stimmten, was der 70 Millionen Dollar schweren Rumindustrie den Todesstoß versetzte. Erst 1935 konnte wieder mit dem Brennen begonnen werden. Selbst dann aber waren die meisten »puerto-ricanischen« Rums Verschnitte anderer Inselbrände mit Geschmackszusätzen, Wein, Zucker, Melasse sowie Pflaumen- und anderen Obstsäften.

Ungewöhnlich war das nicht. Nach der Prohibition und während des Zweiten Weltkriegs begnügten sich viele Brennereien damit, einfach nur die Rum-Pipeline zu füllen. Rum war zum billigen Alkohol geworden. Ein interessanter Bericht über Rumstile, 1937 verfasst von Peter Valaer vom US-Finanzministerium, offenbart, dass leichter kubanischer Column Still Rum »fruchtig war oder leicht nach Melasse schmeckte«. Die vier Saint-Croix-Destillerien dagegen verwendeten Zuckerrohrsaft, einen Mix aus zugesetzten Hefen oder Wildhefen sowie zum Brennen Pot und Column Stills.

Die puerto-ricanischen Rums basierten meist auf Melasse, während »Schnellausbau«-Methoden wie die »Reifung in Weißeichenfässern und die Behandlung mit Calciumpermanganat sowie Wasserstoffperoxid« zum Einsatz kamen. Die Qualität von Jamaika-Rum schien zwar nicht beeinträchtigt zu sein, ansonsten aber waren alle von Valaer beschriebenen Varianten gefärbt oder gepanscht. Demerara-Rum wurden »französische Pflaumen, Valencia-Rosinen, Gewürze und andere geschmackgebende Zutaten« beigemischt, bevor er gefärbt und ausgebaut wurde. Manche Erzeuger, so Valaer, »werfen sogar rohe Fleischstücke in die Fässer, um die Reifung zu beschleunigen, Unreinheiten zu beseitigen und dem Rum einen besonderen Charakter zu geben«.

Barbados brachte inzwischen moderne Column Stills zum Einsatz und peppte seinen Rum mit »Sherry, Madeira oder anderen Weinen, oft auch mit Salpeter, Bittermandeln und Rosinen« auf.

Dennoch stand Rum gut da. Die amerikanische Whiskeyindustrie war wieder einmal zum Erliegen gekommen, weil man Industriealkohol für den Krieg brauchte. In der Karibik und vor allem auf Trinidad gab es große Truppenstützpunkte. Coca-Cola hielt mit einer Abfüllanlage in der Nähe jeder großen Militäranlage die Versorgung mit schwarzer Brause aufrecht. Der während des kubanischen Unabhängigkeitskriegs berühmt gewordene Cuba Libre hieß nun »Rum and Coca-Cola« und wurde in einem Lied der Andrews Sisters verewigt.

Nach dem Krieg wurde auf Puerto Rico mit der Einrichtung einer Rumpilotanlage unter Chefchemiker Rafael Arroyo alles anders. Arroyos Aufzeichnungen sind ein Muss für Rumkenner. Er empfiehlt, nicht schon den Brand aus der ersten Kolonne zu nehmen. »Ein sorglos destillierter leichter Rum ist kein erstklassiger, echter, schwerer Rum.« 1943 exportierte Puerto Rico mehr Rum als Kuba in die USA, wo er inzwischen auf ganz andere Weise getrunken wurde.

Das Tiki-Zeitalter bricht an

Eingeläutet wurde die neue Ära vom ehemaligen Rumschmuggler Ernest Raymond Beaumont Gantt alias Donn Beach alias Don the Beachcomber und Vic Bergeron alias Trader Vic, einem Händler aus Oakland mit Holzbein. 1934 eröffnete Donn in L. A. das polynesisch einge-

Die Themenbars und -restaurants von Trader Vic's waren mitverantwortlich für den Erfolg der Tiki-Kultur.

richtete Restaurant Don the Beachcomber. Seine Spezialität waren wilde neue Rumdrinks, *tiki* genannt. Nach dem Krieg kam Tiki in den USA groß in Mode. Der Stil stand für Spaß, pulsierendes Leben und Exotik, also alles, was das graue Flanellleben in den Fünfzigern nicht bot.

Was in Vergessenheit geriet, bis der amerikanische Tiki-Historiker Jeff »Beachbum« Berry die Wahrheit wieder ausgrub: Trotz allem Kitsch waren die Originaldrinks gut. Okay, manchmal auch etwas »Rokoko«, aber sie funktionierten. Donn und Vic kannten ihre Rums.

Donn bevorzugte jamaikanischen Pot Still Rum. Er verwendete ihn in seinen Cocktails, verschnitt Säfte und Gewürze, nahm Anleihen bei den Punschprinzipien und drehte die Lautstärke bis zum Anschlag auf. Vic erkannte schnell, wie viel Erfolg Donn beschieden war. 1937 bot er sich ihm als Partner an. Donn aber gab ihm einen Korb, weshalb Vic als der clevere Unternehmer nach Kuba ging, um dort von Constantino Ribalaigua zu lernen. 1938 eröffnete das erste Trader Vic's mit Daiquiri auf der Karte. 1944 erfand Vic den Mai Tai. Auf dem Höhepunkt ihrer Popularität umfasste seine Kette 20 Restaurants.

Nicht ganz so gut lief es bei Donn, der die Hälfte seines Imperiums durch seine Scheidung verlor. Er ging nach Oahu, um dort sein Tiki-Leben fortzusetzen.

Rum war inzwischen meilenweit von seinen Anfängen entfernt. Der amerikanische Konsument setzte ihn mit einem starken, fruchtigen Drink gleich. In der Karibik war er weiß und wurde mit Wasser oder einem anderen einfachen Filler getrunken. In Großbritannien verstand man darunter eine schwere, dunkle Spirituose, die pur oder mit giftigen Sirupen getrunken wurde.

Dann gab es noch einen weiteren Brand. Er war allgegenwärtig, doch bis in die 1960er-Jahre betrachtete man ihn – zumindest in England – nicht als Rum. »Bacardí« erwies sich als durchschlagender Erfolg für das Unternehmen, dem gelungen war, was keine andere Marke erreicht hatte: über die Kategorie hinauszuwachsen.

Das Rumgeschäft

Die Geschichte des Rums gegen Ende des 20. Jahrhunderts ist eine ermüdende Aneinanderreihung aus Konsolidierungs-, Verstaatlichungs- und Fusionierungsphasen. Als sich die tektonischen Platten des Alkohols verschoben, wurde Rum zum Kollateralschaden

Standard-Rumcocktail des 21. Jahrhunderts: der Mojito.

multinationaler Deals. In den 1970er-Jahren gingen die Verkaufszahlen nach unten. In Kuba wurde die Industrie verstaatlicht und die Exporte versiegten. Andernorts hielten Steuererleichterungen und steuerfreie Quoten sie am Leben. Das Quotensystem rettete die Rumpro-duktion, brachte die Marken aber kaum weiter. Rum war Massenware. Oder Bacardí. 1997 wurden die Quo-ten und Vorzugszölle für britische und französische Rums gekippt. 2001 stabilisierte ein 50,5 Millionen Euro schweres EU-Paket den Markt. Marken in Brennerei-besitz bekamen günstige Zuschüsse.

1976 begann Kuba den vernachlässigten Havana Club wieder zu vermarkten und gewährte Pernod-Ricard 1993 das internationale Vertriebsrecht. Endlich gab es wieder einen weltweit erhältlichen, ausgebauten Premiumrum.

Bacardí war damit nicht einverstanden. Es begann ein langer Rechtsstreit über das Recht auf Verwendung der Marke Havana Club, der noch am Laufen ist. Absur-derweise blockiert Bacardí nach wie vor den Verkauf in den USA, obwohl das Embargo möglicherweise kurz vor der Aufhebung steht.

RENAISSANCE

Man schrieb das Jahr 1993. Die Atlantic Bar & Grill war noch eine Baustelle, ließ aber bereits erkennen, dass sie zum Schrein eines neuen Cocktailzeitalters in Lon-don werden würde. In einem Nebenzimmer hatten wir uns versammelt: Oliver Peyton, Dick Bradsell, mehrere Weinautoren, ich und eine kleine Auswahl »Gold Rum«.

Sie umfasste Pioniere wie Mount Gay, Appleton, Cockspur und den erst kurz vorher neu erschienenen 15-jährigen El Dorado – für mich die Marke, die als Erste eine Premium-Rumkategorie einrichtete.

Wir waren begeistert, bekehrt, überzeugt, dass auf Rum die große Bühne wartete. Es dauerte zwar länger, als Rumliebhaber dachten, trotzdem öffnen derzeit Jahr für Jahr weitere Rumbars. Und auch Tiki erlebt seit Kur-zem eine Renaissance. Globetrotter wie Ian Burrell und Luca Gargano verkündeten unermüdlich das Rumevan-gelium. Bacardí und der Havana Club sind wieder wer.

Rum war erneut in der Gesellschaft angekommen – und die Menschen, die ihn machten, hatten endlich wieder das Heft in der Hand.

GESCHICHTE

PRODUKTION

Legal lässt sich Rum nur durch Brennen von Zuckerrohrprodukten wie Melasse, Sirup oder frischem Zuckerrohrsaft herstellen. Der Höchstalkoholgehalt beträgt in der EU 96 Prozent und in den USA 95 Prozent. In der EU muss er mit mindestens 37,5 Volumenprozent abgefüllt werden, in den Vereinigten Staaten beträgt diese Untergrenze 40 Prozent. In der EU ist eine Aromatisierung nicht zulässig, in den Staaten schon.

Abgesehen davon ist Rum, oberflächlich betrachtet, ein ziemlich einfach herzustellendes Getränk: Man nehme eine Zuckerlösung, gebe Hefe dazu, lasse das Ganze gären und destilliere es. Alle Rumbrenner arbeiten so. Faszinierend, ja geradezu geheimnisvoll wird Rum durch die mannigfachen Ansätze, mit denen diese simple Blaupause umgesetzt und variiert wird.

Jede winzige Entscheidung im Herstellungsprozess beeinflusst den endgültigen Geschmack. Technik kommt zum Einsatz, jedoch nicht auf Kosten der Kreativität. Terroir schlägt sich auf unterschiedlichste Weise nieder, angefangen von kulturellen Aspekten bis zum direkten Einfluss von Boden, Wind und Luft.

Rumhersteller, ob es sich um Brenner oder um Blender handelt, sind Stilhüter, Geschichtspfleger, Treuhänder.

Das ist ihre Geschichte. Das ist ihre Welt.

Ein Teil des Zuckerrohrs wird nach wie vor von Hand geschnitten.

ZUCKERROHR

Man kann getrost sagen, dass man in einer durchschnittlichen europäischen Großstadt nicht sonderlich viele Möglichkeiten hat, Erfahrung im Umgang mit einer Machete zu sammeln. Falls man es doch versucht, landet man häufig im Kittchen. Bekommt man sie aber wie ich in einer Plantage in die Hand gedrückt, gewinnt man einen Eindruck davon, wie anstrengend das Schneiden von Zuckerrohr ist. Das hat nichts Romantisches mehr an sich. Es ist eine gnadenlose Plackerei, mit der man sich während der Trockenzeit den Rücken kaputt macht.

Nicht alles Zuckerrohr wird von Hand geschnitten. Die Befürworter der manuellen Ernte behaupten zwar, durch sie bleibe der hohe Saccharosegehalt am Ansatz der Stängel am besten erhalten. Dennoch wird der Großteil von Maschinen geerntet, denn sie können rund um die Uhr betrieben werden.

Die von mir geschnittenen Rohre gehörten zu Sorten, die für den Boden und die Klimabedingungen speziell geeignet waren. Sie waren im Vorjahr gepflanzt worden und hatten bereits eine Höhe von drei bis fünf Metern erreicht. Die Felder hatte man abgebrannt, um den Boden keimfrei zu machen, Pflanzenreste wie etwa totes Laub zu entfernen und das Rohr zu versengen, damit beim Schneiden kein Saft verloren geht.

Sofort nach dem Kappen der Stängel verändert sich die Zusammensetzung. Die Invertase beginnt Saccharose in Glucose und Fructose umzuwandeln; gleichzeitig bilden sich Dextrane. Weil diese Verbindungen eine Kristallisation von Zucker erschweren, muss das Zuckerrohr binnen 24 Stunden in der Mühle sein.

Die meisten Erzeuger sind der Auffassung, dass bei der Herstellung von Rum aus Melasse die Zuckerrohrsorte keine Rolle spielt. Eine Ausnahme ist das Appelton Estate, wo Master Blender Joy Spence überzeugt ist, dass die verwendeten Sorten dem Rum eine fruchtige, buttrige Note verleihen.

Zuckerproduktion

Ich könnte ständig Zuckermühlen besuchen. Die Lkw mit hohen, schwankenden Zuckerrohrstapeln auf der Ladefläche rumpeln heran, riesige Greifer krallen sich in die Rohre und füttern mit ihnen den unersättlichen Schlund der Mühlen. Ein alles durchdringender Geruch liegt in der Luft, jene seltsame, betörende Mischung aus süß und sauer, feuchter Erde und Vegetation.

Das Zuckerrohr wird gehackt und gemahlen, damit es seinen Saft freigibt. Dieser wird anschließend mit Kalk geklärt und so auf einen neutralen pH-Wert gebracht. Der dabei entstehende Brei kann abgeschöpft und als Dünger verwendet werden.

Der pH-Wert wird erhöht, der Saft zu Sirup eingekocht und schließlich unter Vakuum in einen supergesättigten Zustand gebracht. Dann gibt man winzige Zuckerkristalle zu, woraufhin sich größere bilden, die schließlich durch Zentrifugieren herausgeschleudert werden. Diesen Arbeitsschritt wiederholt man zweimal. So bekommt man Rohzucker und Melasse.

Rum aus Melasse und Zuckerrohrsirup

Nun kann der Rumbrenner aus drei Rohmaterialien auswählen: Zuckerrohrsaft (siehe *Rhum agricole*, Seite 48), den nach der ersten Kristallisation extrahierten Zuckerrohrsirup (er bildet die Grundlage vieler lateinamerikanischer Rums) oder die halb so teure schwere, dicke Melasse mit ihrer bittersüßen, rauchigen Eisen- und Blutnote, die am häufigsten verwendet wird.

Das Zuckerrohr muss so schnell wie möglich in die Mühle geschafft werden.

In der Brennerei Brugal (Dominikanische Republik) wird Melasse angeliefert.

Melasse

Durch die Konsolidierung in der weltweiten Zucker-industrie ist auch ein Handel mit Melasse als Massen-gut entstanden. Sie stammt überwiegend aus Brasilien, Guyana und Venezuela und ist das Rohmaterial für Brenner in Ländern ohne oder fast ohne Zuckerpro-duktion. Sie geben genau vor, wie hoch der Gehalt an Zucker, Asche, Pflanzensaft und Säure sein muss, damit ihr Rum ein beständiges Geschmacksprofil bewahrt.

Hefe

Hefe ist ein Organismus, der Zucker in Alkohol ver-wandelt und auch aktiv den Geschmack beeinflusst. Wildhefe, also Hefe, die von Natur aus im Umfeld der Brennerei vorkommt, ist selten, wird aber gelegentlich verwendet. Manche Brenner arbeiten mit zugekaufter Trockenhefe, andere haben ihre eigenen Stämme für einen ganz bestimmten Geschmack gezüchtet.

Gibt man Hefe in eine zuckerige Umgebung, dreht sie durch, entwickelt Wärme und Kohlendioxid und – das Wichtigste – verwandelt Zucker in Alkohol. Sie arbeitet temperaturabhängig: Um in Gang zu kommen, braucht sie es warm, doch über 35 °C quittiert sie ihren Dienst. In kühlen Klimazonen ist das kein Thema, aber wenn wie in vielen Rumregionen draußen 25 bis 32 °C herrschen, braucht man eine Temperaturregelung, damit ein optimaler Ablauf gewährleistet ist.

Melasse ist 1,5-mal dichter als Wasser. Hefe kann sich nicht durch diese dicke, klebrige Brühe arbeiten. Vor Beginn der Gärung wird sie daher mit Wasser verdünnt – wie stark, hängt vom angestrebten Geschmacksprofil ab.

Hefe braucht außerdem Stickstoff. Weil der kaum in Melasse zu finden ist, reichert man sie vor der Gärung mit Ammoniumsulfat oder Ammoniumphosphat an. Da den Hefezellen eine leicht saure Umgebung behagt, muss der pH-Wert auf 5,5 bis 5,8 gesenkt werden. Das wiederum fördert die Entstehung fruchtiger Ester.

Gärung

»Mehr Zeit, mehr Geschmack.« *Mark Middleton, Brennereidirektor, Hampden Estate, Jamaika*

Bei der Destillation trennt man Wasser und Alkohol und versucht gewünschte Geschmacksnoten zu konzen-trieren. Aber wann bilden sie sich? Bei der Gärung.

PRODUKTION

Melasse enthält 81 aromatische Verbindungen, die mit der ebenfalls geschmackgebenden Hefe reagieren, sodass weitere Geschmacksstoffe entstehen. Die Länge der Gärung hat daher großen Einfluss auf den endgültigen Charakter. Je länger sie läuft, desto höher ist der Alkoholgehalt der Maische und desto mehr Ester entstehen.

Leichter Rum braucht eine rasche Gärung von 24 bis 48 Stunden, um den gewünschten Alkoholgehalt und Geschmack zu erreichen. Für schwerere Rums muss die Maische in der Regel länger gären. Nach der Umwandlung des Zuckers in Alkohol bleibt sie im Gärbehälter, wo Milchbakterien zur Bildung der erforderlichen Ester beitragen. Aber ganz gleich, für welche Variante man sich entscheidet: Eine Gärkontrolle ist immer erforderlich.

Dank Temperaturregelung können die Brenner mit den Basics spielen. Zacapa etwa arbeitet mit einer 100-stündigen Fermentation, während der von Gianni Capovilla bei Bielle auf der Insel Marie-Galante erzeugte Rhum Rhum fünf Tage temperaturgeregelt gärt. In der Foursquare Distillery auf Barbados lässt Richard Seale langsam eine Melasse-Wasser-Mischung in den Gärbehälter laufen, um komplexere Aromen zu schaffen.

Die Gärdauer wirkt sich unmittelbar auf den Geschmack des späteren Rums aus.

DUNDER UND MUCK PITS

Dunder (siehe Seite 24) kommt heute bei Spezialisten wie dem Hampden Estate in Jamaika zum Einsatz und wird hauptsächlich zum Brennen hochesteriger Rums verwendet. Bei Hampden arbeitet man mit einem Mix aus Melasse, Wasser, Dunder und etwas Flüssigkeit aus den *muck pits* der Destillerie. Das sind Gruben, die nie geleert werden. Zum Ende der Saison schüttet man einfach die Reste aus allen Brennereitanks hinein. Außerdem kommen noch Sapodillas (die Früchte des Breiapfelbaums), Jackfrüchte und Bananen dazu, um den Stickstoffanteil zu erhöhen. Der Dunder und die *muck pits* geben dem Rum seinen typischen Geruch.

Als Gärspezialisten allerdings haben sich Jamaikas Rumbrenner herauskristallisiert. Die Fermentation auf der Insel kann, wie bei Hampden, 21 Tage dauern, aber auch schon nach 30 Stunden abgeschlossen sein. Man klassifiziert die Rums nach ihrem Estergehalt. Common Cleans enthalten 80 bis 150 Ester und gären nur kurz. Ein fruchtiger Plummer mit Rosinennote hat 150 bis 200 Ester und entsteht aus zwei Tage lang gegärter Maische, während das ölige, fruchtige Aroma eines Wedderburn auf über 200 Ester und eine noch längere Gärung sowie den optionalen Einsatz von Dunder (siehe Kasten Seite 24) zurückzuführen ist. Sehr stark ausgedehnt wird die Gärung beim Continental Flavoured Rum mit seinen 700 bis 1400 Estern. Er riecht nach Aceton und wird überwiegend zum Aromatisieren eingesetzt.

DESTILLATION

Der Brenner hat nun eine Maische mit vier bis neun Volumenprozent Alkohol, in der alle Geschmacksstoffe enthalten sind. Weil Alkohol bei niedrigeren Temperaturen in den gasförmigen Zustand übergeht als Wasser, steigt er in einem geschlossenen Gefäß als ein mit Aromen angereicherter Dampf auf. In einem Kondensator, der in der Regel mehrere von kaltem Wasser durchströmte Kupferrohre enthält, wird er wieder verflüssigt. Je stärker man den Dampf arbeiten lässt, desto höher ist der gewonnene Alkoholgehalt und desto leichter im Geschmack der Spirit. Umgekehrt wird der Geschmack umso schwerer, je kürzer die Reise des Dampfs ist.

Dabei kommt es immer wieder zum Rückfluss. Trifft der Dampf auf eine kühlere Stelle der Brennblase, verflüssigen sich seine schwereren Elemente wieder, fließen zurück und werden erneut destilliert – es handelt sich also um eine Mikrodestillation in einem größeren Ganzen. Durch den Rückfluss wird der Dampfstrom in immer kleinere Fragmente zergliedert, was die Komplexität erhöht.

Brennblasen bestehen in der Regel aus Kupfer. Da Kupfer schwere Elemente wie Schwefel bindet, gerät der Brand umso leichter, je länger der Kontakt zwischen Dampf und Kupfer anhält, was von der Brenndauer und der Höhe der Brennblase abhängt. Direkten Einfluss auf die endgültige Spirituose haben außerdem die Form und Größe der Brennblase.

Pot-Still-Destillation

Schwerer Rum wird traditionell in Pot Stills gebrannt. Diese Methode ist bis heute gebräuchlich.

Traditionelle Pot Stills

Bei einer Pot Still handelt es sich im Prinzip um einen riesigen Kessel. Die erste Destillation liefert einen Rohbrand mit etwa 24 Prozent Alkohol. Er muss ein zweites Mal destilliert werden, um den Geschmack zu verfeinern und die Alkoholstärke zu erhöhen. Die flüchtigen Elemente im ersten Teil, dem Vorlauf, werden vom Mittellauf, dem Herzstück, getrennt. Gegen Ende der Destillation wird der Geschmack immer öliger, was unerwünscht ist, weshalb man den letzten Teil, den Nachlauf, ebenfalls abtrennt. Zum Schluss bleibt ein Brand mit etwa 65 bis 72 Prozent übrig. Vor- und Nachlauf werden mit dem nächsten Rohbrand erneut destilliert.

Innerhalb des Mittellaufs kann der Brenner aus verschiedenen Geschmacksvarianten wählen. Am Anfang gewinnt man einen leichteren, duftenderen Rum, später einen reicheren Brand mit schwereren Elementen, die einem auszubauenden Rum Textur und Rückgrat geben.

Pot plus Retorte

Rumbrenner arbeiten auch mit einem System, bei dem Retorten genannte Kupferbehälter zwischen Pot Still und Kondensator geschaltet werden. Die Pot Still wird mit Maische gefüllt, während die Retorten den Roh- und Feinbrand der vorherigen Destillation enthalten. So kann in einem Durchgang eine Dreifachdestillation stattfinden.

Wenn die Maische erhitzt wird, strömt der etwa 30-prozentige Alkoholdampf in die erste Retorte mit dem Rohbrand. Dieser beginnt zu kochen und gibt seine Aromen frei. Der nun 60-prozentige Dampf gelangt in die zweite Retorte, wo dieselbe Reaktion stattfindet. Zum Schluss kondensiert ein 90-prozentiger Dampf.

Wenn die Flüssigkeit in die Vorlage, auch Spirit Receiver genannt, fließt, trennt man sie in vier Posten: Vorlauf, Rum mit durchschnittlich 86 Prozent Alkohol, Feinbrand mit etwa 75 Prozent und Rohbrand mit 30 Prozent. Die letzten beiden Läufe werden in den Retorten für den nächsten Lauf verwendet und sind quasi das Huhn, das die Brühe würzt. Durch Anpassen der Stärke erzielt der Brenner unterschiedliche Ergebnisse.

Die Hybridbrennblase der Destillerie St. Nicholas Abbey auf Barbados.

Das Pot-und-Retorten-System der Brennerei Foursquare auf Barbados.

Bei der Erzeugung hochesteriger Rums durchläuft das Destillat das ganze System ein zweites Mal, damit die Aromen noch mehr konzentriert werden.

Hölzerne Pot Stills

Die Diamond Distillery der Demerara Distillers hat zwei hölzerne Pot Stills. Die erste, eine Versailles Still, besteht aus einem Kessel aus Grünherzholz und einem Kupferhals, der in eine Retorte führt. Von dort gelangt der Brand in eine kleine Rektifizierkolonne, was den Rückfluss erhöht, und schließlich in den Kondensator.

Die zweite Holzbrennblase, die Port Mourant Still, besteht aus zwei Holzbehältern. Sie werden mit Maische gefüllt. Dann erhitzt man den ersten Behälter. Der Dampf strömt von unten in den zweiten Behälter und bringt den Inhalt ebenfalls zum Verdampfen. Schließlich gelangt er in eine Retorte und in die Rektifizierkolonne.

Da hier nicht allzu viel Kupfer im Spiel ist, gewinnt man einen schweren Brand. Der aus der Versailles Still (VSG) ist fleischig und reich, der aus der Port Mourant Still (PM) hat eine ölige Note mit schwarzen Bananen und überreifer Frucht. Beide brauchen einen langen Ausbau und geben Verschnitten Substanz.

PRODUKTION

Column Stills

Mit der Erfindung der Continuous oder Column Still brach im 19. Jahrhundert eine neue Rum-Ära an (siehe Seite 23). Zum ersten Mal konnte nun eine »leichtere« Variante erzeugt werden. Heute setzen Rumbrenner eine ganze Reihe unterschiedlicher Column Stills ein.

Coffey Stills

Ingenieure wie Aeneas Coffey suchten nach einer effizienteren, kontinuierlichen Destillation. In der Coffey Still gelingt das durch Verbinden der beiden Kolonnen, des Analysers, auch Abtriebskolonne genannt, und der Rektifizierkolonne, die beide im Inneren durch perforierte, horizontale Platten in mehrere Kammern unterteilt sind.

Die Maische läuft in einem Spiralrohr durch die Rektifizierkolonne nach unten und gelangt von dort zum oberen Ende der Analyser-Säule, wo sie auf die oberste Platte gesprüht wird. Anschließend fließt sie durch eine

Die Column Still mit fünf Kolonnen in der Angostura-Brennerei auf Trinidad.

PRODUKTION

Reihe von Kanälen nach unten. Von unten wird Dampf hineingepumpt, der die Löcher in den Platten passiert und den Alkohol aus der nach unten laufenden Maische löst. Der aufsteigende Dampf wird in einem anderen Rohr gesammelt, das zum unteren Ende der Rektifizierkolonne führt und auch dort nach oben steigt. Dabei kommt er mit der kühleren Oberseite jeder Kammer in Berührung, wodurch die schwereren Elemente zurückfließen.

Der Brand benimmt sich also wie ein Querfeldeinläufer, der in dicker Kleidung einen Winterlauf absolviert. Je heißer ihm dabei wird, desto mehr Kleidungsschichten (bzw. Geschmacksstoffe) wirft er ab.

Weil die Kolonnen sehr hoch sind, gelangen nur die leichtesten Verbindungen nach oben zu einer Auffangplatte, von wo sie in den Kondensator geleitet werden.

Mehrere Kolonnen

Je höher die Zahl der Kolonnen bzw. Säulen in einer Anlage ist, desto größere Kontrolle hat man über das Destillat und desto leichter fällt der Rum aus. Die Brenner haben so mehr Möglichkeiten, unterschiedliche Alkohole in verschiedenen Phasen zu sammeln, neu zu destillieren oder zu entfernen.

Mit einem solchen System lässt sich eine große Bandbreite unterschiedlicher Marken produzieren. Demerara Distillers Limited (DDL) etwa erzeugt mit seinen aus vier Kolonnen bestehenden Savalle Stills neun Rums. Wray & Nephew in Jamaika entlockt einer dreisäuligen Anlage eine nicht näher spezifizierte Zahl von Marken. Hersteller wie Bacardí, Cruzan und Angostura setzen noch Stills mit fünf Kolonnen ein.

Bacardís Anlage beginnt mit einer »Bierkolonne«, die den Alkohol herausholt und den *aguardiente* des Unternehmens (mit 80 Prozent) liefert. Nachdem das Destillat drei weitere Kolonnen durchwandert hat, sind alle unerwünschten Elemente entfernt und es liegt ein *redistilado* mit 95 Volumenprozent Alkohol vor. In der fünften Kolonne werden Elemente aus den vier anderen neu destilliert. Das alles geschieht unter Vakuum, was den Siedepunkt senkt und Energie spart (Foursquare hat ebenfalls eine Vacuum Column Still).

Es ist großes Geschick und viel schwefelbindendes Kupfer nötig, um aus einer Abtriebskolonne »schweren« Rum zu gewinnen. Außerdem besteht das Risiko, dass

Rhum agricole wird in einer einzigen Column Still wie dieser hier destilliert.

schwere Fuselöle im Brand bleiben. Der so entstandene Rum hat vielleicht dieselbe Alkoholstärke wie Rum aus einer Pot Still, aber weil er nicht genauso vergoren und destilliert wurde, sind Geschmack und Gewicht anders.

Hybrid Stills

Diese Brennblasen setzen sich aus einer Pot Still und einer (bisweilen in den Hals der Still integrierten) Rektifizierkolonne zusammen. Die erste Brennblase von Bacardí war eine frühe Version dieser Konfiguration. Die Saint Lucia Distillers und die St. Nicholas Abbey in Barbados arbeiten mit modernen Versionen dieser Bauart.

Filtration

Leichter oder »extraleichter« Rum wird kohlefiltriert, um aggressive Elemente zu entfernen. Er kann direkt abgefüllt oder ausgebaut werden. Bei Bacardí werden beide Marken vor dem Ausbau filtriert. Danach findet wie bei einigen weißen Rums eine zweite Filtration statt, um die Färbung zu entfernen.

WEITERE RUMSTILE

Rhum agricole

Rhum agricole entsteht aus frischem Zuckerrohrsaft. (Wird Melasse verwendet, nennt man ihn *Rhum industriel*.) *Agricole* steht in direkter Beziehung zu seinem Land, denn Zuckerrohrsaft muss so schnell wie möglich verarbeitet werden. Deshalb stehen Mühle und Brennerei auf dem gleichen Gelände, ja, oft stammt auch noch das Zuckerrohr von den Äckern der Umgebung.

Durch den Saft macht sich der Einfluss des Zuckerrohrs und sogar seiner Sorte bemerkbar. Der Boden wirkt sich ebenso auf den Brand aus wie das Klima (wird die Destillerie von Atlantikwinden gekühlt oder steht sie an der heißeren karibischen Küste?). Da zur Destillation ein komplexes Zusammenspiel mehrerer Faktoren gehört, lässt sich schwer sagen, was sich wie niederschlägt.

Wer einige ältere Jahrgänge verkostet, erkennt die Unterschiede zwischen den klimatischen Bedingungen jeden Jahres. Die Power eines 50-prozentigen *Rhum agricole blanc* bringt einen auf Tuchfühlung mit dem Inselboden; seine vegetabile Note mischt sich mit dem blumigen Aroma von Zuckerrohrsaft und einer leichten Frucht, die man schon in der Brennerei erschnuppert hat.

Rhum agricole ist in vielerlei Hinsicht näher am Wein: Man muss mit dem vorliebnehmen, was einem der Jahrgang bietet. Die Brennereien sind *Rhum*-Châteaux.

Erzeugung

Nach der Anlieferung wird der Saft aus dem Zuckerrohr gepresst. Übrig bleibt eine faserige Masse *(bagasse)*, mit der die Boiler beheizt werden. Der Saft gärt in der Regel rasch in offenen Gärbehältern mit Trockenhefen. Manche Brennereien lassen einen Tag gären, andere zwei; das zulässige Maximum auf Martinique liegt bei 72 Stunden.

Die Destillation findet in Single Column Stills statt, die in 20 bis 30 Platten unterteilt sind. Die vergorene Maische *(vesou)* schickt man durch zwei Vorwärmer und schließlich in die Mitte der Säule, während Dampf von unten hineinströmt und den Alkohol aus der Maische löst, die über die Platten nach unten läuft.

Der Dampf steigt über den Eintrittspunkt der Maische hinaus in den Anreicherungsbereich der Still, wo es zum Rückfluss kommt. Dann fließt das Destillat durch ein Rohr, das durch die Vorwärmer führt (und sie erwärmt), in den Kondensator. Jeder Alkohol, der vor dem Kondensator zurückfließt, gelangt wieder in die Säule. Das Ergebnis ist ein Brand mit einem relativ geringen

Ein Mitarbeiter der Brennerei Clément auf Martinique prüft Gewicht und Rauminhalt eines Fasses.

Alkoholgehalt. In Martinique sind 65 bis 75 Prozent gesetzlich vorgeschrieben.

Die Unterschiede zwischen verschiedenen *Rhums agricoles* können also auf das Terroir, die Zuckerrohrsorte, die Gärdauer, die Stärke der Maische und die Bauart der Brennblase – Höhe, Kupfergehalt und Trennsystem der Kammern – zurückzuführen sein.

Am einfachsten konfiguriert sind Brennblasen nach Art alter Creole Stills; sie liefern ein würziges Destillat. Savalle- und Barbet-Auslegungen lassen den Dampf härter arbeiten, was den Rückfluss erhöht. Savalle Stills erbringen einen blumigeren Stil, während Rum aus Barbet-Konfigurationen oft schwerer und pflanzlicher ist.

Die grüne, vegetabile Note entsteht insbesondere während der Gärung und Destillation. Belegen lässt sich dies, indem man einen *Rhum agricole* mit einem Zuckerrohrsaftrum aus einer Pot Still wie etwa dem lang gärenden Rhum Rhum vergleicht. Er wird alkoholstark gebrannt, ist sauber, blumig und fruchtig und entbehrt jeglicher pflanzlicher Töne.

Clairin

Früher dachte man, dass es auf Haiti nur eine einzige Brennerei gäbe: die legendäre Barbancourt. Warum? Weil ihre Abfüllungen auf der ganzen Welt erhältlich waren und nur wenige Menschen dem arg gebeutelten Land einen Besuch abstatteten. Dann verbreiteten sich Gerüchte, dass da noch mehr Brennereien seien – viel mehr. Sie erzeugten allerdings keinen Rum und auch keinen *Rhum*. Sondern *Clairin*. Der ist für Rum, was Mezcal für Tequila: eine handwerklich und traditionell gebrannte Spirituose, die den Boden von Haiti im Blut hat.

Cachaça

Brasilien ist der weltgrößte Zuckerproduzent. Aus seinem Zuckerrohr wird auch Industriealkohol, Melasse und Cachaça gebrannt – insgesamt 1,5 Milliarden Liter jährlich, erzeugt von schätzungsweise 30.000 Betrieben. Für mehr als 90 Prozent der Produktion indes zeichnen einige wenige Großbetriebe verantwortlich. Sie bringen »Industrie«-Cachaça auf den Markt. Eine ungleich größere Zahl von Kleinbrennern fertigt »handwerklichen« Cachaça – die höchste Konzentration hat der Bundesstaat Minas Gerais mit etwa 8.500 solcher Betriebe.

Eine Anlage mit drei Pot Stills für die
Erzeugung von Cachaça.

Cachaça muss aus Zuckerrohrsaft *(garapa)* hergestellt werden und zwischen 38 und 48 Prozent Alkohol
enthalten. Es dürfen ihm höchstens sechs Gramm Zucker pro Liter hinzugefügt werden. Industrielle Erzeuger
beziehen ihr Zuckerrohr aus verschiedenen Plantagen,
während handwerklich arbeitende Betriebe oftmals
eigene Felder bewirtschaften und dadurch mehr
Einfluss auf den Rohstoff haben.

Nach der Klärung wird der Saft vergoren. Bei Groß-
betrieben mit Technik aus der Biospritherstellung dau-
ert die Gärung gerade einmal zehn Stunden. Handwerkliche Produzenten brauchen länger und nutzen die von
Natur aus auf dem Zuckerrohr vorhandenen Hefen.

Manche fügen zu Saisonbeginn noch gerösteten
Mais, Mehl, Kleie, Sojabohnen oder Reis mit *garapa*
gemischt hinzu, um die Gärung zu starten. Später hält
man die Gärung mit etwas älterer Maische in Gang.

Die Maische für handwerklichen Cachaça gärt sanft
24 bis 36 Stunden lang zu einem fruchtigen, milden
vinho (wörtlich »Wein«). Anschließend wird die Hefe
abgezogen und neu eingesetzt, während der *vinho*
in die Brennblase kommt.

Industrieller Cachaça entsteht in Column Stills,
handwerklicher in kupfernen Pot Stills, bei denen der

PRODUKTION

Cachaça kann in unterschiedlichsten Hölzern ausgebaut werden.

Mittellauf vom Vor- und Nachlauf getrennt wird. Die Zahl der Konfigurationen ist enorm: Es gibt einfache Pots und Kondensatoren, manche davon mit Platten im Hals ausgestattet, aber auch Auslegungen mit zwei verbundenen Pot Stills, deren beider Hälse Platten enthalten.

Großerzeuger verkaufen »frischen« Cachaça, während die Kleinbetriebe ihn immer in Fässern mit höchstens 700 Liter Fassungsvermögen ausbauen, damit er weicher wird. Zum Einsatz kommen meist Ex-Bourbon- oder Ex-Cognac-Fässer, doch auch eine riesige Zahl von Behältern aus einheimischen brasilianischen Hölzern, etwa aus Amendoim (*Pterogyne nitens*), Tauari (der Gattung *Couratari*), Ipê (*Tabebuia*), Imburana (*Amburana cearensis*), Freijo (*Cordia goeldiana*) oder Jequitibá (*Cariniana legalis*).

Manche dieser Holzarten, speziell die beiden erstgenannten, sind neutral und daher bestens geeignet, den Brand weicher zu machen. Andere haben mehr Farbe und geben Aromastoffe ab, weshalb sie bevorzugt für den Ausbau verwendet werden.

Aber ist das Rum? Nein, Cachaça!

Arrack

Der Begriff »Arrack« ist ein Sammelbegriff für alle möglichen Brände. In Sri Lanka und Goa bezeichnet man damit eine Spirituose aus Kokospalmen. Im Libanon kennt

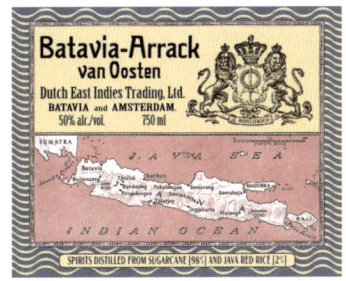

Batavia-Arrack, einst fester Bestandteil klassischer Rumpunsche, ist inzwischen wieder erhältlich.

man Arrack als Brand aus Traubenmost, während in der Mongolei *arkhi* aus vergorener Stutenmilch gemacht wird. Auf Java dient dagegen Zuckerrohr als Rohstoff.

Batavia-Arrack war früher die geschätzteste Zutat für Punsche (siehe Seite 19). Er stammte aus Java und wurde überwiegend in die Niederlande exportiert, von wo aus man ihn in andere Länder ausführte. E&A Scheer (siehe Seite 55–56) war in erster Linie Importeur für *Arrack*, bevor er sich als Rumspezialist etablierte. Das Unternehmen handelt noch heute mit Java und verkauft den Batavia-Arrack van Oosten. Der Brand kommt bei der Aromatisierung und im Schwedenpunsch, einem Mix aus Arrack, Rum, Zucker und Gewürzen, zum Einsatz.

Arrak wird aus Melasse hergestellt, der als Starter vor der Gärung Reisbrei beigemischt wird. Die Destillation erfolgt in Pot Stills, der anschließende Ausbau findet in Teakholzfässern statt. Nach der Ankunft in Europa kann ein weiterer Ausbau folgen.

AUSBAU

Rum gehörte weltweit zu den ersten Spirituosen, die bewusst ausgebaut wurden. In manchen Ländern ist ein Ausbau sogar vorgeschrieben. In Kuba etwa muss Rum vorher zwei Jahre im Fass reifen.

Am meisten profitiert Rum von einem souveränen Umgang mit Eiche. Weil der Charakter eines fassgereiften Vertreters zu 70 Prozent von der Interaktion zwischen Eiche und Brand geprägt wird, spielen Charakter und Qualität des Holzes eine entscheidende Rolle.

Eiche wird bevorzugt, weil sie wasserdicht ist, aber dennoch atmet. Die Flüssigkeit bleibt also im Fass, während Sauerstoff (und Alkoholdampf) passieren kann. Eiche ist robust, sodass Fässer lange verwendet werden können. Sie lässt sich in der Küferei leicht verarbeiten. Vor allem aber ist sie ein Geschmackgeber.

Am häufigsten verwendet werden gebrauchte Fässer aus der Bourbon-Produktion. Sie bestehen aus Amerikanischer Weißeiche *(Quercus alba)* und bereichern den Brand um Vanille-, Kokos- und Schokoladenoten sowie Anklänge an süße Gewürze. *Agricole*-Erzeuger arbeiten mit ehemaligen Cognac-Fässern aus »französischer Eiche« alias Traubeneiche *(Quercus sessiliflora)*, die für pikante Würze, Vanilletöne und griffige Textur sorgt.

PRODUKTION

Weniger gängig sind ehemalige Sherry-Fässer aus »spanischer Eiche«, bei der es sich meist um die Stieleiche (*Quercus robur*) handelt. Sie gibt dem Rum Andeutungen an Gewürznelken, Harz, Trockenobst und Tannin mit. Brenner wie Brugal und Foursquare waren mit einem Ausbau in spanischer Eiche erfolgreich. Foursquare hat sogar begonnen, Fasstypen aus der Herstellung weiterer Likör- und auch regulärer Weine zu testen.

Eiche sollte zur langsamen Veredelung des Geschmacks beitragen. Sie färbt Rum, macht ihn weicher und verleiht ihm Charakter.

Der Fassausbau

Kommt Rum ins Fass, verliert er als Erstes seine aggressiven Elemente durch Verdunstung oder die gekohlte Schicht im Fassinneren, die wie die Aktivkohle in einer Dunstabzugshaube wirkt. Sie verwandelt außerdem die Aromaverbindungen im Holz und bringt Geschmacksnoten wie Kokos, Vanille, Gewürze und Kakao in den Rum mit ein. Weiter reichert sie ihn mit Tanninen an, die ihm Farbe und Textur geben. All das interagiert mit den schon bei der Destillation entstandenen Geschmacksnuancen und erhöht die Komplexität des Brands.

Je frischer das Fass, desto mehr Einfluss hat es. Dreijähriger Rum wird in neuem Holz stärker verändert als derselbe Rum in einem Fass, das schon mehrmals befüllt war. Auch diese »Refill«-Fässer geben Geschmack ab, sie tun dies aber dezenter als neue. Nicht verwendet werden dürfen hingegen Fässer, die erschöpft und nur noch bloße Behälter ohne Einflussnahme sind.

Während schwerer Pot Still Rum Zeit braucht, um weicher zu werden, kann leichter Rum zu schnell eichenlastig werden. Es gehört zu den Aufgaben des Blenders, diese Parameter zu erkennen und damit zu arbeiten.

Klima

Beim Ausbau von Rum atmet das Fass. Es inhaliert Sauerstoff, der die Aromen verändert, und exhaliert Alkohol, den »Engelsanteil«, der in der Karibik *duppy share* genannt wird. Je wärmer das Klima, desto stärker der Austausch zwischen innen und außen. Nicht nur läuft die Oxidation schneller ab, auch das Flüssigkeitsvolumen schrumpft rascher. Sogar die Interaktion zwischen Rum und Holz beschleunigt sich.

Ein Ausbau in den Tropen wirkt sich beträchtlich auf den Geschmack aus.

ZACAPAS SISTEMA SOLERA

Es gibt mehrere Solera-Systeme, doch die Version des guatemaltekischen Erzeugers Zacapa ist zweifellos am komplexesten. Sie vereint statischen Ausbau mit *élevage* und Solera-Reifung. Der Rum durchläuft eine Abfolge mehrerer Fasstypen: Ex-Bourbon-Fässer, zusätzlich gekohlte Ex-Oloroso und dann Ex-PX (und beim XO sogar Ex-Cognac); anschließend schickt man ihn in eine Solera. Jedes Mal, wenn der Rum in den nächsten Fasstyp umzieht, kommt ein sukzessive älterer Reserverum dazu, während ein Teil des Verschnitts dem Reservedepot beigefügt wird.

Generell durchschreitet Rum seinen Reifezyklus in der Karibik schneller als in Europa. Zwei Posten desselben Rums, einmal in Europa und einmal in der Karibik ausgebaut, unterscheiden sich nach fünf Jahren erheblich voneinander. Die karibische Version nimmt schneller eine ausgeprägtere Holznote an. Das sollte man beim Blick auf die Altersangabe berücksichtigen.

Carsten Vlierboom, Master Blender bei E&A Scheer, demonstrierte mir das mit verschiedenen Editionen des in Jamaika gereiften Worthy Park. Die dezente süße Frucht und der leichte Eicheneinschlag hatten sich nach zwölf Monaten im Fass in trockene Gewürze und Rosinen verwandelt. Nach einem weiteren Jahr waren Zedernnoten und größere Komplexität auszumachen. Nach vier Jahren übernahm das Holz das Regiment.

Wenn Rum sich das Holz rasch zu eigen macht, ist es logisch, mehr Refill-Fässer einzusetzen. Zwischen einem reifen Rum und einem nur vom Vanillin aus dem Fass dominierten besteht ein qualitativer Unterschied. Auch die Höhenlage spielt eine Rolle. Zacapa etwa destilliert auf 275 Meter Höhe, baut aber auf 2.300 Metern aus.

PRODUKTION

Scheer baut seine Rums höchstens fünf Jahre in der Karibik aus, um sie anschließend nach Amsterdam oder Liverpool zu bringen, wo kühlere Bedingungen herrschen und die Eiche wesentlich weniger Einfluss hat.

VERSCHNEIDEN

Die meisten Rums sind Verschnitte verschiedener Fässer, Stile, Brennereien oder Länder. Dadurch bekommen sie Volumen, beständige Qualität und Charakter. Das Verschneiden ist ein kreativer, dynamischer Prozess.

Erzeugt eine Brennerei einen einzigen Stil, kann der Blender mehrere Altersklassen oder Fassfüllungen verwenden, um die Komplexität zu erhöhen. So handhabt es etwa Cruzan in Saint Croix.

Durch Mischen mehrerer Altersstufen erhöht man ebenfalls die Komplexität. Junger Rum steuert Lebendigkeit und Frische bei, älterer Tiefe. Firstfill-Fässer zeichnen für einen Vanilleton verantwortlich, während Refill-Fässer dem Charakter mehr Raum lassen.

Andere Brenner offerieren schwere Rums aus Pot Stills und zartere aus Column Stills. Sie lassen sich ebenfalls kombinieren, wie es Foursquare, die Demerara Distillers und das Appelton Estate tun.

»Wir versuchen immer, neue Geschmacksprofile zu finden«, erklärt Juan Piñera Guevara, Master Blender bei Bacardí. »Wir kombinieren dazu Gärbedingungen, Destillationsverfahren und Fässer, Altersstufen, Fassstärken und Brände, die wir während des Ausbaus verschnitten haben.« Mit anderen Worten: Der Blender ist am gesamten Herstellungsprozess beteiligt.

Während meines Besuchs bei Carsten Vlierboom, Master Blender von E&A Scheer in Amsterdam, sahen wir uns zuerst an, wie man einem leichten (nicht ausgebauten) Rum Charakter geben könnte. Wir fügten eine geringe Menge Plummer hinzu, damit der Blend Rosinennuancen und Kraft bekam. Ein Wedderburn brachte Tropenfrüchte, Schalen und das typisch jamaikanische Aroma ins Spiel. Mit einem Tropfen Continental begaben wir uns auf Ananasterrain. Der Blend wirkte schließlich süßer, obwohl kein Zucker dazugekommen war.

Dann zeigte Vlierboom mir, wie sich unterschiedlich alte fassgereifte Rums aus einer einzigen Brennerei zu einem komplexeren Ganzen zusammenfügen ließen

Joy Spence vom Appleton Estate auf Jamaika ist die erste Frau, welche die gläserne Decke durchbrach und es bis zum Master Blender schaffte.

und wie ein Rum, der für sich allein zu holzig wäre, einem Verschnitt Struktur gab. Zum Schluss versuchten wir uns an einem internationalen Verschnitt mit Rums aus Guatemala (Kaffeebohnen, pikant, ölig), Barbados (Vanille, Bananensplit), Nicaragua (schokoladig und frisch) und anderen. Brachte man einen oder mehrere mit einem leichten, ausgebauten Basisrum zusammen, bekam man Tiefe, Komplexität und Aroma. Die Möglichkeiten waren selbst bei einer so kleinen Auswahl endlos.

Das Problem: Nachdem ein Geschmacksprofil steht, muss der Blender es bewahren, selbst wenn der Ausstoß steigt oder eine Brennerei die Produktion einstellt.

Feinjustierung

Das Färben von Rum ist eine althergebrachte Methode. Verwendet werden kann Karamell oder eine Lösung auf Melassebasis. Gängig ist es bei Rums im Navy-Stil. Dort hat die Farbe allerdings Auswirkungen auf den Geschmack und fügt ein bitteres Lakritzelement hinzu. Fassgereifte Rums können ebenfalls gefärbt werden.

Vor der Abfüllung geben manche Unternehmen eine Zuckerlösung in den Rum. Das ist aktuell das umstrittenste Thema in der Rumindustrie. In Jamaika, Barbados und Martinique ist das Zuckern verboten.

Wer nicht süßt, könnte dies auf dem Etikett erwähnen, so wie Whiskybrennereien den Verzicht auf Kaltfiltrierung oder Färben deklarieren. Noch besser wäre eine Obergrenze wie bei Cachaça oder Cognac.

HAVANA CLUB

Der Brand für den Havana Club wird zwei Jahre ausgebaut, um als Rum klassifiziert werden zu können. Anschließend verschneidet man ihn mit Alkohol aus Zuckerrohr. Durch Variieren der Anteile von *aguardiente* und Brand lässt sich eine große Bandbreite von Basisrums *(bases frescas)* erzeugen. Ein Vertreter aus 90 Prozent *aguardiente* und 10 Prozent hochprozentigem Rum schmeckt offensichtlich anders als einer mit einem Verhältnis von 10:90. Der Basisrum kommt anschließend in Refill-Fässer. Während des Ausbaus wird weiter verschnitten, wobei ein Anteil jedes endgültigen Blends für einen weiteren Ausbau zurückgehalten wird.

So kommen etwa 20 Basisrums zusammen. Ihr Aromarepertoire reicht von Geranien und Crème brûlée über Ananas und Schokolade bis Jasmin, Vetiver und Feigen. Holz ist jedoch selten dabei.

PRODUKTION

ZUR BENUTZUNG DIESES BUCHS

Vielleicht haben Sie durch das Buch geblättert und gesehen, dass um die Ecke noch 110 Rums lauern. Möglicherweise ist Ihnen dabei sogar aufgefallen, dass jeder mehreren Tests unterworfen wurde. Da drängt sich natürlich die Frage auf: warum?

Die Antwort ist einfach. Vor mir steht ein Rum. Wie genieße ich ihn so, dass er mir maximalen Genuss bereitet? Wenn Rum so vielseitig ist, wie behauptet wird, wie macht er sich dann im Verbund mit einigen der beliebtesten Fillers? Oder in Cocktails, in denen er keine Chance hat, sich hinter anderen zu verstecken?

Unter den ausgewählten Rums finden sich große Marken, weitere leicht erhältliche Vertreter und einige unbekanntere Spezies, die zu den Besten ihres Stils gehören. Weil wenig Platz zur Verfügung stand, konnten Cachaças leider kaum berücksichtigt werden. Aus verschiedenen Gründen blieben gewürzte Rums ganz außen vor. Ich hoffe, die ausgewählten Bände helfen Ihnen, alte Bekannte mit neuen Augen zu sehen, bislang ignorierten Abfüllungen noch einmal eine Chance zu geben und neue Freunde zu finden.

BEWERTUNG

5* Unübertroffen. Muss unbedingt probiert werden. Rum und Filler sind ein Traumpaar.

5 Überragend. Der Rum profitiert von der Kombination, der Drink ist mehr als die Summe seiner Einzelteile.

4.5 Zwischen überragend und sehr gut.

4 Sehr gut. Der Filler bringt den Rum dazu, sich zu öffnen.

3.5 Zwischen sehr gut und gut angesiedelt.

3 Gut. Ein ordentlicher, ausgewogener Drink. Einer davon reicht mir.

2.5 Zwischen gut und mittelmäßig einzuordnen.

2 Mittelmäßig. Sie geben sich nichts oder sind sogar eine Mesalliance.

1 Meiden.

N/A (nicht auswertbar) Manche Rums werden am besten pur genossen.

Die Bewertungen gelten für die Kombinationen und nicht für die jeweiligen Rums. Trotzdem wurde jede Marke erst einmal wegen ihrer Soloqualitäten ausgewählt, über die man etwas in den Verkostungsnotizen erfährt. Manche Rums bleiben am besten ohne Begleitung. Nur selten kommt ein Brand mit allen Fillern gleich hervorragend zurecht; die meisten haben ein, zwei Favoriten.

WIE MAN VERKOSTET

Rum kann vielerlei Gestalten annehmen. Dennoch gibt es einige übergreifende Kriterien, ganz gleich, ob man weißen, leichten, schweren oder ausgebauten, Pot Still oder Navy Rum verkostet. Wichtig sind Ausgewogenheit, Komplexität, Charakter. Werden die süßen Komponenten von trockenen ausbalanciert oder umgekehrt? Gibt es ausreichend leichte Elemente, um die schweren abzufangen? Ist bei der Degustation eine Abfolge mehrerer anregender Aroma- und Geschmacksnoten auszumachen – oder nur eine? Ist erkennbar, woher der Rum stammt und wie er erzeugt wurde? Hat er Persönlichkeit?

Nehmen Sie das Glas und riechen Sie daran. Vorsicht: Es handelt sich um eine Spirituose, weshalb man mit einer Alkoholnote rechnen muss, die in der Nase brennt. Notieren Sie sich den ersten Eindruck: Süß oder trocken? Leicht oder schwer? Scharf oder mild?

Nun noch einmal daran schnüffeln. Riechen Sie fruchtige oder blumige Töne? In ersterem Fall: Sind es tropische, getrocknete oder knackig frische Früchte? Falls Sie Gewürze entdecken: Welche sind es? Fällt Ihnen ein fassbedingter Vanille- oder Schokoladeneinschlag auf? Entspannen Sie sich und lassen Sie das Aroma auf sich wirken. Wer es zu eilig hat oder zu stark inhaliert, betäubt die Geruchsnerven. Der Rum ist Ihr Freund.

Jetzt geht es an das Schmecken. Nehmen Sie einen Schluck und prüfen Sie die Textur. Ist der Brand scharf oder weich, trocken oder süß? Breitet er sich im Mund aus oder zieht er rasch vorüber? Noch ein Schluck, aber diesmal konzentrieren Sie sich auf die Geschmacksnoten. Vergleichen Sie mit dem Bouquet, bewerten Sie jedoch auch die Ausgewogenheit. Zudem sollte sich der Geschmack entwickeln und verändern.

Geben Sie nun etwas Wasser dazu und verkosten Sie erneut. Das Wasser verringert den Alkoholgehalt und setzt obendrein Aromen frei.

Sind Ihnen Elemente aufgefallen, die die Harmonie des Rums stören? Schmeckt er fettig? Das sind die Fuselöle. Ist er neutral? Dann handelt es sich um Wodka. Ist er im Abgang süß? Dann kam ordentlich Zucker hinein.

Zum Schluss entspannen Sie sich und genießen Sie Ihren Rum. Denn dazu ist er ja da.

WIE MAN RUM MIXT

Warum überhaupt mixen? Weil das Kombinieren dem Rum zur zweiten Natur geworden ist. Es gereicht ihm zum Vorteil, was man nicht von allen Spirituosen sagen kann. Die Frage lautet: welche Filler und warum?

Zuerst zum Warum. Rum hat eine Vielzahl von Geschmacksnuancen und Charakterzügen. Jede Abfüllung wirft Früchte, Blüten und Gewürze in die Waagschale, hat aber auch süße und trockene Seiten – hoffentlich in schöner Ausgewogenheit. Frucht sorgt für einen weichen Mittelteil im Geschmack, Blüten schlagen Obernoten an, während Gewürze den Abgang beleben. Und all diese Elemente haben ihre ganz eigene Strategie, mit dem Filler, auch Mixer genannt, zu interagieren.

Kommt ein Filler hinzu, sollte er alle Charakterzüge des Rums unterstreichen. Ein erfolgreicher Partner verwässert und verdeckt Geschmacksnoten nicht, sondern öffnet sie und steuert eigene bei oder schafft neue Facetten und Texturen. Kohlensäure gibt Pep und kann den Genuss verlängern, Säure federt eine dicke Konsistenz ab und bildet ein Gegengewicht zu Zucker.

FILLER

Welche sollten es sein? Ich habe befreundete Rumliebhaber gefragt. Zum Glück waren wir uns ziemlich einig. Alle Drinks haben ein Filler-Rum-Verhältnis von 2:1.

Kokoswasser

Sicher, Kokoswasser ist gesund, aber ganz ehrlich: Indem man es mit Rum mischt, wird man weder abnehmen noch seinen Kaliumhaushalt in Ordnung bringen noch fitter werden. Dafür bekommt man eine erstaunliche Kombination. Kokoswasser hat eine dezente Süße (prüfen Sie aber, ob Zucker oder Stevia zugesetzt wurde), ist zugleich pikant und leicht salzig bzw. mineralisch mit festem, nussigem Element – kurzum: komplex. Die Nussnoten harmonieren mit Eiche, die Süße mit der Frucht, die pikanten Züge machen den Mix ausladender. Viele Rums haben eine mineralische Komponente.

Kokoswasser zählt zu den klassischen Rumbegleitern.

ZUR BENUTZUNG DIESES BUCHS

Ginger Beer hat Pep und bereichert einen Rumcocktail um Gewürznoten.

Kokoswasser hat unterm Strich am besten funktioniert. Es muss aber kalt sein und ausgewogen schmecken.

Clementinensaft

Fruchtsaft war leicht zu beurteilen. Passionsfrucht funktioniert, kann aber wie Mango etwas dick werden. Ananas war zu, nun, ananasig, Grapefruit zu scharf und Orangensaft zu süß. Clementinensaft erwies sich als die Nummer eins. Er hat eine säuerliche Note, die in Richtung Grapefruit geht. Sie war der Schlüssel, steuert Schärfe bei und öffnet den Rum, während der Tropencharakter der Frucht einen natürlichen Partner fand. Am meisten überraschte, wie gut Clementine und ausgebauter Rum harmonieren.

Ginger Beer

Ginger Beer passt zu Gewürznoten und bringt Kohlensäure ins Spiel. Es hat Schwung, unterstreicht Gewürznoten, steuert blumige Obernoten bei und verlängert den Abgang. Ich bin Ginger-Beer-verrückt und halte Fever Tree für die Nummer eins. Die Marke bringt drei Arten von Ingwer zusammen: duftenden von der Elfenbeinküste, intensiven aus Nigeria und erdigen aus Kochi in Indien. Gesüßt wird es mit Rohrzucker. Es ist stark kohlensäurehaltig und perlt fein und anhaltend.

Cola

Oft der Standard-Filler für Rum. In Cola finden sich Anklänge an Vanille und Früchte – zwei Schnittmengen mit Rum. Zuckerige Tiefe und eine weiche Natur sind ebenfalls typisch. Cola sammelte am wenigsten Gesamtpunkte, aber wenn sie funktionierte, dann ergab sie mit Rum einen ernsthaften Drink. Die beste Rum-Cola hat mein Freund Ryan Chetiyawardana geschaffen:

RUM 'N' COKE FLOAT

50 ml Gold Rum
..............•..............
20 ml Cola-Sirup (aus Konzentrat)
....
1 Ei
......

Zuerst mit, dann ohne Eis schütteln. In ein Cola-Konturglas doppelt abseihen. Mit einem Limettentwist garnieren.

ZUR BENUTZUNG DIESES BUCHS

Mit Daiquiri lässt sich die Qualität eines weißen Rums bemessen.

RUM-COCKTAILS

Nun mussten sich die Rums in Cocktails bewähren. Einfache Drinks funktionieren in diesem Kontext am besten. Sie lassen den Brand glänzen, unterziehen ihn aber auch einem härteren Test, als man anfangs glaubt.

DAIQUIRI

Er wurde für weiße Rums (jedoch nicht aus der Agricole-Ecke) ausgewählt, weil ... ja, was hätte man sonst nehmen sollen? Der Daiquiri ist ein Klassiker, aber auch gnadenlos, denn er bringt die Ausgewogenheit, Qualität und Komplexität des Rums unerbittlich ans Tageslicht. Wenn die Basisspirituose nicht auszumachen ist und auch von der Gesamtheit nicht unterstrichen wird, dann lässt man besser die Finger von ihr.

Es gibt unzählige Möglichkeiten, einen einfachen Drink zu mixen. Ich suchte nach einem ausgewogenen Verhältnis mit ausreichendem Limettenkick, um Energie ins Spiel zu bringen (und Disharmonien offenzulegen), und nicht zu viel Zucker, damit der Rum eine Chance hatte.

Den Mixer meiner Frau wollte ich nicht ausleihen (und noch weniger ruinieren). Überhaupt bevorzuge ich Daiquiris handgeschüttelt. Zupass kommt mir dabei, dass meine 15-jährige Tochter das Bartender-Handwerk erlernen möchte. Das hat nichts mit Kinderarbeit zu tun – das ist Lernen fürs Leben.

60 ml Rum

20 ml Limettensaft

15 ml 2:1 Zuckersirup (siehe Seite 208)

Eiswürfel

Alles schütteln und in ein Glas abseihen.

OLD-FASHIONED

Ein so einfacher Mix, dass man es auf den ersten Blick für unwahrscheinlich hält, mit ihm etwas über einen Rum in Erfahrung zu bringen. Aber der Zucker offenbart, wie süß er bereits ist, die Bitters können sich nach vorn drängen und durch Überextraktion entstandene Bitternoten sowie mangelnde Ausgewogenheit ans Tageslicht bringen. Wenn aber alles zusammenpasst, dann wird der Rum perfekt in Szene gesetzt.

1 TL 2:1-Zuckersirup (siehe Seite 208) oder 1 Zuckerwürfel

3 Eiswürfel

6 Tropfen Bitter Truth Old Time Aromatic Bitters

6 Tropfen Angostura Orange Bitters oder Orangenschale

60 ml Rum

Konfiguriert man den Old-Fashioned auf die altmodische Art, tröpfelt man die Bitters mit einem Spritzer Wasser auf den Zuckerwürfel und zerstößt ihn mit den übrigen Zutaten. Ich musste 69 Gläser vorbereiten, also kürzte ich die Angelegenheit ab, indem ich den Sirup und je einen Eiswürfel ins Glas gab, die Bitters hineinträufelte, umrührte, schließlich den Rum und mehr Eis dazugab, noch einmal umrührte und das Ganze vor dem Trinken kurz setzen ließ.

CAIPIRINHA

Welchen Cocktail braucht man sonst noch für Cachaça? Er hat Power, ist lebendig grün und zugleich süß. Ein super Drink. So mag ich ihn:

¾ Limette, in Spalten geschnitten

15 ml 2:1-Zuckersirup (siehe Seite 208)

Eiswürfel

60 ml Cachaça

Limette und Zuckersirup in ein Old-Fashioned-Glas geben und vorsichtig mit einem Stößel zerdrücken. Eiswürfel und Cachaça dazugeben.

TI PUNCH

Es ist mein erster Tag auf Martinique. Ich sitze in der Lounge meines Hotels. Ein kleines Tablett wird mir gebracht, darauf ein weißer Agricole, Zucker und ein paar Limetten. »Ti Punch?«, werde ich gefragt. »Oui, merci.« Dann geht der Kellner. Ich sitze da und frage mich, ob er etwas vergessen hat. Mais non, ich muss ihn selbst machen, so will es die Tradition. Und das ist auch gut so, denn jeder verträgt unterschiedlich viel Alkohol, Süße und sogar Limette. Nachfolgend mein Ti Punch. Ihrer fällt vielleicht geringfügig anders aus.

60 ml *Rhum agricole*

10 ml Rohrzuckersirup

Limettenschale, zu einer ovalen Form geschnitten

Eiswürfel

(Die Limettenschale so schneiden, dass nur wenig Fleisch daran haftet; so wird der Drink mit den Ölen und nicht dem Saft angereichert.)

Alle Zutaten auf Eiswürfeln in einem Old-Fashioned-Glas umrühren.

ZUR BENUTZUNG DIESES BUCHS

FLAVOUR MAP

Der Nachteil der Vielfalt in der Rumwelt ist die Schwierigkeit, durch die unzähligen Stile zu navigieren. Da dachte ich, eine Flavour Map, also eine »Geschmackskarte«, könnte helfen. Sie soll einen Überblick geben. Wo ein Rum eingeordnet ist, hängt ab von seinem Aroma und Geschmack.
Die Flavour Map finden Sie auf Seite 66/67.

SO FUNKTIONIERT DIE FLAVOUR MAP

Die vertikale Achse reicht von »frisch« am unteren bis zu »eichig«, das heißt eichenbetont, am oberen Ende. Weil die Geschmackskarte zweidimensional verläuft (obwohl Rum in Wirklichkeit ein dreidimensionaler Spirit ist), gilt es auch zwei Aspekte zu berücksichtigen. Der erste ist der Einfluss des Holzes.

Je weiter man entlang der Achse nach oben geht, desto größer wird der Holzeinfluss. Die weißen Rums sind daher erwartungsgemäß am unteren Ende versammelt. Einige weiße Rums hat man allerdings in Eiche ausgebaut und anschließend gefiltert, um die Farbe herauszuholen. Deshalb befinden sich nicht alle weißen Rums auf einer Höhe.

Nach etwa drei Vierteln des Wegs in der unteren Hälfte beginnen sich die Geschmacksstoffe aus dem Holz bemerkbar zu machen. Zuerst sind das trockene Eichentöne, später kommt Vanille hinzu. Sobald die horizontale Mittellinie überschritten ist, dominiert Eiche immer stärker. Ganz oben spielen auch die Tannine aus dem Fassholz eine zentrale Rolle.

Gleichzeitig zeigt die vertikale Linie an, dass das Gewicht des Spirits in aufsteigender Richtung zunimmt. Die leichtesten Rums findet man ganz unten, die reichsten ganz oben. Die Reise beginnt mit leichten, sauberen Column Still Rums und endet mit schweren Pot Still Rums. Das erklärt auch, warum manche weißen Rums weiter oben angesiedelt sind als andere: Sie haben einfach ein höheres Destillatgewicht.

ZUR BENUTZUNG DIESES BUCHS

Die Rumwelt ist vielgestaltig. Wie navigiert man am besten durch sie hindurch?

Die horizontale Achse verläuft ebenfalls zwischen zwei Polen. Bewegt man sich von links nach rechts, erhöht sich die Süße im Rum. Destillatbetonte Vertreter befinden sich links der vertikalen Achse. Marken, in denen Anklänge an frischen Zuckerrohrsaft vorherrschen, drängen sich also am äußersten linken Rand.

Dieser Bereich ist nicht nur das Terrain von *Rhum agricole blanc*, sondern auch von ausgebauten Exponenten, in denen jedoch der Zuckerrohrsaft immer eine tragende Rolle spielt. Unausgebaute und ausgebaute Versionen ein und desselben Erzeugers sind oft vertikal in einer Linie zu finden, was beweist, dass sie einen ausgeprägten Brennereicharakter haben.

Je mehr man sich nach rechts bewegt, desto mehr Fruchtnoten entwickeln sich. Zur Mitte hin treten tropische Früchte und Honig auf den Plan.

Scharfe Pot Still Rums, insbesondere solche aus Jamaika, finden sich ebenfalls links der Mittellinie, denn ihre esterbetonten Noten werden vom Destillat beigesteuert und schlagen eine aromatische Brücke zu den Charakteristiken von *Rhum* aus Zuckerrohrsaft. Obwohl fassgereifte Abfüllungen mehr Frucht und ledriges Gewicht erkennen lassen, erweist sich der Ausbau als Bereicherung und verschiebt einen Rum nicht automatisch ganz nach rechts.

Sobald die Mitte überschritten ist, offenbart sich die Süße als dominierender Wesenszug. Sie kann sich als Frucht-, Konfitüre- oder Zuckerton niederschlagen. Süßere weiße Rums befinden sich daher im unteren rechten Quadranten. Ein reicher, süßer, fassgereifter Rum – Demerara oder Latin Rum – ist entsprechend im oberen rechten Quadranten angesiedelt.

ZUR BENUTZUNG DIESES BUCHS

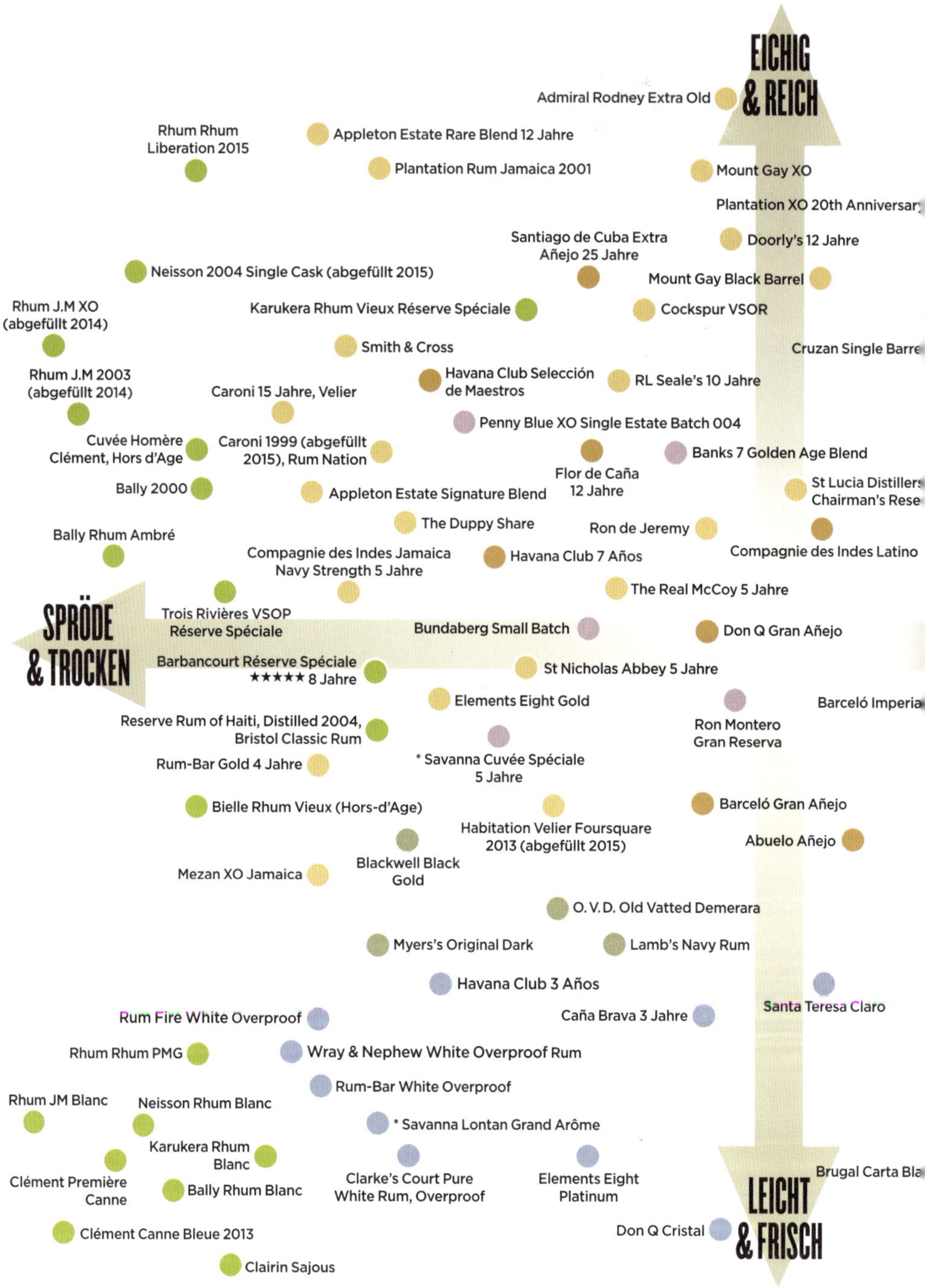

EICHIG & REICH

SPRÖDE & TROCKEN

LEICHT & FRISCH

Admiral Rodney Extra Old

Rhum Rhum Liberation 2015

Appleton Estate Rare Blend 12 Jahre

Plantation Rum Jamaica 2001

Mount Gay XO

Plantation XO 20th Anniversary

Santiago de Cuba Extra Añejo 25 Jahre

Doorly's 12 Jahre

Neisson 2004 Single Cask (abgefüllt 2015)

Mount Gay Black Barrel

Rhum J.M XO (abgefüllt 2014)

Karukera Rhum Vieux Réserve Spéciale

Cockspur VSOR

Cruzan Single Barrel

Smith & Cross

Rhum J.M 2003 (abgefüllt 2014)

Caroni 15 Jahre, Velier

Havana Club Selección de Maestros

RL Seale's 10 Jahre

Penny Blue XO Single Estate Batch 004

Cuvée Homère Clément, Hors d'Age

Caroni 1999 (abgefüllt 2015), Rum Nation

Banks 7 Golden Age Blend

Bally 2000

Appleton Estate Signature Blend

Flor de Caña 12 Jahre

St Lucia Distillers Chairman's Reserve

Bally Rhum Ambré

The Duppy Share

Ron de Jeremy

Compagnie des Indes Latino

Compagnie des Indes Jamaica Navy Strength 5 Jahre

Havana Club 7 Años

The Real McCoy 5 Jahre

Trois Rivières VSOP Réserve Spéciale

Bundaberg Small Batch

Don Q Gran Añejo

Barbancourt Réserve Spéciale ★★★★★ 8 Jahre

St Nicholas Abbey 5 Jahre

Elements Eight Gold

Barceló Imperial

Reserve Rum of Haiti, Distilled 2004, Bristol Classic Rum

Ron Montero Gran Reserva

Rum-Bar Gold 4 Jahre

* Savanna Cuvée Spéciale 5 Jahre

Bielle Rhum Vieux (Hors-d'Age)

Barceló Gran Añejo

Habitation Velier Foursquare 2013 (abgefüllt 2015)

Abuelo Añejo

Mezan XO Jamaica

Blackwell Black Gold

O. V. D. Old Vatted Demerara

Myers's Original Dark

Lamb's Navy Rum

Havana Club 3 Años

Rum Fire White Overproof

Caña Brava 3 Jahre

Santa Teresa Claro

Rhum Rhum PMG

Wray & Nephew White Overproof Rum

Rhum JM Blanc

Neisson Rhum Blanc

Rum-Bar White Overproof

Karukera Rhum Blanc

* Savanna Lontan Grand Arôme

Clément Première Canne

Bally Rhum Blanc

Clarke's Court Pure White Rum, Overproof

Elements Eight Platinum

Brugal Carta Blanca

Clément Canne Bleue 2013

Don Q Cristal

Clairin Sajous

El Dorado 15 Jahre

Dos Maderas, Luxus Doble Crianza

Zacapa Solera Gran Reserva 23

Pampero Aniversario Reserva Exclusiva

Dos Maderas PX 5+5

...echicera

El Dorado 12 Jahre

Diplomático Reserva Extra Añejo

Bacardí Facundo Eximo 10 Años

Abuelo Añejo 12 Años, Gran Reserva

Pusser's Gunpowder Proof Rum

Santa Teresa 1796 Antiguo de Solera

Rum Nation Peruano 8 Jahre

Cacique 500 Extra Añejo Gran Reserva

Cartavio XO

Brugal 1888 Gran Reserva Familiar

WEICH & SÜSS

Cartavio Solera 12 Jahre

Bacardí Ocho, Ron 8 Años

Botran Solera 1893

Amrut Old Port

Matusalem Clásico

Old Monk 7 Jahre

Gosling's Black Seal Bermuda Black Rum

Angostura 1919

McDowell's No 1 Celebration

Santiago de Cuba Ron Carta Blanca

Botran Reserva Blanca

Matusalem Platino

...acardí Ron Superior, ...ritage Limited Edition

Tanduay White

SCHLÜSSEL

- Weißer und Overproof Rum
- Ausgebauter Latin Rum
- Ausgebauter Rum aus der englischsprachigen Karibik
- *Rhum agricole*, französische Departements und Haiti
- Rums aus aller Welt
- Navy Rum und dunkler Rum

HINWEIS

* Aus geografischen Gründen wurden die beiden *Rhums* von Savanna im Kapitel zu den französischen Departements eingeordnet. Sie sind allerdings beide aus Melasse gebrannt und daher auf der Geschmackskarte anders platziert.

RUM AROMATISIEREN

Sie fragen sich vielleicht, wo in diesem Buch die Spiced Rums sind. Ich habe eine Reihe von ihnen verkostet, doch sie waren qualitativ so schlecht, dass ich beschlossen habe, sie wegzulassen. Es macht sowieso mehr Spaß, sie selbst herzustellen.

SPICED RUM

Eine Flasche leichten Gold Rum in ein Einmachglas gießen und folgende Zutaten dazugeben:

1 Vanilleschote

3 Gewürznelken

1 Zimtstange

5 Pimentkörner

5 schwarze Pfefferkörner

1 Sternanis

¼ TL Muskatnuss, gerieben

4 Stücke Ingwer

Schale von 1 Orange

Glas versiegeln und einmal täglich schütteln. In vier bis fünf Tagen sollte der Rum fertig sein. Nach Belieben süßen, dann abseihen und abfüllen.

RHUM ARRANGÉ

Jede Bar und jedes Restaurant in den französischen Überseedepartements hat einen mit Obst oder Gewürzen gefüllten Rumbehälter prominent platziert herumstehen. Eine Reihe von Anbietern im Internet führt Gewürzpakete zum Ansetzen von Spiced Rum. Geben Sie einfach »*préparation pour rhum arrangé*« in die Suchmaschine ein.

Eine französische Variante des Spiced-Rum-Grundrezepts (siehe links) basiert auf zwei Liter weißem Rhum. Nehmen Sie also die doppelte Menge der Zutaten, geben Sie aber eine Chilischote, eine Prise Kreuzkümmel, fünf Loquat-Samen und zehn Teelöffel braunen Zucker dazu und lassen Sie das Ganze drei Monate ziehen.

Sie können aber auch ein, zwei Früchte, beispielsweise eine Ananas, in Rum einlegen. Als »Pineapple Rum« wurde früher entweder ein hochsteriger jamaikanischer Rum bezeichnet, der nach Ananas roch, oder ein Rum, in dem Ananas mazeriert waren. Im 18. und 19. Jahrhundert war er groß in Mode.

Geben Sie dazu eine Flasche Gold Rum sowie 50 Gramm Zucker in ein großes Einmachglas. Rühren Sie, bis sich der Zucker aufgelöst hat. Geben Sie ein daumengroßes Stück Ingwerwurzel und eine sehr reife, in Stücke geschnittene Ananas dazu. Nach einem Tag ist der Ananasrum fertig, man kann ihn aber auch länger stehen lassen. (Dank an Ryan Chetiyawardana, der den Tipp in seinem Werk *Good Things to Drink with Mr Lyan and Friends* gegeben hat.)

Wer es eilig hat, kauft eine Flasche Plantation Pineapple Rum »Stiggins Fancy 1824 Recipe«. Ein Erlebnis!

ZUR BENUTZUNG DIESES BUCHS

DIE RUMS

Je mehr man sich mit all diesen Bränden befasst, desto klarer wird, dass es *den* Rum nicht gibt. Dafür anscheinend eine unendliche Vielzahl an Variationen des Themas Rum.

Rum kann klar, golden oder schwarz sein, leicht oder schwer, mit Früchten oder Gewürzen aromatisiert. Er kann aus einem einzelnen Fass stammen oder ein Verschnitt aus Produkten vieler Länder sein. Er kann aus einer breiigen Brühe, aus Sirup oder Saft gebrannt worden sein. Sein Aroma kann schwer oder leicht sein. Man kann ihn direkt aus der Brennblase trinken oder ausbauen. Das Fass kann neu oder alt sein und vorher Bourbon, Sherry oder Cognac enthalten haben. Der Ausbau kann statisch, in einer Solera oder in einer Kombination beider Varianten erfolgt sein.

Rum hat eine Bandbreite wie keine andere Spirituose der Welt. Das ist sein größtes Plus. Nachfolgend schlage ich Ihnen 110 der weltbesten Rums zur Erkundung vor.

WEISS UND OVERPROOF

Manche sagen, weißer Rum sei wie Wodka, denn ein richtiger Rum gehöre ins Fass. Das hieße, dass man die erstbeste Flasche eines nicht ausgebauten Brands in Griffweite schnappen könnte, wenn für einen Cocktail weißer Rum gebraucht wird. Schließlich sind sie austauschbar, oder? Nein. Sicher gibt es manche Vertreter an der Grenze zur Neutralität, aber die meisten Rums haben ihre eigene Persönlichkeit.

Melasse oder Zuckerrohrsirup, mehrere Kolonnen oder Pot Stills, unterschiedliche Hefen, Fassausbau, Filtrierung, Traditionen ... sie alle verbinden sich zu einer Vielfalt an weißen Rums, die im Großen und Ganzen leichter sind, aber beileibe nicht charakterschwächer. Oft sind die Unterschiede einfach nur subtiler. Ich sage »oft«, weil hier auch Overproof Rums mit von der Partie sind, denen man nicht im Dunkeln begegnen möchte.

Generell erwiesen sich Clementinensaft und Kokoswasser als die umgänglichsten Partner für diese Rums. Sie brillierten auf Overproof-Terrain, während Cola, so oft der Standard-Filler für weißen Rum, dort am wenigsten Eindruck machte.

Der Daiquiri outete sich als Drink, in dem jeder Rum auf eine harte Bewährungsprobe gestellt wird. Die einfachen Cocktails unterstrichen Rum, verschmolzen mit ihm und kaschierten ihn auch manchmal, doch im Daiquiri schlug die Stunde der Wahrheit: Rum ließ ihn gelingen oder scheitern.

BACARDÍ RON SUPERIOR, HERITAGE LIMITED EDITION
44,5 %/37,5 %

Bacardí arbeitet mit eigenem Hefestamm, um eine rasche Gärung anzustoßen. Gebrannt wird in einer Fünfkolonnenanlage. Es entstehen zwei Destillate – ein leichter *redistilado* (95 Prozent) und ein schwererer, fruchtiger *aguardiente* (80 Prozent). Sie werden filtriert und mindestens ein Jahr in Ex-Bourbon-Fässern separat ausgebaut. Um die Farbe loszuwerden, wird kohlefiltriert.

Ich habe die hochprozentigere Abfüllung mit dem Standardrum verglichen. Sie zeichnet sich durch eine leichte, blumige Nase mit Anklängen an weiße Pilze und ein rußiges Element aus. Der runde, fruchtige, süßliche Geschmack mit sprödem Rückgrat klingt leicht pfeffrig aus.

Kokoswasser harmoniert mit den blumigen Noten des Heritage und bereichert ihn um nussige Komponenten, während der Clementinensaft vom höheren Alkoholgehalt gehindert wird, zu sehr zu dominieren. Ginger Beer fördert eine mineralische Seite zutage. Der Hochprozenter ergibt einen super Daiquiri, dem Schwächeren dagegen fehlt es an Wirkung. Wieder positionieren sich blumige Elemente; der Alkohol gibt Textur. Die Standardversion wirkt verhaltener, schlug sich jedoch insgesamt ordentlich. Einziger Kritikpunkt: die Kaugumminote mit Cola. Wer den 44,5er probiert hat, bleibt dabei.

BEWERTUNGEN			
4/2.5	Kokoswasser	4.5/3	Clementinensaft
5/3.5	Ginger Beer	3/3	Cola
4/2.5	Daiquiri		

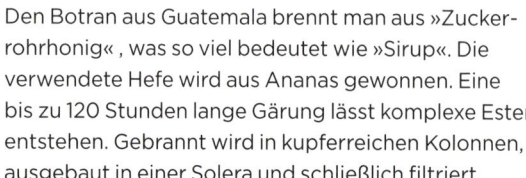

BOTRAN RESERVA BLANCA
40 %

Den Botran aus Guatemala brennt man aus »Zuckerrohrhonig« , was so viel bedeutet wie »Sirup«. Die
verwendete Hefe wird aus Ananas gewonnen. Eine
bis zu 120 Stunden lange Gärung lässt komplexe Ester
entstehen. Gebrannt wird in kupferreichen Kolonnen,
ausgebaut in einer Solera und schließlich filtriert.

Die trockene, biskuitartige Eröffnung wird rasch süßer
und entwickelt eine medizinale Note (Verbandszeug,
Gips), bevor es ins Cremige geht und Bananenschale
sowie Zitrone dazustoßen. Überhaupt oszilliert der Rum
zwischen trocken und süß: Mal ist er spröde, dann duftig
wie Potpourri. Der Geschmack? Süß und im Mittelteil
leicht fett, während sich zum Abschied trockenere und
frischere Welten, ja sogar etwas Kirschen auftun.

Richtig in Fahrt kommt der Botran allerdings im Team.
Kokoswasser verleiht ihm ein fast weiniges, leicht saftiges
Profil mit einem Anflug von Rauch. Das Gewicht der Cola
hält er durch Trockenheit im Zaum, während er sich mit
Ginger Beer leidlich schlägt. Das Rennen macht Clemen-
tinensaft, dessen Reintönigkeit die Früchte hervorlockt.

Der Daiquiri greift sich die Zitrone und legt los, wobei die
Nase leicht in Schieflage gerät. Der Geschmack ist jedoch
ausgewogen und bekommt durch Rum eine weiche Note
mit einem Überraschungsmoment zum Schluss. Eine
gelungene, einigermaßen komplexe Kombination.

BEWERTUNGEN			
4.5	Kokoswasser	4.5	Clementinensaft
3	Ginger Beer	4.5	Cola
4.5	Daiquiri		

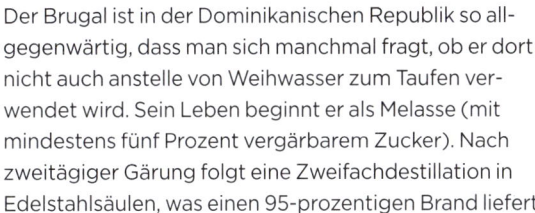

BRUGAL CARTA BLANCA
40 %

Der Brugal ist in der Dominikanischen Republik so all-gegenwärtig, dass man sich manchmal fragt, ob er dort nicht auch anstelle von Weihwasser zum Taufen ver-wendet wird. Sein Leben beginnt er als Melasse (mit mindestens fünf Prozent vergärbarem Zucker). Nach zweitägiger Gärung folgt eine Zweifachdestillation in Edelstahlsäulen, was einen 95-prozentigen Brand liefert.

Der weiße Rum ist leicht bis mittel körperreich und deu-tet Biskuits an, bevor er auf Limettenschale, grüne Man-go und eine leichte Wachskomponente umschwenkt. Sauber der Geschmack mit einem weichen, leicht süßen Mittelteil und einer ausgleichenden Trockenheit. Später spielt das Ganze in Birne und einen Hauch von Kaffee hinein. Wie schwer er ist, offenbart er mit Wasser, und gerade sein Gewicht macht ihn im Verbund mit Kokos-wasser etwas schwerfällig.

Mit Cola hingegen ist er ein idealer Stimmungsmacher für nächtliche Aktivitäten. Steht ihm Ginger Beer zur Seite, beginnt er weich, bekommt dann aber etwas fast Pfeffriges. Die Säure des Clementinensafts bringt gute Schärfe ins Spiel und beschwört Strandnoten herauf.

Einem Daiquiri fügt er dank seines Gewichts tropen-fruchtige Schichten hinzu. Der kühle, saubere Drink hat gerade genug Süße, um alles auszubalancieren. Ich könnte getrost ein paar davon ordern.

BEWERTUNGEN			
2.5	Kokoswasser	4.5	Clementinensaft
3.5	Ginger Beer	3.5	Cola
4	Daiquiri		

CAÑA BRAVA 3 JAHRE 43 %

In der Las Cabres Distillery entsteht dieser Rum unter den wachsamen Augen von Francisco »Don Pancho« Fernandez, der Kuba in den 1990er-Jahren den Rücken kehrte, um sich in Panama niederzulassen. Hier arbeitet er mit heimischer Melasse, die er mit eigener Hefe zum Gären bringt. Der Brand durchläuft fünf Säulen und schlägt mit 92 bis 94 Volumenprozent zu Buche. Nach einem 18- bis 24-monatigen Aufenthalt in Fässern aus amerikanischer Eiche wird er in einem zweiten Satz Fässer noch einmal 12 bis 24 Monate feingeschliffen.

Die frische, komplexe Nase gibt grasige Impulse, während zugleich gekochte Birnen und Zitronenblüten vorbeiziehen. Verhalten, doch unverkennbar sind die Fassnoten. Der mittelschwere Geschmack deutet Himbeerblätter an und verweist im fetten, runden, ausgewogenen Mittelteil auf Schokolade.

Der Caña Brava gehört zu den Marken, die mit allen können – selbst mit Cola kommt er gut aus, wenngleich die beiden ein eher unspektakuläres Paar abgeben. Kokoswasser wird von ihm unterstrichen, gibt ihm Breite, aber auch Ruhe und Kontrolle. Auf die gleiche Weise profitiert Ginger Beer, das Gewürze in den Mix mit einbringt. Mit Clementinensaft entsteht ein regelrecht köstliches Ensemble. Auch in den Daiquiri fügt sich der Rum nahtlos ein: trocken und aromatisch sauber, aber mit der passenden Fülle, um dem Geschmack Gewicht zu geben, während ein Hauch von Süße die Zitrusnote austariert. Ein Meister aller Klassen.

BEWERTUNGEN			
4.5	Kokoswasser	5*	Clementinensaft
4.5	Ginger Beer	3	Cola
5*	Daiquiri		

DON Q CRISTAL 40 %

Dieser puerto-ricanische Rum auf Melassebasis gärt mithilfe einer firmeneigenen, schon in den 1930er-Jahren isolierten Hefe. Die 48-stündige Gärung liefert eine Maische, die in einer fünfsäuligen Column Still verarbeitet wird. Danach schickt man den Rum 18 Monate bis fünf Jahre ins Fass und filtert ihn abschließend.

Der spröde, blitzsaubere und fast kalkig trockene Brand deutet hellgrüne Früchte an. Am Gaumen gibt er sich recht dick und offenbart eine süße Mitte mit etwas Zitrusschwung, dann einen frischen, langen, leicht würzigen Abgang. Mit anderen Worten: Man bekommt es mit einem gut gemachten, klassisch modernen Rum in puerto-ricanischem Stil zu tun, der förmlich darum bettelt, gemixt zu werden.

Das Kokoswasser dominiert geringfügig, aber der Cocktail erweist sich als frisch und sauber, was man von der Cola nicht sagen kann: Sie tritt das zarte Wesen des Rums in fröhlicher Unbekümmertheit mit Füßen. Der Clementinensaft und das Ginger Beer hingegen lassen dem rassigen Charme des Brands Raum zur Entfaltung.

Obwohl der Don ein leichter Typ ist, funktioniert er im Daiquiri gut. Er gibt dem Mix Ausgewogenheit, eine frische Obernote und genau das richtige Quantum Drive. Mit ihm in der Hand würde es mich jedes Mal automatisch Richtung Shaker ziehen.

BEWERTUNGEN			
3	Kokoswasser	3.5	Clementinensaft
3.5	Ginger Beer	2	Cola
4	Daiquiri		

ELEMENTS EIGHT PLATINUM
40 %

Der Elements Eight aus Saint Lucia gehörte zu den ersten weißen Rums, die in den Premiummarkt vordrangen. In ihm sind Posten dreier Brennblasen – eine Column Still, eine traditionelle Pot Still und eine Pot-Column-Hybride, Vendôme Still genannt – zusammengeführt. Sie werden mit drei verschiedenen Hefen vergoren. Insgesamt ergeben sich so zehn Basisrums, die vor dem Verschneiden und Filtrieren vier Jahre lang im Holz reifen.

Solo präsentiert er sich als leichter, etwas kantiger Brand: fest, mineralisch, mit Holzstöckchen und einer stahligen Facette, bis schließlich die Melasse hervorquillt. Wasser fördert eine kräuterwürzige Zitronennote zutage. Der Geschmack ist breiter, leicht fest, aber mit einem dezenteren, fruchtigen Bratapfelelement. Es folgt ein langer Abgang, der so ganz anders ist als die anfangs schlanke Nase.

Insgesamt schlägt der Rum sich durch die Bank wacker, wenngleich er mit Cola etwas langweilig und flach wirkt. Mit dem Clementinensaft nimmt er Fahrt auf, Ginger Beer geht mit Drive, aber Fülle im Mittelteil noch ein Stück weiter. Greifen sollte man hingegen nach Kokoswasser. Seine grünen Noten finden im Rum ein ideales Gegenstück – man kann förmlich das leise Seufzen hören, wenn die beiden miteinander verschmelzen.

Ganz anders der energiegeladene, stahlige Daiquiri. Ob er gefällt, hängt davon ab, inwieweit man Daiquiris mag.

BEWERTUNGEN			
5	Kokoswasser	3.5	Clementinensaft
4	Ginger Beer	3	Cola
4	Daiquiri		

DIE RUMS: WEISS UND OVERPROOF

HAVANA CLUB 3 AÑOS 40 %

Das Verschneiden ist beim Havana Club eine komplexe Angelegenheit, in die *aguardiente* und Zuckerrohrbrand involviert sind. Es gibt für den Dreijährigen einen einzigen Basisrum (siehe Kasten Seite 57). Dieser wird mit dem Zuckerrohrbrand verschnitten, der selbst mindestens drei Jahre ausgebaut wurde. Der hell strohgelbe Rum entsendet ein trockenes, sprödes, nelkenartiges Aroma mit einem Hauch Melasse, Zitrone und Pflaumenschale. Ein recht schwerer Duft, in dem Öle, Mandel und Frangipani mit einer mineralischen, fast salzigen Note und schließlich grünes Laub auftauchen. Der saubere, trockene und leicht säuerliche Geschmack unterstreicht das intensive Zitruserlebnis. Eiche dient als dezente, saubere und ausgewogene Stütze. Der Mittelteil? Trocken, leicht würzig und kontrolliert. Ein cleverer Rum.

Der ausgezeichnete Allrounder beschwört die Tageszeiten und Stimmungen an Havannas berühmter Uferpromenade Malecón herauf. Mit Ginger Beer gebärdet der Rum sich überraschend subtil und komplex – wahrscheinlich geht das auf das Konto der Eiche. Cola liefert einen recht erwachsenen Mix und wird am besten mit ein bisschen Limette ins Spiel gebracht, während das Kokoswasser die erdigen Untertöne aufgreift und den Verschnitt betont. Das Gegenteil findet mit Clementinensaft statt: Die Säure führt den Saft in den Rum und verleiht auch dieser Mischung Ernsthaftigkeit.

Die schwereren Elemente des Rums geben dem Daiquiri Gewicht, Kraft und Ausgewogenheit. Ein absolutes Muss.

BEWERTUNGEN			
4.5	Kokoswasser	4.5	Clementinensaft
5	Ginger Beer	4	Cola
5*	Daiquiri		

MATUSALEM PLATINO 40 %

Obwohl der Matusalem kubanischer Herkunft ist, füllt man ihn in der Dominikanischen Republik ab. Seine Nase unterscheidet sich recht auffällig vom trockenen kubanischen Stil: Sie erinnert an kulinarische Streifzüge durch eine französische Patisserie. Dabei begegnen einem Sahne, Vanilleextrakt und Karamellbonbons, aber auch Litschis und – seltsamerweise – Tabak. Auf die Zunge legt sich der Rum dick und süß. Dabei besteht er auf Unmengen Karamellbonbons und ein paar Sultaninen, um sich schließlich mit einem buttrigen, leicht öligen Adieu zu verabschieden. Man könnte ihn fast als weißen Rumlikör behandeln.

Er wird oft mit Cola getrunken, ich rate davon jedoch ab, sofern man nicht gerade Drinks bevorzugt, die nach dem Innenraum neuer Autos riechen – andererseits gibt es wahrscheinlich tatsächlich einige, die davon angetörnt werden. Mit Ginger Beer schlägt sich der Mix in die Kräuterecke, wobei das Fette des Brands den würzigen Biss verhüllt und alles wie eine Süßigkeitentheke duften lässt. Die Säure des Clementinensafts sorgt für eine gewisse Ausgewogenheit, die beste Vorstellung allerdings legte das Kokoswasser hin. Es beruhigt den Rum, fügt ihm exotische Obernoten hinzu und macht einen ordentlichen Drink aus ihm, wenngleich er nun wie schmelzendes Kokoseis schmeckt.

Und der Daiquiri? Alles in allem ein Desaster aus Zuckerwatte und Erdbeeren.

BEWERTUNGEN			
4	Kokoswasser	3.5	Clementinensaft
2.5	Ginger Beer	2	Cola
1	Daiquiri		

SANTIAGO DE CUBA
RON CARTA BLANCA 38 %

Dieser rätselhafte kubanische Rum gelangt allmählich in den Export, was gar nicht so schlecht ist. Alle Abfüllungen von der Karibikinsel müssen zwei Jahre im Holz ausharren. Das beschert ihnen einen leichten Zitronentouch und ein Aroma, in dem sich Aprikosenblüten mit wächsernen Tönen mischen, was an Duftkerzen denken lässt. Am Gaumen gibt er sich fett und leicht ölig, lässt ein kandiertes Element durchscheinen und schickt Rosenwasser, Limettengelee und türkischen Honig mit einem Hauch zuckeriger Süße hinterher. Erinnerungen an einen nostalgischen Süßigkeitenladen drängen sich auf.

Ginger Beer zaudert und lässt Swimmingpoolgerüche vorbeiziehen. Ein besserer, ausgewogenerer Filler ist Kokoswasser, das mineralische Töne anmahnt, aber zum Schluss ins Ölige abgleitet. Mit Cola ergibt sich ein klassischer Havana (oder Santiago) Cuba Libre mit etwas Gewicht und einem Anflug von Öl. Die Nase vorn aber hat Clementinensaft, der Synergieeffekte bewirkt und sich mit diesem Rum zu einem sauberen, leicht bittersüßen, ausgewogenen Mix zusammentut.

Der Daiquiri gerät ordentlich. Er kann schwere, destillatinduzierte Bambus- und Limettenblütenaromen nicht verhehlen. Am Gaumen ist eine gewisse Fülle erkennbar, insgesamt aber bleibt er kurz. Genießen Sie ihn daher klein, hart und kalt.

BEWERTUNGEN				
3	Kokoswasser	4	Clementinensaft
2	Ginger Beer	3.5	Cola
3	Daiquiri		

SANTA TERESA CLARO 43 %

Der Venezolaner auf Melassebasis ruht mindestens zwei Jahre lang im Fass und wurde, nach seiner strohgelben Farbe zu urteilen, zum Schluss nur einer leichten Filtrierung unterworfen, ist also nicht direkt *claro*. Alles beginnt mit einem wächsernen Ton und einer gewissen Süße, die Sahne- und Puddingtörtchen ins Gedächtnis ruft. Die Eiche sorgt für sehr dezenten Grip und vielleicht noch einen Touch Kohle. Im Mittelteil präsentiert sich der Rum fest, doch geht es von da an süß-würzig mit Hinweisen auf Kreuzkümmel weiter.

Cola fördert einen kuriosen Duft nach einer Vollbremsung auf einer heißen Straße zutage, die anderen Filler aber schlagen sich ausgezeichnet. Der Schlüssel zum Erfolg ist in diesen Fällen das bisschen Zusatzgewicht, für das der Ausbau in Eiche sorgt. Mit Clementinensaft ist sogar ein Anflug von Melasse erkennbar, während sich die Variante mit Ginger Beer in Richtung frischer indischer Gewürze verlagert. Ein Traumpartner ist Kokoswasser: Es bereichert den leidlich komplexen Rum um eine zusätzliche Dimension, bringt etwas Kokosfleisch ins Spiel und schießt gerade so viel Süße zu, wie es für eine ausgezeichnete Zweierbeziehung nötig ist.

Im Daiquiri finden sich mit leichten Vanille- und Holzelementen Rückverweise auf den Fassausbau, was etwas Verwirrung in der Nase stiftet. Der Geschmack hingegen hat Schwung und Gewicht. Er wirkt vielleicht ein bisschen kurz, ansonsten aber ist der Cocktail ein Allrounder, auf den man sich verlassen kann.

BEWERTUNGEN			
5	Kokoswasser	4.5	Clementinensaft
4.5	Ginger Beer	3	Cola
4	Daiquiri		

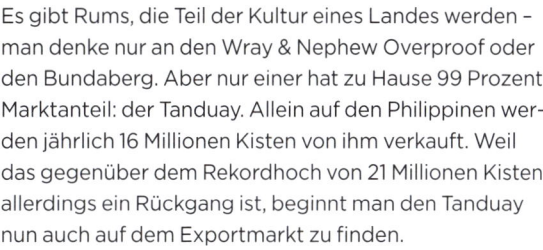

TANDUAY WHITE 36 %

Es gibt Rums, die Teil der Kultur eines Landes werden – man denke nur an den Wray & Nephew Overproof oder den Bundaberg. Aber nur einer hat zu Hause 99 Prozent Marktanteil: der Tanduay. Allein auf den Philippinen werden jährlich 16 Millionen Kisten von ihm verkauft. Weil das gegenüber dem Rekordhoch von 21 Millionen Kisten allerdings ein Rückgang ist, beginnt man den Tanduay nun auch auf dem Exportmarkt zu finden.

Gegründet wurde das Unternehmen 1854 von Don José Joaquín Ynchausti, Joaquín Elizalde und Juan Bautista. Sie begannen mit dem Brennen von Rum in Hagonoy, das zur Provinz Bulacan gehört. 1869 errichteten sie eine neue Brennerei auf der Isla de Tanduay bei Manila. Bis 1988 führte die Familie Elizalde das Unternehmen, dann verkaufte sie es an Dr. Lucio C. Tan, der massiv expandierte.

Der weiße Rum zeigt sich sauber, sehr leicht und gut destilliert. Er fängt frisch an, bringt Zitrusnoten aufs Tapet, dann Vanilleeis und ein leicht Gin-artiges Kiefernelement. Dabei ist er schärfer als andere leichte Rums. Am Gaumen bekommt man das Gefühl, es mit einer amerikanischen Cream Soda mit Schuss zu tun zu haben, zu der man eine Süßigkeitenmischung nascht. Wasser mag er allerdings gar nicht, dazu ist er zu alkoholschwach.

Erwartungsgemäß dominieren alle Filler. Die Mischungen ergeben angenehme Drinks – das Kokoswasser lässt dem Rum am meisten Raum –, sind jedoch keine Rum-Cocktails. Das gilt auch für den Daiquiri.

BEWERTUNGEN			
2.5	Kokoswasser	2	Clementinensaft
2.5	Ginger Beer	2	Cola
1	Daiquiri		

DIE RUMS: WEISS UND OVERPROOF

CLARKE'S COURT PURE WHITE RUM, OVERPROOF 69 %

Die Grenada Distillery bereitet seit 1937 glasklaren, hochprozentigen Rum auf Melassebasis. Er unterhält mit frischen grünen Bohnen, Zitrusschalen, Artischocken und Melasse – ein reines Brennaroma, das mit Wasser noch Engelwurz in einer heißen Blechhütte hervorkehrt. Der Geschmack ist scharf, hat aber auch eine natürliche Süße mit Orangen, Kumquats und tropischen Früchten. Hinzu kommen Wärme, Gewicht und weiche Himbeeren. Ein stil- und kraftvoller, ausgewogener, langer Rum.

Für die Drinks wurde eine stärkere Verdünnung gewählt, doch muss man sich dem Clarke's Court nicht zu zögerlich nähern. Er empfängt alle Filler mit offenen Armen. Mit Cola zeigt er sich reif und süß, mit Kokoswasser kantig, macht aber noch alles klar. Zu Ginger Beer hat er eine natürliche Affinität, indem er dessen Obernoten um Limette und Gewürze ergänzt. Der Clementinensaft harmoniert mit seinen fruchtigen Elementen, wobei der Rum eine Bresche durch die Dicke des Safts schlägt und dem Ganzen einen kraftvollen, frischen Nachhall beschert.

Komplizierter wird's mit Daiquiri. Wegen seiner Stärke lässt sich ein ausgewogenes Verhältnis nur schwer erreichen – die Limette bereitet Probleme. Hemingway hätte seine Freude an diesem Drink gehabt, der nichts für Schwachbrüstige ist. Deshalb habe ich ihn mit Grapefruitsaft probiert, und siehe da: Es funktionierte.

BEWERTUNGEN			
4	Kokoswasser	4.5	Clementinensaft
4	Ginger Beer	3	Cola
3	Daiquiri		

RUM-BAR WHITE OVERPROOF
63 %

Das Worthy Park Estate befindet sich im Lluidas Vale im Herzen von Jamaika und baut seit 1720 Zuckerrohr an. Die Clarkes sind erst die dritte Eigentümerfamilie und seit 1918 am Ruder. Sie beziehen, was in der Rumbranche selten ist, ihre Melasse aus eigenem Anbau. Wie viele jamaikanische Brennereien musste Worthy Park wegen mangelnder Nachfrage schließen, nahm aber 2005 den Betrieb wieder auf. Man arbeitet traditionell und brennt in Pot Stills; die Bandbreite reicht von leicht bis hoch-esterig. Der Rum-Bar ist ein Verschnitt aus drei Erzeugnissen, die mit Zucht-, Wild- und Brennhefe vergoren werden. Auf Dunder und *muck pits* verzichtet man.

Die Ester drängen sogleich mit Lackfarbe, Ananas und Bananenbonbons, unterlegt von leichten Ölen, in den Vordergrund. Eine volle, komplexe Mischung, in der alles bis zum Anschlag hochgedreht ist. Im Mund defilieren Sultaninen, frische Kaffeebohnen und eine angenehme staubige Erdnote. Wasser lässt Anis, Lakritz und Melasse zutage treten. Ein sehr gut gemachter Rum.

Cola sollte man lassen. Mit Ginger Beer bricht anfangs eine antiseptische Komponente durch, doch letztlich funktioniert die Paarung. Das gilt auch für Kokoswasser, das sich mit den Sultaninen verbündet. Der Clementinensaft bringt alles ins Lot, reinigt den Gaumen, betont die Frucht und besänftigt den Alkohol. Im Daiquiri macht sich der rumtypische Geruch bemerkbar.

BEWERTUNGEN			
3.5	Kokoswasser	5	Clementinensaft
3	Ginger Beer	2	Cola
N/A	Daiquiri		

RUM FIRE WHITE OVERPROOF
63 %

Das Hampden Estate in der Trelawny Parish auf Jamaika gehört zu den bedeutendsten Rumbrennereien der Welt und ist Hüterin der traditionellen Brennmethoden mit Dunder, *muck pits*, einer bis zu dreiwöchigen Vergärung mit Wildhefe und schließlich der Destillation in elefantesken Pot Stills. Wer den typischen Rumgeruch mag, ist hier richtig. Dank E&A Scheer aus Amsterdam und seinem Glauben an den traditionellen Rumcharakter als Idealkomponente für Blends wurde der Betrieb viele Jahre lang am Leben gehalten. Seit 2009 gehört er der Familie Hussey, die ihn stabilisierte, in die Produktion investierte und mit der Abfüllung begann. Am authentischsten wird der Hausstil vom Rum Fire verkörpert.

Die Nase bewegt sich entlang der Tropenfruchtachse mit viel Ananas und einer reichen, kontrollierten, mehrschichtigen Rumnote. Dahinter lauert eine verführerische Atmosphäre des Verfalls, begleitet von frischem Baguette und Birne. Ananassirup und ein Anflug von Nagellack bilden die geschmackliche Vorhut, auf die ein langer, süßer Kekston folgt. Wasser glättet alles und fügt Lakritz, Süßdolde und Sternanis hinzu.

Mit Cola steht Schuhcreme im Raum; Kokoswasser ist auf Konfrontation aus; Ginger Beer zeigt sich nervös. Den großen Auftritt hat Clementinensaft mit Orange, Ananas und Mango. Der Rum ist gut mit Saft oder für gebaute Cocktails und Tiki-Drinks, aber nicht für Daiquiri.

BEWERTUNGEN			
2	Kokoswasser	4.5	Clementinensaft
2.5	Ginger Beer	2	Cola
N/A	Daiquiri		

WRAY & NEPHEW WHITE OVERPROOF RUM 63 %

Der Wray & Nephew Overproof ist mehr als ein Rum, er ist auf Jamaika eine Legende und fester Bestandteil des Alltags. Man trinkt ihn (was sonst?), setzt ihn als Medizin, zur Kräftigung des Haars und bei religiösen Zeremonien ein. Mir kam er verhaltener als früher vor, doch hat er sich eine Kernschärfe bewahrt und wirkt wie frisch geduscht. Er offenbart ein leichtes Rumaroma mit Bananen- und Kräuterteenoten und verrät seine dicke Art bei Berührung mit Wasser. Im Mund treffen Pot-Still-Kraft und seidige Frucht mit Ölen zusammen, suggerieren Bananen und mit Wasser Parmaveilchen sowie das Laub Schwarzer Johannisbeeren. Ein trockener, kraftvoller Rum mit süßem Herz, der Ausgewogenheit zur Chefsache macht.

Auch als Teamplayer leistet er ordentliche Arbeit. Zum Kokoswasser kommen Bananenblätter dazu, mit Ginger Beer einigt er sich auf Menthol, und Cola zwingt ihn zu einem leicht phenolischen Aromabekenntnis, öffnet aber auch die Tür zu Schwarzkirschenwelten. Wieder einmal ergeben sein Overproof-Charakter und der Clementinensaft eine explosive Mischung: viel Saft, frische Früchte, Energie und vor allem die rechte Balance.

Kaum glaubt man, die wilderen Elemente seien unter Kontrolle, tritt der Daiquiri auf: »Die Bananen haben sich betrunken und eine Party gefeiert«, meinte meine Tochter. Sie hatte recht. Probieren Sie ihn gelegentlich.

BEWERTUNGEN			
3.5	Kokoswasser	5	Clementinensaft
4	Ginger Beer	3.5	Cola
3	Daiquiri		

AUSGEBAUTE LATIN RUMS

Gibt es überhaupt eine Gemeinsamkeit zwischen diesen Rums, die aus Melasse, Zuckerrohrsirup oder Zuckerrohrsaft produziert, in Column Stills oder Pot und Column Stills gebrannt und anschließend statisch oder in einer Solera ausgebaut werden? Worin zum Teufel ähneln sie sich, wenn man einmal davon absieht, dass in allen Ländern, aus denen sie stammen, Spanisch gesprochen wird?

Ein ähnliches Problem hat man, wenn man einen gemeinsamen Nenner aller Rums der englischsprachigen Karibik finden will. »Latin Rums« kann man tatsächlich als Stil betrachten. Hat der Stil der englischsprachigen Karibik seinen Ursprung in den Pot Still Rums von Jamaika und Barbados, dann darf die lateinamerikanische Szene die kubanischen Rums des 19. Jahrhunderts als Urväter nennen: Sie sind leichter im Charakter und entstammen Column Stills. Diese Definition gilt bis heute.

Allgemein lässt sich sagen, dass die jüngeren Rums (bis Gran Añejo oder einer vergleichbaren Stufe) zugänglicher als ihre älteren Kollegen waren. Am beständigsten bewährte sich Kokoswasser als ihr Filler, der Rest hat seine Hochs und Tiefs. Das überrascht nicht, denn die trockene Art von Kokoswasser gibt Rum, der oft, aber nicht immer süß ist, Festigkeit. Dagegen war es interessant zu sehen, dass einige trocken daherkamen.

Kurzum: Zu sehr verallgemeinern kann man nicht. Sehen Sie jeden Rum als Individuum: Ist er ausgewogen? Ist er komplex? Hier begegnen Sie einigen phänomenalen Vertretern, die für jeden Rumliebhaber ein Muss sind.

ABUELO AÑEJO 40 %

Varela Hermanos nahm 1908 den Betrieb auf, als José Varela Blanco mit der Verarbeitung von Zucker in der Ingenio y Destileria San Isidro auf den Zuckerrohrfeldern von Pesé in Zentralpanama anfing. Mit dem Brennen von Rum begann man 1936. Inzwischen wird das Unternehmen in dritter Generation geführt und erzeugt neben Rum auch Gin und Likör.

Die saubere Nase beeindruckt mit kühlen Minzenoten und gefriergetrockneten Himbeeren, denen gemahlene Gewürze auf dem Fuß folgen. Es ist ein junger Rum von belebender Frische, dem das Holz nie seinen Willen aufzwingt, sondern dezente Unterstützung und das Aroma von Bleistiftspänen angedeihen lässt. Er hebt mittelsüß an und ist anfangs zwar leichter und süßer, als das Bouquet andeutet, zeichnet sich aber durch Ausgewogenheit und einen vollen Schlussakkord aus.

Mit Clementinensaft harmoniert er angenehm, ist aber nicht »rumig« genug. Ginger Beer sorgt für Würze und verhaltenes Gewicht. Kokoswasser und Cola funktionieren ungewöhnlicherweise gut, aber jeweils auf ihre eigene Art, was zeigt, dass ihnen ein komplexer Rum zur Seite steht. Die Cola schießt Vanillenoten zu, bringt den Mix ins Gleichgewicht und schlägt einen nussigen Bogen zu den trockenen Elementen des Rums, sodass das Ganze nie in klebrige Süße ausartet. Kokoswasser liefert Grip, verhindert allerdings nicht, dass der Mix reich und ölig wird. Für einen guten Old-Fashioned bräuchte man aber mehr eicheninduzierte Komplexität und Gewicht.

BEWERTUNGEN			
5	Kokoswasser	3.5	Clementinensaft
3.5	Ginger Beer	3.5	Cola
3.5	Old-Fashioned		

BACARDÍ OCHO, 8 AÑOS 40 %

Du weißt, dass Bewegung in einen Markt kommt, wenn einer seiner größten Akteure eine Nische erschließt. Abfüllungen wie der Ocho zeigen, dass sich im Sektor für ausgebaute Rums etwas tut. Er reift zwar nur in Ex-Bourbon-Fässern, doch beim Ausbau der beiden Bacardí-Destillate kommen unterschiedlich viele Fills zum Einsatz. Dadurch entsteht eine Reserve, aus der man sich für Abfüllungen wie diese bedienen kann. Die Nase bringt hellen Honig, Sandelholz und einen Hauch von Kräutern mit Kümmel in Stellung. Im Mund wirkt der Rum dicker, regelrecht fett und würzig, offeriert aber Orangen- und Aprikosen. Wasser entlockt ihm Vanillesauce und Zimtschnecken im Mittelteil, bevor Karamellpudding einen Schlussstrich zieht. Süße ist vorhanden, ohne jedoch die Ausgewogenheit zu beeinträchtigen.

Ginger Beer hat etwas, das vielen Latin Rums Probleme bereitet. Den Clementinensaft behält der Rum unter Kontrolle, sodass ein ausbalanciertes, ja elegantes Ensemble entsteht, während Cola süß anhebt und sich mit Fülle und dringend benötigtem Grip bewährt. Kokoswasser ist die Entdeckung: Es erweitert das Geschmacksspektrum des Rums und fügt ihm eine seidige, nussige Textur hinzu. Im Old-Fashioned tun sich Zitrustöne auf. Bewegung kommt in seinen Mittelteil, in dem spröde Eiche, saftige Frucht und eine Koriandernote auftauchen.

BEWERTUNGEN				
5	Kokoswasser	4.5	Clementinensaft
3	Ginger Beer	4	Cola
3.5	Old-Fashioned		

DIE RUMS: AUSGEBAUTE LATIN RUMS

BOTRAN SOLERA 1893 40 %

Botran arbeitet mit Zuckerrohrhonig, sprich: Sirup, und baut seine Rums in einer Solera aus. Man fragt sich, ob das Rohmaterial für den süßen und recht siruppartigen Auftakt verantwortlich ist. Es treten zunächst Crème brûlée, Kumquats, Taybeeren, frischer Tabak und saubere, spröde Eiche auf. Diese Noten lichten sich und überlassen hartnäckigen Reminiszenzen an Bienenwachskerzen das Feld. Der Geschmack thematisiert jenen typischen guatemaltekischen Mix aus süßen Bananen und einer keksig spröden Basis, bevor Süße einsetzt. Wasser spült etwas Kreuzkümmel an die Oberfläche, während im Mittelteil wieder Süße aufblitzt.

Als ich mit dem Mixen begann, habe ich mich anfangs gefragt, ob jemand Tomaten und eine Prise Kokosflocken in mein Kokoswasser getan hatte. Mit Cola wird es zitrusmarmeladig und kurz, mit Ginger Beer geht es in einen schwülen Dschungel und der Clementinensaft hat Mühe, sich einen Weg zwischen Destillat, Frucht, Tannin und Gewürzen hindurchzubahnen.

Der Old-Fashioned, auf dessen Schulter viel lastete, gerät frisch. Unterwegs stößt man auf Zucker und einige Feigennoten, die zwar zunächst viel Hoffnung machen, dann aber über Kreuz geraten und ohne Aussicht auf Versöhnung getrennte Wege gehen.

BEWERTUNGEN			
3	Kokoswasser	3	Clementinensaft
2.5	Ginger Beer	2.5	Cola
2.5	Old-Fashioned		

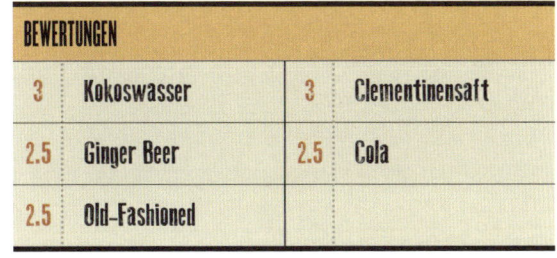

CARTAVIO SOLERA 12 JAHRE 40 %

Frederico Schulz, Master Blender bei Cartavio, führt für diese Abfüllung 85-prozentigen Column Still Rum und 20-prozentigen Pot Still Rum zusammen. Anschließend schickt er sie durch eine Solera, in der amerikanische, französische und slowenische Eiche auf sie einwirken. Die Altersangabe »12 años« ist etwas verwirrend, denn in einer Solera werden die Fässer nie leer. Deshalb sind die zwölf Jahre eher als Durchschnittswert für den Aufenthalt des Rums im System zu verstehen.

Wie beim Cartavio Gold trifft man auf eine recht trockene Nase mit Hinweisen auf Eichenblätter, Paranüsse und *horchata*, eine Süßigkeit aus Trockenfrüchten, die sich mit Akazienhonig, Gartenfeuer und Sandelholz zusammentut. Im Mund treten zunächst Sherry-artige Dattelnoten auf, bevor alles süßer wird. Pur wirkt der Rum ein wenig langweilig, weshalb man Wasser dazugeben sollte, um die ganze Bandbreite zu mobilisieren.

Für die meisten ist Cola der Filler schlechthin. Empfehlenswerter finde ich den süßlichen, aber noch frischen Mix mit Ginger Beer, die marzipanartige Fruchttiefe der Kombination mit Clementinensaft und die Allianz mit Kokoswasser, die eine gewisse Würde verbreitet. Der Old-Fashioned ist zu süß, um ausgewogen zu sein, und fällt auseinander. Wenn er denn sein muss, dann mit Eis.

BEWERTUNGEN			
4.5	Kokoswasser	4	Clementinensaft
3	Ginger Beer	2.5	Cola
2.5	Old-Fashioned		

COMPAGNIE DES INDES LATINO 40 %

Die Compagnie des Indes ist eine Gründung von Florent Beuchet und gedacht als Hommage an die Rums, die die diversen Handelskompanien im 18. und 19. Jahrhundert nach Europa importierten. Alle Rums des Hauses, ob Single Casks oder Blends, werden in Frankreich abgefüllt. Man färbt nicht mit Zuckerkulör, und wenn gesüßt wird, steht es auf dem Etikett.

60 Prozent der Latino-Rums stammen aus Guatemala, 40 Prozent aus Guyana, Barbados und Trinidad. Mit dabei sind Destillate aus Melasse, Zuckerrohrsirup und Zuckerrohrsaft, die Column Stills und einer Bajan Still entnommen werden. Ausgebaut wird meist statisch in neuer US-Eiche. Den Anfang machen saubere, runde, nicht keksige Aromen vor einer Kulisse aus fleischigen Früchten. Eine Mentholobernote weicht *Crème pâtissière* und hellen Ölen. Im Mund gibt sich der Latino bonbonartig und süß.

Cola ist zu süß und bringt den Mix zum Kippen, der Rest aber glänzt. Kokoswasser mobilisiert eine interessante zigarrenähnliche Nuance, verlängert das Duo und unterstreicht die Frische des Rums. Sie rückt den Clementinensaft ganz uncharakteristisch in den Mittelpunkt, wovon auch die tropischen Fruchtnoten profitieren. Ginger Beer zeigt retronasal viel Wirkung und macht den Kopf klar, hat aber gute Tiefe und Strahlkraft. Der Old-Fashioned fängt gut an, endet aber zu süß.

BEWERTUNGEN			
4	Kokoswasser	4	Clementinensaft
5	Ginger Beer	2.5	Cola
2.5	Old-Fashioned		

DIE RUMS: AUSGEBAUTE LATIN RUMS

CRUZAN SINGLE BARREL 40 %

Malcolm Skeoch gründete die Diamond Rum Company auf Saint Croix. Sie war die Nachfolgerin einer Zuckerplantagenbrennerei, die er 1910 gekauft hatte. Zwar musste er den Betrieb bald nach dem Start prohibitionsbedingt ruhen lassen, doch schon 1934 konnte er die Brennblasen aufs Neue befeuern. Als Hauptbrand kristallisierte sich der Cruzan heraus. Nach 1950 betrieb die Familie Skeoch eine ultramoderne Destillerie. Sie ersetzte die Pot Stills durch Column Stills, die Herminio Brau, Leiter der Labors in den Rumpilotanlagen von Puerto Rico, verfeinert hatte. Seit den 1960er-Jahren leitet die Familie Nelthropp die Brennerei.

Der Single Barrel hebt an mit einer großen bourbonesken Eröffnung, also mit Vanille, Bananen-Smoothie und Pekansirup. Er ist dick, kräftig und kokosfruchtig, schlägt aber auch Zitronenbonbons und Orangenschale vor. Am Gaumen mischt sich Süße mit karamellisierter Frucht. Zum Ausklang kommen Gewürze und karamellisierte rote Früchte zu Wort. Ein Rum im Bourbon-Stil.

Die Frage ist, ob die stattliche Eiche das Ganze blockiert oder stützt. Im Großen und Ganzen schlägt sie sich positiv nieder. Clementinensaft hat im Mund etwas zu kämpfen. Cola offenbart eine zusätzliche buttrige Note und einen stämmigen Mittelteil. Ginger Beer zeigt ungewöhnlich viel Muskeln und ein würziges Nachspiel. Das Kokoswasser greift die Holztöne auf, absorbiert sie und bindet sie in neue Rezepte ein, was einen komplexen Rumdrink ergibt. Gut beraten ist, wer seinen Old Fashioned süß nimmt.

BEWERTUNGEN			
4.5	Kokoswasser	3.5	Clementinensaft
4.5	Ginger Beer	4	Cola
3	Old-Fashioned		

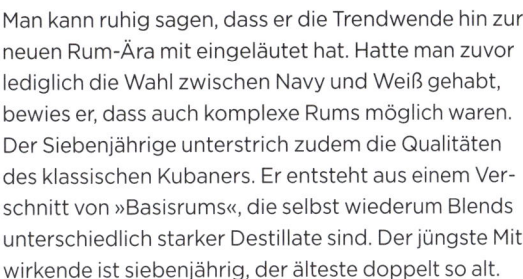

HAVANA CLUB 7 AÑOS 40 %

Man kann ruhig sagen, dass er die Trendwende hin zur neuen Rum-Ära mit eingeläutet hat. Hatte man zuvor lediglich die Wahl zwischen Navy und Weiß gehabt, bewies er, dass auch komplexe Rums möglich waren. Der Siebenjährige unterstrich zudem die Qualitäten des klassischen Kubaners. Er entsteht aus einem Verschnitt von »Basisrums«, die selbst wiederum Blends unterschiedlich starker Destillate sind. Der jüngste Mitwirkende ist siebenjährig, der älteste doppelt so alt.

Das Nussige aus der Eiche ist sofort erkennbar. Dann tun sich warme Kaffeenuancen, leichte Criollo-Schokolade und eine erdige, trockene Tiefe auf; sie macht klar, dass man es mit einem Brand zu tun hat, über dem es sich gut meditieren lässt. Der ausladende, natürlich tiefe Geschmack suggeriert Orangenschale, Kirschen, dunkle Trauben, Bratengewürze und im austrocknenden Abgang schließlich noch einmal die Schokoladennote.

Er gehörte zu den wenigen, die durch die Bank brillierten. Mit Kokoswasser schwingt er sich fast zu Fino-Sherry-Höhen auf, ist sauber und weich, betont seine kubanische Mineralik und klingt herrlich harmonisch aus. Clementinensaft lockt die Zitrustöne hervor und erhöht das Gewicht im Mittelteil. Ginger Beer gibt sich entspannt und lässt der Süße Raum, um sich zum Schluss mit den Gewürzen zu solidarisieren. Cola thematisiert die Schokolade und dunkle Früchte, doch dank der trockenen Seite des Rums bleibt alles ausgewogen. Als Old-Fashioned tut er sich mit allen Elementen zu einem komplexen Drink zusammen.

BEWERTUNGEN			
4	Kokoswasser	4	Clementinensaft
5	Ginger Beer	5	Cola
5*	Old-Fashioned		

LA HECHICERA 40 %

La Hechicera – wörtlich »die Magierin« – ist ein Werk von Laura und Miguel Riascos. Ausgebaut und verschnitten wird es im kolumbianischen Barranquilla von *Maestro ronero* Giraldo Mituoka Kagana, der ihn aus diversen, nicht spezifizierten karibischen Rums komponiert und durch eine Solera aus amerikanischer Eiche schickt.

Von Anfang an ist klar, dass hier reifes Basismaterial zum Einsatz gekommen ist. Man liest aus ihm Leder, Gewürze, Kohle, einen Hauch von Vanille und Schokolade heraus, außerdem etwas Rübensirup. Ein komplexer und trotz aller Eichenvergangenheit nicht holziger Brand. Sein ausladender Geschmack ist tief und vielschichtig; er schickt eine angenehm bittersüße Note vorweg, die von Konfitüre aus grünen Feigen leicht abgeschwächt wird, wenn man ihn pur trinkt. Wasser mobilisiert seine Komplexität und Struktur, drosselt aber auch die Süße.

Sieht man von Cola ab, das die Ledertöne verstärkt und zugleich seltsam kurz ist, verträgt er sich mit allen Fillern. Ginger Beer gibt er Gewicht und drängt es in Richtung frischen Ingwer, doch könnte das Ganze etwas mehr Länge vertragen. Clementinensaft harmoniert mit der weichmacherischen Eiche und dringt zum Kern vor. Am besten unterstreicht die Komplexität des Rums aber Kokoswasser: Da ziehen süße Früchte, Kokosfleisch und Kohle vorbei, da ist Trockenheit und Persistenz. Komplex auch der Old-Fashioned, in den die Bitters ein wurzelartiges, exotisches Element einbringen. Sehr ausgewogen, leichter Grip, im Ausklang Gewürze und Zitrus. Ein Muss.

BEWERTUNGEN			
5*	Kokoswasser	4.5	Clementinensaft
4	Ginger Beer	2.5	Cola
5	Old-Fashioned		

DIE RUMS: AUSGEBAUTE LATIN RUMS

MATUSALEM CLÁSICO 40 %

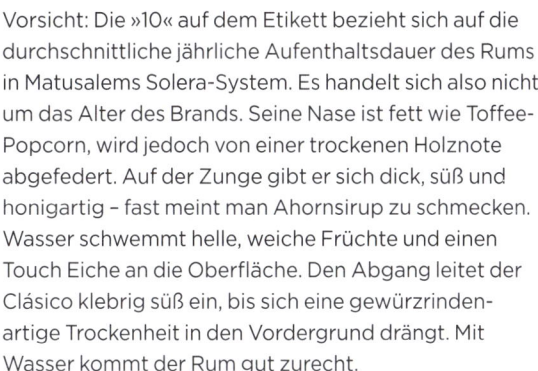

Vorsicht: Die »10« auf dem Etikett bezieht sich auf die durchschnittliche jährliche Aufenthaltsdauer des Rums in Matusalems Solera-System. Es handelt sich also nicht um das Alter des Brands. Seine Nase ist fett wie Toffee-Popcorn, wird jedoch von einer trockenen Holznote abgefedert. Auf der Zunge gibt er sich dick, süß und honigartig – fast meint man Ahornsirup zu schmecken. Wasser schwemmt helle, weiche Früchte und einen Touch Eiche an die Oberfläche. Den Abgang leitet der Clásico klebrig süß ein, bis sich eine gewürzrinden-artige Trockenheit in den Vordergrund drängt. Mit Wasser kommt der Rum gut zurecht.

Im Verbund mit Kokoswasser materialisieren sich flei-schige Züge und der erwähnte Ahornsirup – zusammen ergeben sie einen ordentlichen, kalorienhaltigen Trunk. Cola zerrt Vanille ans Tageslicht und schleudert sie zu-rück auf die Zunge, auf die sie sich sehr dick legt. Ginger Beer erscheint erwartungsgemäß größer und süßer als normal, entfaltet aber eine bemerkenswerte Wirkung: Es macht alles so ingwerlastig, dass man niesen muss. Unter Kontrolle geraten die Dinge wieder mit Clemen-tinensaft, denn Säure und Süße einigen sich auf ein Gleichgewicht der Kräfte.

Weil der Rum zu den leichten, geringfügig duftigen Ver-tretern seiner Art gehört, kommt es im Old-Fashioned zu Dissonanzen mit den Bitters. Man sollte sie daher zurückhaltend einsetzen.

BEWERTUNGEN			
3	Kokoswasser	4	Clementinensaft
3.5	Ginger Beer	3	Cola
3	Old-Fashioned		

RUM NATION PERUANO
8 JAHRE 42 %

Fabio und Walter Rossi arbeiteten Anfang der 1990er-Jahre zunächst als Scotch-Abfüller (Wilson & Morgan), interessierten sich jedoch wie viele ihrer schottischen Kollegen auch für Rum. 1999 ging Rum Nation in Betrieb. Das in Treviso ansässige Unternehmen füllt nach Region bzw. Herkunftsland ab und nicht nach Brennerei. Der Peruano stammt aus Lambayeque in Peru, entsteht aus Melasse und wird in Column Stills gebrannt.

Er ist ein dicker Mittelgewichtler mit Anklängen an Crème de Cacao (ich hatte sofort das Bedürfnis, einen Mulata zu mixen), Brombeeren und einem Aroma, das an warmes Massageöl erinnert. Im Mund hebt er mit Gewürznelken an, um später auf trockene Tannine, Lakritz und Unmengen Melasse umzuschwenken. Wasser kehrt seine trockenere Seite hervor.

Mit Begleitung schlägt er sich ordentlich. Kokoswasser gibt ihm Fülle, ist aber zu süß, sodass alles schon leicht aufdringlich wird. Clementinensaft macht ihn ebenfalls zu dick, doch die Schärfe von Ginger Beer federt seine Süße ab. Mit Cola kommt er gut zurecht – die beiden einigen sich auf dunkle Früchte. Ein kraftvoller Mix.

Im Old-Fashioned macht sich der nun leicht kirsch-fruchtige Brand erst im Mund bemerkbar, wo er Hickory, Rauch und Billardtischüberzug andeutet.

BEWERTUNGEN			
3	Kokoswasser	3.5	Clementinensaft
4	Ginger Beer	4	Cola
3	Old-Fashioned		

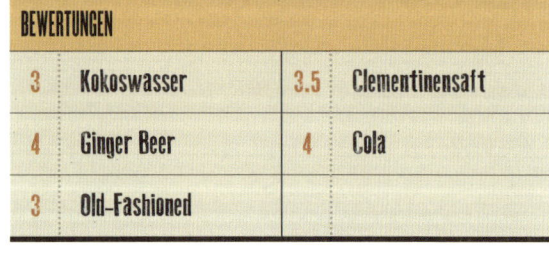

SANTA TERESA 1796
ANTIGUO DE SOLERA 40 %

Der hoch geschätzte, in einer Solera ausgebaute Rum scheint mit den Jahren süßer geworden zu sein. Die Nase hat etwas Glattes und ist geprägt von süßlichem Kompott und einem Anflug von Trappistenbier, auf das gekochte Zitrusfrüchte folgen. Der Rum wirkt schwer und grobkörnig; er lässt harte Toffees einfließen und entwickelt mit Wasser eine heftige Mandarinen- und Kurkumanote. Am Gaumen gibt er sich zunächst dick, um alsbald in eine rosinige Tiefe mit Sherry-artiger oxidierter Nussnote abzugleiten. Wasser macht ihn recht leicht und zitrusfruchtig.

Der Santa Teresa ist ein gut zusammengestellter Rum mit einer gewissen Eleganz. Im Verbund mit Ginger Beer wird der Ingwer gezähmt und gut eingebunden. Der Clementinensaft wiederum sorgt für Frische und Klarheit, während Cola mit einem volleren Mittelteil aufwartet, der ebenfalls ganz gut funktioniert. Etwas ernsthafter allerdings wird alles mit Kokoswasser: Die (an sich vernachlässigbare) Eiche dient als Brücke zur halbtrockenen Natur des Fillers.

Der Old-Fashioned bietet eine massive Zitrusdosis auf, was gar nicht so schlecht ist, solange sie unter Kontrolle bleibt. Die Gewürze aus dem Eichenholz und die Bitters arbeiten zusammen, während der Rum die Mitte trägt, dann aber zu süß wird. Ich würde ihn mit Eis trinken.

BEWERTUNGEN				
4	Kokoswasser	3	Clementinensaft
3	Ginger Beer	3.5	Cola
3	Old-Fashioned		

ABUELO AÑEJO 12 AÑOS, GRAN RESERVA 40 %

Der Rum, statisch ausgebaut in Ex-Bourbon-Fässern, eröffnet mit üppigen dunklen Früchten, die an Pflaumenkompott erinnern. Er hat die typische panamaische Duftnote von Sämischleder, auf die alter Dachbodenstaub und – als Hinweis auf einen langen Ausbau – Zigarrenkiste folgen. Der Geschmack schlägt mit rumgetränktem Trockenobst, englischem Weihnachtskuchen und für einen so lange fassgereiften Brand überraschend wenig Grip in dieselbe Kerbe. Mit Wasser wird seine Dichte offenkundig. Den Schlusspunkt setzt eine angenehm bittersüße Andeutung an Schwarzkirschenkonfitüre.

Ein so reifer, dichter Rum sollte solo genossen werden. Ginger Beer nimmt sich neben ihm wie grüner Tee aus, legt aber wenigstens seine Tanninstruktur offen. Kokoswasser teilt mit ihm eine leichte Adstringenz, Clementinensaft dominiert, und wenn Cola ins Spiel kommt, versucht der Rum auf Tuchfühlung zu gehen, doch hält ihn die dunkle Brause wie ein trotziges Kind auf Distanz.

Resigniert mixt man noch einen Old-Fashioned, nur um festzustellen, dass er die Komplexität des Rums unterstreicht. Der Brand wirkt nun trockener, während das Gesamtpaket eine leicht verwitterte Grandezza bekommt, wenn der Rumgeruch zurückkehrt und eine Aura eleganten Verfalls verbreitet. Eine echte Entdeckung.

BEWERTUNGEN			
2	Kokoswasser	3	Clementinensaft
2	Ginger Beer	2.5	Cola
5	Old-Fashioned		

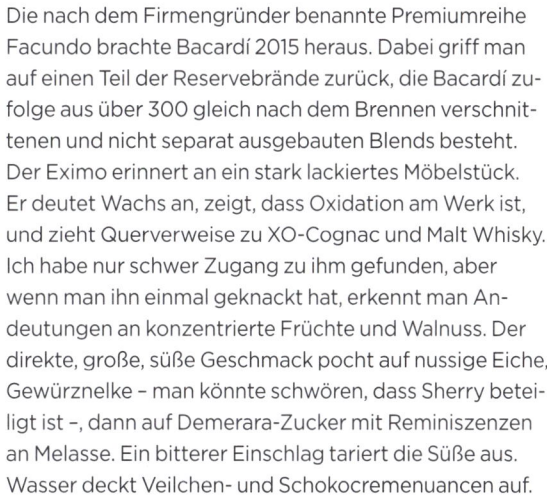

BACARDÍ FACUNDO EXIMO 10 AÑOS 40 %

Die nach dem Firmengründer benannte Premiumreihe Facundo brachte Bacardí 2015 heraus. Dabei griff man auf einen Teil der Reservebrände zurück, die Bacardí zufolge aus über 300 gleich nach dem Brennen verschnittenen und nicht separat ausgebauten Blends besteht. Der Eximo erinnert an ein stark lackiertes Möbelstück. Er deutet Wachs an, zeigt, dass Oxidation am Werk ist, und zieht Querverweise zu XO-Cognac und Malt Whisky. Ich habe nur schwer Zugang zu ihm gefunden, aber wenn man ihn einmal geknackt hat, erkennt man Andeutungen an konzentrierte Früchte und Walnuss. Der direkte, große, süße Geschmack pocht auf nussige Eiche, Gewürznelke – man könnte schwören, dass Sherry beteiligt ist –, dann auf Demerara-Zucker mit Reminiszenzen an Melasse. Ein bitterer Einschlag tariert die Süße aus. Wasser deckt Veilchen- und Schokocremenuancen auf.

Bei so lange ausgebauten Rums ist weniger Einmischung die beste Option. Cola ist gänzlich parfümduftige Rosenessenz, Clementinensaft kann die Eiche nicht bewegen und Ginger Beer ähnelt Holunderbeeren mit einem Schuss Adstringenz. Nur Kokoswasser zeigt sich gewappnet und hält den Rum im Zaum, sodass der Mix harmonisch wirkt, gute Länge offenbart und etwas Eiche verrät. Der Old-Fashioned schiebt die Eiche vor, offenbart geschmeidige Kraft und verstärkt den Schokoton.

BEWERTUNGEN			
4.5	Kokoswasser	3	Clementinensaft
3.5	Ginger Beer	2	Cola
5	Old-Fashioned		

DIE RUMS: AUSGEBAUTE LATIN RUMS

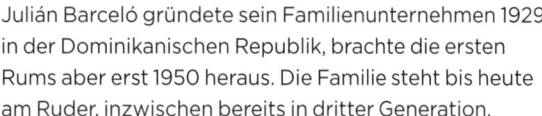

BARCELÓ GRAN AÑEJO
37,5 %

Julián Barceló gründete sein Familienunternehmen 1929 in der Dominikanischen Republik, brachte die ersten Rums aber erst 1950 heraus. Die Familie steht bis heute am Ruder, inzwischen bereits in dritter Generation.

Der Brand basiert auf Zuckerrohrsaft und entstammt Column Stills. Gebrannt wird er in einer Viersäulenanlage auf 95 Prozent und dann statisch ausgebaut. Man füllt ihn recht alkoholschwach ab, was, wie wir noch sehen werden, Probleme mit sich bringt. Das Bouquet geleitet durch einen Blumenladen bei Ladenschluss, vorbei an Pralinen und einer trockenen Eichennote. Am Gaumen wirkt er zunächst staubig, doch im Mittelteil schickt er eine leichte Süße ins Feld, die er durch Zitrusnoten, Banane, Aprikose und mehr saubere Eiche ergänzt.

Die geringe Alkoholstärke gereicht ihm beim Mixen deutlich zum Nachteil. Cola wirkt irgendwie minzig, Ginger Beer entwickelt eine seltsam fischige Nuance und scheint die ganze Energie für den Marsch durch die Geschmacksstrecke allein aufbringen zu müssen. Dieselbe Passivität zeigt der Rum auch neben Kokoswasser, das Bananenschalen und Nüsse erahnen lässt. In der Mitte fällt jedoch alles zusammen. Das ist auch beim Clementinensaft der Fall, der sich noch am besten schlägt.

Im Old-Fashioned ist alles leicht, sauber, zitrusfruchtig und etwas zuckrig. Was ein paar Prozent ausmachen,

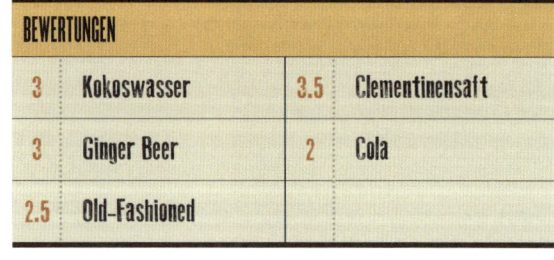

BEWERTUNGEN			
3	Kokoswasser	3.5	Clementinensaft
3	Ginger Beer	2	Cola
2.5	Old-Fashioned		

BARCELÓ IMPERIAL 38 %

Der 1980 als bestes Pferd im Barceló-Stall aus der Taufe gehobene Rum wird aus Zuckerrohrsaft gebrannt und lockt mit einnehmendem Pflaumenduft, zu dem sich kandierte Steinfrüchte, leicht ledrige Töne als Hinweis auf sein Alter und schließlich Marshmallows sowie Ingwer gesellen. Die süßeren Elemente sind vorhanden, bleiben aber dezent im Hintergrund. Auf der Zunge geriert er sich ein bisschen glatt und bringt Potpourri, Zitrus, Lavendel und Schokolade in Stellung, bevor zum Schluss noch kandierter Ingwer dazustößt. Dank seiner geringen Alkoholstärke bleibt der Rum leicht ätherisch. Wasser mag er überhaupt nicht. Was also passiert, wenn man es hinzufügen muss, ob mit oder ohne Filler? Er stirbt in deinen Armen.

Am Old-Fashioned mag ich die Wermutnote und den trockenen, waldigen, laubigen Charakter, doch gleitet er in eine zu starke Süße ab und wird unausgewogen.

Wenig Alkohol mag dem Brenner Geld sparen, aber er ist auch ein Geschmacksträger. Wenn man den Rum unter 40 Volumenprozent drosselt, verliert er Textur und Aromatik. Ich würde diese Abfüllung nur mit einem richtig harten Eisball trinken.

BEWERTUNGEN			
2	Kokoswasser	N/A	Clementinensaft
N/A	Ginger Beer	N/A	Cola
2.5	Old-Fashioned		

DIE RUMS: AUSGEBAUTE LATIN RUMS

BRUGAL 1888 GRAN RESERVA FAMILIAR 40%

Als die Edrington Group 2008 Brugal übernahm, erfuhr ein schottischer Brenner so einiges über eine andere Kategorie, umgekehrt bekam der Rum Zugang zu viel Know-how auf dem Gebiet des Ausbaus in Eiche, insbesondere in Sherry-Fässern (Edrington besitzt auch The Macallan und Highland Park). Das erste Kind dieses Erfahrungsaustauschs war der 1888, den man acht Jahre in mittelstark geröstete Ex-Bourbon-Fässer schickt. Danach muss der Brand in spanische Firstfill-Eichenfässer, in denen vorher Oloroso gebadet wurde. Das Bouquet beschwört Kokosnuss, Rosinen und Landhausdüfte herauf. Eine oxidative Sherry-Nuance nimmt einen mit in eine Bodega mit schwerem Duft und feuchtem Boden. Der süße, nussige, intensive Geschmack erinnert an gebackene Steinfrüchte und Rübensirup. Ein reicher, aber nicht süßer Rum – da ist ein Unterschied.

Erstaunlicherweise verkrafteten die Filler die Sherry-Elemente. Das Kokoswasser schafft eine zusätzliche, weiche Schicht mit wenig Tannin, sodass die Flüssigkeit elegant über die Zunge fließt. Clementinensaft bringt Leben und Energie, Ginger Beer indes knickt etwas ein, wenn die Eiche auftritt. Cola verspricht zunächst viel, doch wird dem Rum bald langweilig, sodass er die Party durch einen Seitenausgang verlässt. Der Old-Fashioned ist tief, sehr schokoladig und verdient Respekt.

BEWERTUNGEN			
5*	Kokoswasser	4	Clementinensaft
3.5	Ginger Beer	3	Cola
4.5	Old-Fashioned		

CACIQUE 500 EXTRA AÑEJO GRAN RESERVA 40 %

Urheber dieses Brands sind die Destilerias Unidas in Venezuela, wo der Cacique der meistverkaufte Rum ist. Die Gran-Reserva-Version wirkt in der Nase geringfügig rau und beharrt auf grünen, zitronigen Elementen. Gibt man einen Tropfen Wasser hinzu, wird sie allerdings wesentlich süßer. Ein dicker, hochkonzentrierter Geschmack setzt alle Karten auf Zwetschgenkonfitüre, spielt aber auch Feigen, schwarzen Pfeffer und Rosinen aus, um zum Schluss noch mit einer schweren Zuckerladung aufzutrumpfen. Wasser deckt im Nachhall ein Quäntchen Zuckerwatte auf.

Ein angenehmer, wenn auch einfacher und süßer Rum. Dank seiner Leichtigkeit harmoniert er am besten mit Kokoswasser, das wie für ihn gemacht scheint, denn die grünen Töne fungieren als Bindeglied. Wesentlich schlechter schlägt sich Cola, das zunächst eine Bauernhofnote mobilisiert, um schließlich in einer Zuckerlache zu enden. Runde Elemente mit einem leichten, aber dringend benötigten Kick steuert Clementinensaft bei, während Ginger Beer grasige Akzente setzt und kurz vor Schluss noch einen bitteren Ton anschlägt, der aber nicht unangenehm ist.

Der Old-Fashioned strebt rasch auf Karamellbonbonterrain mit Zimtnuancen zu. Alles ganz nett, doch zum Schluss zerfällt die Allianz in ihre Bestandteile.

BEWERTUNGEN				
4	Kokoswasser	3.5	Clementinensaft
3	Ginger Beer	2	Cola
3	Old-Fashioned		

DIE RUMS: AUSGEBAUTE LATIN RUMS

CARTAVIO XO 40 %

Auf unserem Weg in die oberen Ränge der Cartavio-Palette stoßen wir auf immer konzentriertere Aromen, und auch das Holz wird eine Spur deutlicher. In der Nase des XO gesellen sich Pralinen zu Mandeln, die in Akazienhonig getaucht wurden, und Mottenkugeln zu alten Schränken. Der Geschmack macht fast auf Menthol und ist sehr süß. Er bringt Zwetschgenkompott, Bitterorangen, alten Ledertabakbeutel, Sauerkirschen und einen sirupsüßen Nachhall ins Spiel, der den Gaumen mit etwas gekohlter Eiche kitzelt. Wer es dick und glatt mag, wird diesen Rum lieben.

Cola behagen normalerweise solche Rums, doch kann das Ganze auch zu süß werden. Hier allerdings fördert der Mix etwas Eiche zutage, verweist mit bittersüßem Ton auf rote Früchte und legt leidliche Ausdauer an den Tag. Kokoswasser geht einen ähnlich tückischen Weg und lässt den Eichenrahmen durchscheinen. Mit Clementinensaft und Ginger Beer einigt der Brand sich auf eine ausgezeichnete Nase – im Falle des letzteren Fillers mit Reminiszenzen an Sommergärten; im Mund aber fehlt es leider an Substanz.

Im Old-Fashioned führt einen die trockene Eiche auf eine heiße, staubige Straße aus einem Spaghettiwestern, bevor auf einmal der Zucker hinter einem Felsen hervorspringt und unseren heldenhaften Rum über den Haufen schießt.

BEWERTUNGEN			
4	Kokoswasser	3	Clementinensaft
3	Ginger Beer	4	Cola
2.5	Old-Fashioned		

DIPLOMÁTICO RESERVA EXTRA AÑEJO 40 %

Sie wollen Süße? Sie bekommen Süße – in Gestalt einer Karamellsauce-über-Rum-und-Rosinen-Eis-mit-einem-Glas-Cream-Sherry-daneben-Süße, auf die manche ganz verrückt sind. Im Mund allerdings hebt dieser Rum wesentlich trockener an als erwartet. Schwerer Pot-Still-Brand sorgt für Power und schichtet ordentlich Geschmacksebenen aufeinander. Hier manifestiert sich bestes Brennhandwerk. Erst später setzt die Süße ein und verlagert das Ganze in Richtung Schwarze Johannisbeeren aus der Dose, Kirschkuchenfüllung und Fruchtsirup.

Das lässt für die Filler nichts Gutes erwarten. Ginger Beer stolpert bereits an der ersten Hürde und disqualifiziert sich mit muffigem Geruch. Clementinensaft dagegen punktet mit polterndem Charme und macht mit Kraft wett, was an Stimmigkeit fehlt. Cola steuert mehr Zucker bei, als auf einem Kindergeburtstag herumliegt. Mit Kokoswasser geht es wieder vernünftiger zu: Es wirft angenehm volles Karamell und Nüsse in die Runde, hält aber dennoch die üppigeren Elemente im Zaum.

Im Old-Fashioned muss das Zuckerniveau unter Kontrolle gehalten werden. Die Karamelldosis wird nach oben geschraubt, doch eine Zitrusnote und die Bitters sorgen für Pep, bevor lebhafte Schokolade durchbricht. Unter dem süßen Abgang leidet die Komplexität, ansonsten steht der Cocktail gar nicht schlecht da.

BEWERTUNGEN			
4.5	Kokoswasser	3.5	Clementinensaft
2	Ginger Beer	3	Cola
4	Old-Fashioned		

DON Q GRAN AÑEJO 40 %

Zwei stilistisch unterschiedliche, bis zwölf Jahre alte Rums kommen hier zum Einsatz: zum einen leichte, kurz vergorene, in einer Fünfsäulenanlage gebrannte Vertreter und zum anderen schwere Brände, die ein bis zwei Wochen fermentieren und dann durch eine einzelne Kupfersäule geschickt werden. Beim statischen Ausbau wirken US-Eiche und Ex-Sherry-Fässer mit.

Die helle Farbe deutet schon auf einen aromatisch zartbesaiteten Brand hin. Er duftet nach Koriandersamen, Ingwer und Zitronenmelisse. Die präzise Eiche hält sich stärker zurück als in den meisten Gran Añejos. Am Gaumen meldet sich Sahne – sehr dicke Sahne – zu Wort, was auf Firstfill-Fässer schließen lässt. Dann treten Gewürze und ein Anflug weicher Fülle im Mittelteil zutage. Wasser thematisiert Lack, Salbei und Zitronenthymian.

Cola kann man vergessen, selbst wenn ein paar reichere Elemente darauf hindeuten, dass ein Manhattan womöglich funktioniert. Ginger Beer wirkt belebend, ist aber nicht besser als der Rum solo, was auch für Clementinensaft gilt. Zusätzliche Facetten hält nur Kokoswasser bereit. Es animiert den Rum, seine sprödere Seite zu zeigen, die im seidig texturierten, aber noch aromatisch reintönigen Geschmack vielschichtig ausgelegt wird.

Der Rum mag zum altmodischen Schlag gehören, für den Old-Fashioned ist er trotzdem nichts. Man spürt Zitrone und Rauch, aber er ist leicht. Manchmal lässt man besser alles, wie es ist. Eis dazu und genießen, fertig.

BEWERTUNGEN			
5	Kokoswasser	3	Clementinensaft
3	Ginger Beer	2.5	Cola
3.5	Old-Fashioned		

FLOR DE CAÑA 12 JAHRE 40%

Schon seit fünf Generationen brennt die Familie Pellas in der San Antonio Sugar Mill im nicaraguanischen Chichigalpa Rum – die erste Destillerie errichtete sie 1890. Nach wie vor arbeitet sie mit Melasse von Zuckerrohr aus hauseigenen Feldern. Der Rum enthält keine Zusätze wie Zuckerkulör; ausgebaut wird statisch.

Ein trockenes, relativ grünes bzw. krautiges Aroma – Lindenblüten, Obstbuschlaub – prägt den ersten Eindruck. Hinzu kommen Zigarrenumblätter, eine spröde Seite und angenehme Pollennuancen. Der volle Geschmack schlägt karamellisierte Äpfel vor und kaschiert das von der Nase bereits angedeutete Krautige, um schließlich Kumquats, Bergamotte, Tabak und helle Eiche aufs Tapet zu bringen.

Zurückhaltung wahrt der Rum auch im Umgang mit den Fillern. Cola wirkt turboverstärkt, aber auch leicht zerrissen. Clementinensaft ist scharf und sauber und sucht in Zitrus den gemeinsamen Nenner, während der Rum mit Ginger Beer schön harmoniert, den Ingwer etwas dämpft und nur einen Hauch Gewürze erlaubt. Auch das Kokoswasser lässt er nur in einem exakt vorgegebenen, sauberen, ausgewogenen Rahmen agieren.

Das alles überträgt er auch auf den Old-Fashioned, in dem die Bitters etwas leicht Schauriges hinzufügen und Süßorangenhaine in Erinnerung rufen, ohne die saubere Eleganz des Rums zu beeinträchtigen. Klasse im Glase.

BEWERTUNGEN				
5	Kokoswasser	3.5	Clementinensaft
4.5	Ginger Beer	3	Cola
5	Old-Fashioned		

HAVANA CLUB SELECCIÓN DE MAESTROS 45 %

Der Rum durchläuft einen dreistufigen Verschneideprozess. Zunächst wählt man die Basisrums aus, schneidet sie und schickt sie in aktivere Fässer. Dann prüft man die einzelnen Posten wieder und erstellt den endgültigen Blend. Bei der Abfüllung wird nicht mehr verdünnt.

Die schwere, zitrusfruchtige und blumige Nase ist mit frischen, in Honig getauchten Früchten durchsetzt. Von der Eiche hat der Rum Zedern und Marzipan mitbekommen. Mit dabei sind ferner mineralische Komponenten, Zitrustöne sowie Fruchtzucker, der Cognac andeutet. Brand, Luft und Eiche arbeiten hier gut zusammen. Der Geschmack zeigt sich anfangs verkniffen, reicht jedoch Bananenchips, getrocknete Schalen und Sumach nach.

Der selbstbewusste Rum lässt sich nicht von den gelegentlichen Tücken der Filler aus der Bahn werfen. Am wenigsten beeindruckt Clementinensaft, mit dem der Mix ins Holzige abgleitet, aber an sich okay ist. Ginger Beer wirkt weich, sauber und zum Ausklang etwas pikant. Cola hat endlich einmal gute Länge und kehrt ein würziges Element heraus. Am komplexesten zeigt sich das Bündnis mit Kokoswasser: Es vereint Zitrus, Frucht und Eiche zu einem kontemplativen Drink. Der Old-Fashioned startet zunächst zitrusfruchtig und wird dann blumig. Zum Schluss beruhigt sich der kraftvolle Geschmack und es entsteht ein ausgeklügelter Drink.

BEWERTUNGEN			
5*	Kokoswasser	3.5	Clementinensaft
4	Ginger Beer	4	Cola
5	Old-Fashioned		

DIE RUMS: AUSGEBAUTE LATIN RUMS

PAMPERO ANIVERSARIO RESERVA EXCLUSIVA 40 %

Die 1938 von Alejandro Hernandez in Venezuela gegründete Brennerei Pampero brachte 1963 zum 25-jäh-
rigen Bestehen den Aniversario auf den Markt. In einem
Lederbeutel steckt eine kleine Rumbombe, die in der
Nase sogleich ihre aromatische Reife postuliert. Sie
schickt halbgetrocknete dunkle Früchte mit überreifen
Bananen, Melasse, Datteln, Rosinen und Backmischung
an die Front, die sich allmählich zu einer harzig-wäch-
sernen Einheit mit klaren Altersspuren zusammentun.
Aromatisch ist der Rum auf einem ähnlichen Terrain wie
Armagnac angesiedelt. Das Erdige der Nase spielt in
Wildbretnoten hinein. Am Gaumen debütiert er solide
und kraftvoll, bekommt dann aber ein tiefgründiges, fast
rußig-pfeffriges, Shiraz-artiges Gewicht mit ausgleichen-
der Süße. Geschmeidige Tannine runden den Rum ab.

Drei Filler funktionierten überhaupt nicht. Der Rum
verweigert sich zu Recht solch oberflächlichen Vergnügungen – er will, dass man sich hinsetzt und sich intensiv mit ihm beschäftigt. Doch dann kam Cola, mit dem
er sich zu einem großartigen, komplexen Mix aus PX
Sherry, Schwarzkirschen, Leder und Erde zusammentat.

Ähnlich verhielt es sich mit dem Old-Fashioned, der das
komplexe Gefüge des Rums noch verstärkte. Der Drink
verlangt nach einer Zigarre und will erkundet werden.

BEWERTUNGEN			
N/A	Kokoswasser	N/A	Clementinensaft
N/A	Ginger Beer	5	Cola
5*	Old-Fashioned		

DIE RUMS: AUSGEBAUTE LATIN RUMS

SANTIAGO DE CUBA EXTRA AÑEJO 25 JAHRE 40 %

Ein Vierteljahrhundert im Fass ist für einen Brand eine lange Zeit. Wenn er die auch noch in der Hitze der Karibik ausharren muss, kann man sich nach seinem Genuss fast die Splitter aus der Zunge ziehen. Dieser Rum dagegen entsteigt der langen Sicherungsverwahrung frisch, mit Reminiszenzen an Honig, Macadamia, Muskatblüte und Zimt vor der Kulisse eines Antiquitätenladens. Langsam bewegt er sich in Richtung Grand Marnier mit einem Hauch Hustenbonbons von früher. Am Gaumen besteht er anfangs auf Zimtbällchen, Kardamom und Gewürznelkenöl. Wer Gewürze und Süße mag, ist mit ihm bestens bedient. Wasser macht ihn staubig und pfeffrig.

Es mag ein Sakrileg sein, einen so seltenen Rum zu mixen, aber Regel ist Regel. Kokoswasser entlockt ihm Parfümnoten und Andeutungen von Zigarrenumblättern. Mit Ginger Beer erzählt er eine ähnliche Aromastory und wächst im Mittelteil, sackt aber danach dramatisch ab. Ein ähnliches Schicksal ist ihm mit Cola beschieden, das ihm Lakritz und Kirschen entlockt und dann abstürzt. Clementinensaft dagegen lässt erahnen, wie er in einem extravagant teuren Tiki-Drink brillieren könnte.

Auf sichererem Grund bewegt man sich mit dem Old-Fashioned, der zwar an ein altes Haus in Havanna erinnert, aber auch eine Mentholnote offenbart. Orange und Anis prägen den Geschmack. Irgendwie faszinierend.

BEWERTUNGEN			
3.5	Kokoswasser	4.5	Clementinensaft
3.5	Ginger Beer	3	Cola
4	Old-Fashioned		

DIE RUMS: AUSGEBAUTE LATIN RUMS

ZACAPA SOLERA GRAN RESERVA 23 40 %

Das komplexe Ausbausystem von Lorena Vasquez für Zacapa wurde an anderer Stelle genauer beschrieben. Hier soll es darum gehen, wie der so ausgefallen vorbehandelte Rum schmeckt. Zunächst einmal ist er nicht so süß, wie viele meinen. Stattdessen präsentiert sich ein vielschichtiger, leicht rauchiger Brand mit geröstetem Kokos, Vanilleschoten, Grapefruit, trocken gerösteten Gewürzen (Kalonji, Koriander), Rosinen, sauberer Eiche und Bienenwachs. Zum Schluss zieht er noch Assamtee und Herbstlaub aus dem Ärmel. Der facettenreiche Geschmack lässt getrocknete und tropische Früchte – durchaus mit Grip –, Kirschschokolade, Kompott, Maulbeeren und geschmeidige Tannine defilieren. Ausgewogen und komplex setzt er mit Mandeln einen Schlussstrich, bevor noch PX Sherry aufblitzt.

Nicht mixbar? Doch. Ginger Beer, das mit vielen Latin Rums hadert, blüht hier auf, denn es kann eine Brücke zwischen Zitrus, Süße, Eiche und Gewürzen schlagen. Das Duo hat Verve und einen langen, komplexen Abgang. Cola nimmt der Rum gut auf, ist dann aber etwas streng mit ihr. Kokoswasser fühlt sich an, als würde man eine Kokosnuss im Dschungel verspeisen, und mit Clementinensaft erschmeckt man Süße, Säure und Synergieeffekte. Der Old-Fashioned weitet sich zu Minzschokolade mit einem Quäntchen Süße, bevor wieder PX auftritt.

BEWERTUNGEN			
4	Kokoswasser	4	Clementinensaft
5*	Ginger Beer	4	Cola
4.5	Old-Fashioned		

AUSGEBAUTE RUMS, ENGLISCHE KARIBIK

In dieser Kategorie firmieren Rums, die überwiegend, gelegentlich sogar zu 100 Prozent, Pot und Column Stills entstammen und trockener sind als ihre Gegenstücke aus der lateinamerikanischen Ecke. Eine tiefgründige, von Melasse geprägte, manchmal ledrige Fülle in der Nase und im Mittelteil deutet auf Pot Stills hin. Weil wenig oder gar kein Zucker zugefügt wird, bekommt man auch mehr Grip. Die Eiche leistet einen Hauptbeitrag zu Aroma, Geschmack und Struktur. Das bedeutet, dass ihre Qualität und das Geschick des Blenders einen besonders hohen Stellenwert haben. Jugend wird vom Zucker nicht überbetont und ein vom Holz erschlagener Charakter nicht kaschiert.

Einen klar identifizierbaren Stil »Rums der englischsprachigen Karibik« gibt es deshalb noch lange nicht. Jamaika setzt auf Schärfe. Barbados liefert weichere, fruchtbetontere und leicht zitrusfruchtige Brände und Guyana hintertreibt die Pot-Column-Grundsätze der englischen Karibik mit lateinamerikanischer Süße. Jede Brennerei variiert den Stil nach ihren eigenen Vorstellungen.

Cola erwies sich als schwierigster Klient, während Clementinensaft sich sogar noch an Kokoswasser vorbeischob. Jamaika-Rums funktionierten besser mit Ginger Beer als die aus Barbados. Je älter der Rum, desto mehr sträubte er sich gegen das Mixen. Die meisten machen sich solo oder in Cocktails am besten. Genießen Sie einfach.

ANGOSTURA 1919 40 %

Nachdem 1932 ein Feuer im Trinidad and Tobago Government Rum Bond gewütet hatte, kaufte J. B. Fernandes, Master Blender der Fernandes Distillers, die wenigen noch brauchbaren, wahrscheinlich nun von beiden Seiten ordentlich gekohlten Fässer auf. Sie waren alle 1919 befüllt worden – und brachten einen neuen Rum auf die Welt. Der heutige 1919er wird inzwischen von Angostura produziert und ist etwas anders als der damalige Brand. Er hebt vanilleschwer an und schwenkt um auf Crème caramel, Karamellbonbons, weiße Schokolade, etwas Pfirsich und eine leicht ölige Note. Mehr davon wird einem im Geschmack geboten, ergänzt von einer schweren Honigsüße und gefolgt von einem plötzlichen Abstecher zu trockenen Gewürzen, Erdbeeren, die in eingeweichte Oreo-Kekse getaucht wurden, und Eis mit Karamellsauce.

Geht man nach der Bewertung, funktionieren einfache Mischungen am besten, doch muss man auch die Süße des Rums berücksichtigen. Kokoswasser ist eine gute Wahl, wenn man auf Bounty-Riegel steht. Mit Clementinensaft ist alles gut unter Kontrolle, aber auch hier geht es süß zu. Ginger Beer hat wegen der Gewürze die Nase geringfügig vorn, muss jedoch ebenfalls ziemlich kämpfen. Cola kommt gut an, wenn man es süß mag und nichts dagegen hat, dass die beiden Elemente mit zusätzlicher Vanille am selben Strang ziehen.

Der Old-Fashioned schmeckt nach einem explodierten Süßigkeitengeschäft aus alter Zeit.

BEWERTUNGEN			
3	Kokoswasser	3.5	Clementinensaft
3.5	Ginger Beer	3.5	Cola
N/A	Old-Fashioned		

APPLETON ESTATE
SIGNATURE BLEND 40 %

Das Appleton Estate nimmt für sich in Anspruch, das älteste ununterbrochen bestehende Zuckergut mit Destillerie in Jamaika zu sein. Es baut das Zuckerrohr für seine Melasse selbst an. Der Rum ist ein Blend aus 15 im Durchschnitt vier Jahre ausgebauten Pot und Column Still Rums. Seine unverkennbar jamaikanische Nase unterhält mit Anklängen an Schuhputzerstand, alte Bananenschale, Leder, Tabak, Passionsfrucht und Mango. Wasser gibt ihm Eleganz, etwas mehr Gewürze und einen Touch Eiche. Der mittelschwere Geschmack findet die rechte Balance zwischen den reichen Ölen eines Pot Still Rums und Hibiskus, aber auch zwischen milden weichen Früchten innerhalb einer unaufdringlichen Struktur.

Der Signature Blend ist ein echter Allrounder. Cola gibt ihm eine zusätzliche Dimension, statt alles nur süßer zu machen. Im Duett mit Kokoswasser hat er mehr zu sagen; er hebt und verschmilzt die süßsauren Töne des Fillers und spielt allerlei Melodien auf der Geschmacksklaviatur. Clementinensaft kommt hervorragend mit trockeneren Rums aus und lässt den Früchten viel Raum, während mit Ginger Beer ein köstlicher Mix entsteht, in dem Gewürze Aufmerksamkeit heischen, wobei der Ingwer den Abgang ausdehnt und der Rum für Weichheit im Mittelteil sorgt. Der Old-Fashioned zeigt mehr Pot-Still-Elemente, doch in ihm wirkt der Rum für einmal ganz leicht.

BEWERTUNGEN			
4	Kokoswasser	5	Clementinensaft
5	Ginger Beer	4	Cola
3	Old-Fashioned		

COCKSPUR VSOR 43%

Cockspur wurde 1884 von Valdemar Hanschell aus der Taufe gehoben. Auf Barbados mussten Brenner und Abfüller per Gesetz getrennte Unternehmen sein, weshalb Hanschell seinen Brand von Zulieferern bezog. Seit 1973 wird der Cockspur ausschließlich in der West Indies Rum Distillery erzeugt, wo einmal die erste Column Still der Insel stand. Noch heute betreibt man dort eine alte zweisäulige John Dore Still, die einen Teil des Rums für den Blend liefert. Der Rest ist ein Konvolut aus hochprozentigen hellen Rums aus einer Viersäulenanlage, einem mittelschweren Brand und einem schweren Pot Still Rum.

Die Nase erinnert auf seltsame Art an die für Latin Rums typischen Kompottnoten. Man entdeckt Buttertoffees und Kastanienhonig mit Banane, getrockneten Papayas und milchhaltigen Naschereien. Mit Wasser brechen sich eichenlastigere, reife Nuancen Bahn. Der Geschmack gibt sich zunächst recht trocken, legt später aber Süße mit Karamellbonbons und leichtem Mandelton offen. Ein reicher, holzbetonter, kommerzieller Stil.

In Zweierbeziehungen wächst der Rum über sich hinaus, sieht man von Cola ab, das aufschäumt, aber sogleich abflacht. Ginger Beer erweitert die Palette und findet genug Gemeinsamkeiten in Eiche und Gewürzen. Fast eine Bourbon-Note tut sich mit Kokoswasser auf, was belegt, wie ausgewogen die Eichenkomponente ist. Etwas in den Hintergrund tritt das Holz mit Clementinensaft. Im Old-Fashioned aber beweist der Rum, zu was er fähig ist, wenn genug Struktur vorhanden ist.

BEWERTUNGEN			
5	Kokoswasser	5	Clementinensaft
4	Ginger Beer	3	Cola
4	Old-Fashioned		

DIE RUMS: AUSGEBAUTE RUMS, ENGLISCHE KARIBIK

COMPAGNIE DES INDES JAMAICA NAVY STRENGTH
5 JAHRE 57 %

Florent Beuchets Interpretation eines hochprozentigen Jamaika-Rums aus alter Zeit ist ein Verschnitt aus drei Pot Still Rums. Er tritt mittelschwer auf die Aromabühne und eröffnet mit grundierter Leinwand, getrockneter Ananas, Milchschokolade und Brasso-Metallpolitur vor komplexer, rauchiger Kulisse. Der Geschmack liefert eine süße Vorstellung mit konzentrierten weichen Früchten, heller Eiche, einem Hauch Melasse und grapefruitartiger Säure. Zum Ausklang gibt es Kaffee und gekochte Pfirsiche. Insgesamt ein mittelschwerer, eleganter, erfrischend aufgeräumter Rum mit geschmeidigen Tanninen.

Wie vielseitig Jamaika-Rums sein können, beweist er im Zusammenspiel. Mit Kokoswasser zeigt sich eine fast hässliche Schönheit: rumig, nussig, lang und intensiv – nicht für jeden. Ginger Beer entlockt ihm Zimt und Sternanis – ein komplexer, langer Mix. Cola funktioniert, weil es eher zum integrierten Element als zum Filler wird und die dunkleren Seiten des Brands offenlegt. Clementinensaft sorgt für zusätzliche Komplexität, sodass das Ganze zur perfekten Grundlage für Tiki-Drinks wird. Der Old-Fashioned: ausgewogen, doch mit den Bitters bricht ein kantiger, jugendlicher Pot-Still-Charakter durch.

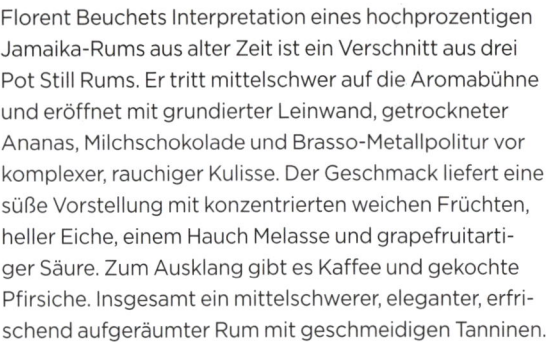

BEWERTUNGEN			
4	Kokoswasser	5*	Clementinensaft
4.5	Ginger Beer	5	Cola
3.5	Old-Fashioned		

DIE RUMS: AUSGEBAUTE RUMS, ENGLISCHE KARIBIK

THE DUPPY SHARE 40 %

Der von George Frost und Jess Swinfen ins Leben gerufene Duppy – jamaikanisch für »Geist« – präsentiert sich als Mix aus dreijährigen jamaikanischen Pot Still Rums auf Melassebasis und fünfjährigen Bajan Column Still Rums mit einer Ausbauphase in Ex-Bourbon-Fässern.

Jamaika ist von vornherein das Thema. Man erspürt überreife fruchtige Tiefe, neue Wildlederjacken und Oolong-Tee. Nach dem anfänglichen Paukenschlag wird alles weicher und verbreitet mit Granatapfel und Guave beschauliche Ruhe. Am Gaumen wirkt der Duppy zunächst sanft und weich. Die Pot-Still-Elemente entführen in tropischen Unterwuchs, wo Beerenfrüchte und nasses Leder warten, während über allem süßere tropische Elemente, Muscovado-Zucker und – mit Wasser – blumige Noten schweben. Verhalten und ausgewogen.

Mit Cola ergibt sich ein wenig aufregendes Ensemble, doch der Rest unterstreicht verschiedene Facetten der gespaltenen Rumpersönlichkeit. Clementinensaft dockt an die fruchtigeren Bestandteile an, steuert aber auch etwas Säure bei und ergibt einen weichen Drink. Ginger Beer hat den gegenteiligen Effekt und bringt aromatische Härte ans Tageslicht. Mit Kokoswasser kehrt alles in einen ausgewogenen Zustand zurück, in dem sich Eleganz und Kraft, Süße und Trockenheit, Fülle und Aromatik die Waage halten. Der Old-Fashioned hat genug Gewicht im Mittelteil, um für Power zu sorgen, und liefert eine nussige Vorstellung mit Bananenschale, Zitruskernen, Litschis und Anklängen an Veilchen. Großartig.

BEWERTUNGEN			
5*	Kokoswasser	4	Clementinensaft
4	Ginger Beer	3.5	Cola
4	Old-Fashioned		

DIE RUMS: AUSGEBAUTE RUMS, ENGLISCHE KARIBIK

ELEMENTS EIGHT GOLD 40 %

Der in Saint Lucia bereitete Gold Rum – ich mag es, dass er sich auch so nennt – bringt zehn unterschiedliche sechsjährige Rums aus Column Stills und Pot-Column-Hybridbrennblasen unter einen Hut. Der Ausbau erfolgt in Ex-Bourbon-Fässern. Wie bei den weißen Rums des Hauses erkennt man eine Festigkeit in der Nase, die sich jedoch lockert und grünen Oliven Raum lässt, bevor Apfelsirup die Oberhand gewinnt. Der Rum hat Energie, wirkt aber relativ leicht. Seine Stärke ist eher der Geschmack, in dem er sich nach und nach öffnet und reifes, fleischiges, tropenfruchtiges Gewicht mit Mandarinen und Melasse sowie später Schnittblumen offenlegt. Alles in allem ein sauberer, stilvoller Brand.

Die Filler gaben eine, nun, eher gemischte Vorstellung. Kokoswasser zeigt sich reich und leicht saftig (die grünen Oliven), hat etwas Power, schmiert jedoch früh ab. Cola bleibt geradlinig. Clementinensaft verschmilzt angenehm mit den Früchten und suggeriert einen fast Sémillon-artigen Weincharakter. Ein entspannter, leicht zurückhaltender Rum, der vom Durchsetzungsvermögen des Ginger Beer profitiert.

Wegen seiner Coolness wirkte der Old-Fashioned zunächst leicht spröde, hat man jedoch etwas Geduld, bekommt man einen recht ausgeklügelten Drink mit kleinen Geschmacksexplosionen, die von den Bitters gezündet werden, und einem längeren, würzigeren, wenngleich ultraentspannten Finish. Gut.

BEWERTUNGEN			
3.5	Kokoswasser	3.5	Clementinensaft
4	Ginger Beer	3	Cola
4	Old-Fashioned		

HABITATION VELIER FOURSQUARE 2013 (ABGEFÜLLT 2015) 64 %

Er gehört zu einer Palette, die der charismatische Luca Gargano von Velier ins Leben gerufen hat. Auf dem Etikett sind die Art der Brennblase (Pot Still mit doppelter Retorte), der Fasstyp (Ex-Cognac-Fässer), das Brenn- und Abfülldatum, der Engelsanteil (15 Prozent) und die Tatsache erwähnt, dass der Brand weder Zucker noch Zuckerkulör enthält und auch nicht kaltfiltriert wurde.

Die lebendige, aber komplexe Nase hat jene Pot-Still-typische Messingkomponente mit Trommelfellnote und einer Melassefülle, die von Bajan-Still-artiger Reinheit und Frische unterstützt wird. Mit Wasser tun sich Kurkuma, Asant, Bambus und Kochbanane auf. Am Gaumen begegnet einem ein weicher, süffiger Rum, der sich auf der Zunge festsetzt. Pur ist er feingliedrig und trocken, Wasser entlockt ihm eingemachte Zitronen sowie phenolische Pot-Still- und Melassetöne. Das Fass erahnt man nur an der Gewürznuance. Für Kokoswasser ist er zu kraftvoll, die Pot-Still-Note schickt Cola ins leicht Süßliche, und auch Ginger Beer ist kein Traumpartner. Clementinensaft dagegen funktioniert: Ein trockener Zug ist erkennbar, aber die Schärfe ist verschwunden. Der Old-Fashioned offenbart ein harziges Curryelement und Festigkeit.

BEWERTUNGEN			
2	Kokoswasser	5	Clementinensaft
3.5	Ginger Beer	3.5	Cola
3	Old-Fashioned		

MOUNT GAY BLACK BARREL
43%

Wie alle Angehörigen der Mount-Gay-Equipe ist auch dieser Brand ein Konglomerat aus Column und Pot Still Rums, allerdings mit höherem Pot-Still-Anteil. Nach dem Verschneiden schickt man ihn für einen zweiten Ausbau in stark gekohlte Fässer – daher der Name.

Im Bouquet kristallisieren sich reife, recht reichhaltige Pot-Still-Aromen wie Honig und Melasse heraus. Im Hintergrund wirken trockene Gewürze und ein Anflug von Eiche – alles überaus ansprechend und leicht weinig, mit reifen, ja sogar überreifen Früchten und einem Hauch von Tamarinde, gebackener Banane und heller Tropenfrucht. Der Geschmack ist geprägt von stärkerer Eichenpräsenz, einem Mix aus Crème brûlée und Gewürzen sowie etwas Kaffee. Wasser macht alles leichter, holt aber auch Tabak, Zitrus und weitere Frucht dazu.

Mit Cola ergibt sich ein delikater, vielschichtiger Mix mit vollem Mittelteil. Ginger Beer besteht auf Karamell, frischem Ingwer und einem weichen Mittelteil. Clementinensaft bleibt entspannt, während Kokoswasser einen Zahn zulegt, was sich in einer leichten, in Zitrus übergehenden Festigkeit, vollerem Geschmack und angedeuteter Süße im Nachhall niederschlägt.

Der Old-Fashioned ist sauber, bekundet Orangentöne und zügelt das Holz. Etwas mehr Gewicht wäre gut, doch schlägt er sich dennoch gut.

BEWERTUNGEN			
4	Kokoswasser	3.5	Clementinensaft
3.5	Ginger Beer	4	Cola
4	Old-Fashioned		

THE REAL MCCOY 5 JAHRE
40 %

Bill McCoy war der wohl berühmteste Rumschmuggler der Prohibitionszeit und als solcher erste Wahl für eine Doku. Dachte sich Filmemacher Bailey Pryor. Seine Recherchen führten ihn nach Barbados, wo er Richard Seale von Foursquare begegnete. Eines kam zum anderen und Pryor brachte schließlich nicht nur einen Film heraus (der fünf Emmy Awards einheimste), sondern auch eine Rummarke. Sie besteht aus Column und Pot-&-Retort Still Rums von Foursquare, die fünf Jahre in Ex-Bourbon-Fässern ausgebaut und nicht gesüßt werden.

Ausgewogenheit prägt den McCoy, doch mischen auch Pot-Still-Noten mit, die sich mit Crème anglaise, gebackenen Bananen, karamellisierten Früchten und einer trockeneren Kalmusnote vermählen. Nachdem sich die Nase geöffnet hat, kommen weitere Pot-Still-Reminiszenzen sowie Cashewnüsse mit getrockneten Tropenfrüchten zum Vorschein. Der mittelschwere Geschmack wirbt mit Eichenlakton, weicher Frucht und Muskatnuss.

Der Rum ist fürs Mixen gemacht und wahrt dabei seinen Charakter. Mit Cola bekommt man Garam masala, mit Clementinensaft Frische und Fülle. Ginger Beer mahnt kandierten Ingwer an und verlängert den Mix, während Kokoswasser jene Raffinesse hat, die entsteht, wenn die trockene Eiche Verbündete findet. Der Old-Fashioned hat mehr Tiefe, war aber schwer ins Lot zu bringen.

BEWERTUNGEN			
4.5	Kokoswasser	4	Clementinensaft
4	Ginger Beer	3.5	Cola
3	Old-Fashioned		

RON DE JEREMY 40 %

Der Rum ist angeblich nach einem Pornodarsteller benannt (wurde mir gesagt, ich kenne sein Œuvre nicht). Deshalb erwartet man wenig mehr als eine Marketingidee, bei der man sich ganz auf das Spiel mit dem Namen versteift hat, ohne sich um die Qualität der Flüssigkeit zu scheren. Doch man bekommt es mit einem feinen Rum zu tun, der früher ein panamaisches Produkt war, inzwischen aber Pot und Column Still Rums aus Barbados, Trinidad, Jamaika und Guyana in sich vereint.

Sein sauberes Bouquet bereichert er mit Karamell- und Buttertoffeenoten, bevor ordentlich Holz und ein tropischer Milchshake das Regiment übernehmen. Zum Schluss macht sich noch eine schwache Kräuterfrische bemerkbar. Der überraschend milde Rum füllt den Mund mit Vanillecreme und einer festen Nussnuance, um anschließend mit Bananensplit zu kokettieren, sodass ein schöner seidiger Verlauf mit gerade genug fester Eiche entsteht, um ihn in der Spur zu halten.

Kokoswasser thematisiert süßes Kokosfleisch und Karamell, ist aber etwas zu fett. Clementinensaft zeigt Anisbiss und eine Mangonote, die zwar etwas kurz ist, aber Eindruck macht. Ginger Beer sorgt für Würze und Länge und deutet Eingemachtes an. Cola hat gute Standfestigkeit und erinnert an einen Cola Float, doch ist da auch eine gewisse Harmonie zu spüren. Dem Old-Fashioned gelingt es, Süße und Zigarrenrauch in sich zu vereinen, wenngleich die Vanille einem leicht chaotischen Höhepunkt entgegenstrebt.

BEWERTUNGEN			
3.5	Kokoswasser	4	Clementinensaft
3	Ginger Beer	3	Cola
2	Old-Fashioned		

RUM-BAR GOLD 4 JAHRE 40 %

Der Rum-Bar Gold ist eine Koalition verschiedener Arten von Pot Still Rums des jamaikanischen Worthy Park Estate (siehe Seite 83). Er ruht mindestens vier Jahre in Ex-Tennessee-Whiskey-Fässern – ein Zeitraum, der vom Estate als optimal erachtet wird und zu einem idealen Kräftegleichgewicht zwischen Destillat und Eiche führt. Was diese Abfüllung bestätigt. Man erkennt den für Worthy Park typischen sauberen, von Pot Stills geprägten Charakter, etwas trockene Eiche und sogar feine Eschenholznoten mit einem Anflug tiefer Rumgerüche. Am Gaumen wird zunächst Wildfenchel postuliert, doch stoßen später Fenchelpollen und gekochte Süßigkeiten, Fruchtkaubonbons und eine Sirupnote mit Mandeln dazu. Der Abgang ist sauber, trocken und nicht süß.

Worthy Park reüssiert hier mit einer eleganten Interpretation des typischen Jamaika-Rums. Clementinensaft ist sauber und gibt, obwohl etwas kurz, einen guten Drink ab. Kokoswasser legt grün los (Liguster), schwenkt später aber auf Haselnuss und blumige Anwandlungen um. Ginger Beer gibt dem Mix Länge, während Cola, das sich so oft als schwierigster Filler erweist, hier seine andere Seite zeigt und Rosinen, Griottines-Kirschen und Maulbeeren in Stellung bringt.

Der Old-Fashioned macht einen leichten, sauberen Eindruck mit Erdtönen und einem ausgewogenen Verhältnis zwischen Trockenfrucht und Banane. Wieder kommen Fenchel und Marzipan zum Vorschein. Es fehlt ihm zwar an Gewicht, doch schlecht ist er nicht.

BEWERTUNGEN			
4	Kokoswasser	3.5	Clementinensaft
4.5	Ginger Beer	5	Cola
3.5	Old-Fashioned		

SAINT LUCIA DISTILLERS CHAIRMAN'S RESERVE 40 %

Saint Lucia Distillers, einer der innovativsten Rumerzeuger, offeriert acht verschiedene Rummarken. Verwendung finden zwei Arten von Rohmaterialien (Melasse und Zuckerrohrsaft), zwei Hefestämme und drei Brennblasentypen. Die Coffey Still liefert drei Marken, einen weißen Rum und zwei ausbaufähige. In einer der John Dore Pot Stills entsteht Rum aus Zuckerrohrsaft und Melasse, in den anderen nur Melassebrand. Die Vendôme Pot Still verarbeitet Zuckerrohrsaft und Melasse.

Der Reserve ist ein Joint-Venture aus Pot und Coffey Still Rums, die im Durchschnitt fünf Jahre alt sind. Nach neun bis zwölf Monaten in neuer Eiche kommen sie in Ex-Bourbon-Fässer und baden nach dem Blenden noch einmal gemeinsam im Fass. Den Auftakt machen Pot-Still-Aromen: Bananenkonfitüre, Kokosnuss und Ahornsirup. Der reiche, cremige Charakter zeigt sich auch im Geschmack, der etwas austrocknet und Macadamia, Trockenaprikosen, Tannine, Honig und Kompott skizziert.

Ginger Beer beschert uns Limettenschwung, Clementinensaft eine anständige, sanfte Fusion und Cola einen milden, aber leicht wabbeligen Cola-Rum. Kokoswasser setzt sich dank der tieferen Qualität an die Spitze – ein hervorragender Sundowner. Der Old-Fashioned rundet alles mit Eiche ab, hat aber genug Süße zum Ausbalancieren. Ein reicher Drink mit pekannussigem Abschied.

BEWERTUNGEN			
4	Kokoswasser	3.5	Clementinensaft
3.5	Ginger Beer	3.5	Cola
4	Old-Fashioned		

ST. NICHOLAS ABBEY
5 JAHRE 40 %

Die St. Nicholas Abbey, eines von nur drei erhaltenen jakobinischen Herrenhäusern des Westens, wurde um 1650 von Lieutenant Colonel Benjamin Berringer errichtet. Am 19. Oktober 1746 erhielt es Sir John Gay Alleyne als Hochzeitsgeschenk. Von 1834 bis 2006 gehörte es der Familie Cave, dann kauften Larry und Anna Warren es, restaurierten es und begannen Rum zu brennen.

Die ersten Rums wurden von Richard Seale destilliert und verschnitten, aber diesem hier liegt Zuckerrohr der Abbey selbst zugrunde; er wird in Hybrid Pot Stills aus Zuckerrohrsirup gebrannt. Zucker wird nicht zugefügt. Was in der Nase mit flüchtiger Säure und aromatisch beginnt, geht über in Marzipan, Pfirsich, spröde Eiche, Süßdolde, grüne Banane und Sahne. Mit Wasser entsteht ein Tintenton. Für das Cremige des sauberen Geschmacks zeichnen die Eiche ebenso wie der Rum selbst verantwortlich.

Barbados-Rums verheimlichen ihre Komplexität oft, doch kann man sie mit Fillern offenlegen – nur mit Cola funktioniert es hier nicht. Clementinensaft verleiht der Zweisamkeit Länge und Klasse, Ginger Beer spielt in Bockshornklee und Gewürze hinein und endet trocken. Kokoswasser adelt den Mix, gibt ihm natürliche Süße, Duftigkeit und wieder ein trockenes Gepräge. Der leichte, elegante Old-Fashioned erinnert mich an alte Zimmer, durch deren Fenster Tageslicht fällt.

BEWERTUNGEN			
5*	Kokoswasser	4	Clementinensaft
4.5	Ginger Beer	3	Cola
4.5	Old-Fashioned		

DIE RUMS: AUSGEBAUTE RUMS, ENGLISCHE KARIBIK

SMITH & CROSS 57 %

»Wir brauchen den Rumgeruch. Her mit dem ›Funk‹!«, rief die neue Tiki-Generation. Sie suchte nach jamaikanischen Pot Still Rums alter Prägung, doch der Stil war unmodern geworden. Da traten Smith & Cross auf den Plan – besser gesagt das Hampden Estate. Es liefert den sechsmonatigen, esterreichen Rum im Wedderburn-Stil, der Schärfe und Gewicht beisteuert, und den 18 bis 36 Monate alten, mittel körperreichen Brand im Plummer-Stil, der für das Fruchtige zuständig ist.

Das Bouquet entfaltet zunächst Nerzöl und Ananasester, geht aber dann über in eine Mischung aus Zuckersirup und seltsam würzigen faulenden Früchten mit Andeutungen an Piment und Kampfer. Im großen, trockenen, intensiven Geschmack wirkt der Alkohol als Triebfeder, doch fungiert das Pot-Still-Gewicht als Bremse, sodass der Brand sich beruhigt und die Zunge belegt, um dort eine Legierung aus gerösteten Kastanien und Quittensirup zu ersinnen.

Die Filler mühen sich redlich, aber Kokoswasser trollt sich schmollend, während Ginger Beer den Mix zu fett und reichhaltig macht und Cola zwar mit einer Sauerkirschnote punktet, aber ansonsten nur im Weg ist. Immerhin zeigt sich Clementinensaft ausladend, tiefgründig und faszinierend. Im Old-Fashioned bleibt sich der Rum treu, doch wird er gut gerührt, defilieren Ananas und Banane bei reichem, weichem, mildem Mittelteil. Der Rum macht Eindruck, seine wahre Bestimmung aber findet er in Punschen und Tiki-Drinks.

BEWERTUNGEN			
2	Kokoswasser	4.5	Clementinensaft
3	Ginger Beer	3.5	Cola
4	Old-Fashioned		

ADMIRAL RODNEY EXTRA OLD 40 %

Die Abfüllung ist benannt nach einem britischen See-fahrer, der Saint Lucia 1726 den Franzosen entriss. Der Rum gehört mit einem Alter von durchschnittlich zehn Jahren zu den Senioren seines Fachs und ist, was über-raschen mag, ein 100-prozentiger Column Still Rum. Die Saint Lucia Distillers arbeiten mit der Hefe Nr. 2, die aus der Naturhefe auf Zuckerrohr gezüchtet wird und die Zahl der Geschmacksverbindungen im Rum erhöht. Das Destillat wird an unterschiedlichen Punkten in der Rekti-fizierkolonne entnommen, was das Geschmacksspekt-rum erweitert. Sein reifer Charakter lässt sich an Noten wie Politur, reichen Holztönen, gerösteten Nüssen, Rhabarberkonfitüre und Kräutern ablesen.

Ein ausgewogener, kräftiger, solider Rum also. Soll man so einen mixen? Ja, wenn man mit Bedacht auswählt. Von Cola lässt man besser die Finger, sofern man nicht schwer auf Holz steht. Ginger Beer bleibt blass, aber Kokoswas-ser bringt den Brennereicharakter ein gutes Stück voran, nimmt dabei die frischeren Elemente mit und verstärkt sie. Eine Fülle tropischer Früchte begrüßt einen beim Einsatz von Clementinensaft – da ist viel Energie und eine sanfte Süße. Erst im Old-Fashioned indes blüht der Rum so richtig auf, wenn sich reichere, erdige Nuancen neben Harz, Gewürznelken und schweren Blütendüften weiten. Ein vielschichtiger, langer, komplexer Cocktail.

BEWERTUNGEN			
4.5	Kokoswasser	4.5	Clementinensaft
3.5	Ginger Beer	2.5	Cola
5*	Old-Fashioned		

APPLETON ESTATE RARE BLEND 12 JAHRE 43 %

Die erste Aufzeichnung über die Herstellung von Rum im Appleton Estate stammt von 1749, doch ist es gut möglich, dass man dort schon fast ein Jahrhundert früher brannte. Damit ist die Destillerie ein Monument der Rumgeschichte. Der Rare Blend verkörpert den Brennereicharakter in allen seinen Facetten. Er hat Tiefe und eine gewisse Schärfe, trotzdem sind alle Elemente stimmig und ausgewogen – nicht schlecht für einen Rum, der nach karibischen Maßstäben als alt gilt und leicht eine zu große Eichenlast mit sich herumtragen könnte. Die rumduftige Nase prunkt mit reichen gebackenen weichen Früchten, Pot-Still-Gewicht und einer Schokoladennote. Wasser spült Kumquats neben Mokkanoten und Crème brûlée an die Oberfläche. Der mittel bis stark körperreiche Geschmack offenbart leichten Grip, reife Frucht, Melasse, Trockenobst sowie Bitterschokolade.

Es gibt nicht viele Rums, die in allen Kombinationen brillieren, aber der hier gehört dazu. Kokoswasser bekommt zusätzliche Länge, geröstetes Holz und Hangnoten. Der Clementinensaft geht auf die erdigen Töne ein, wenn die Melasse durchschlägt. Ginger Beer hat Gewicht, eine zusätzliche Dimension und einen ausgewogenen Abgang. Cola vertieft die Melasse im Mittelteil. Im Old-Fashioned tritt die Eiche stärker zutage, während elegante reife Noten – Leder und überreife Frucht – aufblitzen.

BEWERTUNGEN			
4.5	Kokoswasser	5	Clementinensaft
4.5	Ginger Beer	4.5	Cola
5	Old-Fashioned		

CARONI 15 JAHRE, VELIER 52 %

Luca Gargano von Velier gehört zu denen, die noch größere Anteile an den verbliebenen Posten der inzwischen stillgelegten Caroni-Brennerei in Trinidad besitzen. Dieser Rum ist ein Beispiel für die leichtere Seite des Brennereicharakters, doch spürt man einige Öle neben weichen Früchten und beträchtliche Mengen süßer, in Butter gebratener Gewürze auf. Später zieht verhaltene Eiche, gefolgt von einer Hickory-artigen Holzrauchnote vorbei. Der Rum hat eine stämmige Eleganz. Duftiger ist er im Geschmack, in dem er die leicht widersprüchlichen Elemente austariert. Der Anflug von Schwere offenbart Struktur und Kraft. Wasser verträgt er nicht, doch ein Eisball funktioniert.

Ihn zu mixen ist vergleichbar mit einem Speed Dating, bei dem der Caroni der arme Trottel in der Ecke ist, mit dem niemand ausgehen will. Mit Kokoswasser gewinnt etwas Eiche Kontur, doch große Sympathien sind nicht zu erkennen. Cola verspricht viel: Im Duft erkennt man Unmengen Schwarzer Johannisbeeren, doch dem Geschmack gebricht es an Harmonie. Ginger Beer ist minzig, aber etwas kurz. Letzter Besucher am Tisch ist der Clementinensaft – und endlich funkt es: Mandeln, saftige Früchte, Ananasstücke … man versteht sich. (Sehen Sie? Jeder Topf findet seinen Deckel.)

Im Old-Fashioned verhält sich der Rum zunächst ungewöhnlich schüchtern, tritt dann aber eine Firnislawine los, sodass man ihn besser sitzen lässt – oder mit seinem Darling Clementine verkuppelt.

BEWERTUNGEN			
2.5	Kokoswasser	5	Clementinensaft
3	Ginger Beer	2.5	Cola
3	Old-Fashioned		

CARONI 1999 (ABGEFÜLLT 2015), RUM NATION 58 %

Der Rum riecht förmlich nach Trinidad. Die ausgeprägte Caroni-Nase mit Möbelpolitur und frisch eingefetteten Stiefeln ist der erste Kontakt mit ihm, bevor einen der Geruch von Krankenhausfluren zurück nach Islay bringt. Über diese merkwürdigen Öle und Phenole legen sich Rosinenkekse, Lagerfeuerduft und Sirupplätzchen. Ein schwerer Rum, der mit Wasser rauchiger wird und gut für eingefleischte Caroni-Fans ist, jedoch nicht unbedingt etwas für Einsteiger.

Die Frage ist: Funktioniert überhaupt ein Mixer mit ihm? Einfache Antwort: nein. Kokoswasser mobilisiert eine Nase, die an einen Tankstellenhof um drei Uhr morgens erinnert. Clementinensaft kaschiert den Rum, und Ginger Beer schmeckt nach verschwitztem Sattel – wenngleich es Leute geben soll, die das mögen. Am besten macht sich noch Cola, selbst wenn es dich auf dem Sozius einer alten Harley Davidson mit Vollgas durch einen feuchten Dschungel fährt.

Konstruiert man einen Old-Fashioned daraus, intensiviert man die Öle, erzeugt jedoch gleichzeitig eine überraschende Erdbeernuance neben antiseptischer Creme. Wir sind schon wieder im Krankenhaus? (Vielleicht haben wir ja das Bike zu Schrott gefahren.) Trinken Sie ihn beim nächsten Mal einfach solo.

BEWERTUNGEN			
2	Kokoswasser	2	Clementinensaft
2	Ginger Beer	2.5	Cola
2.5	Old-Fashioned		

DIE RUMS: AUSGEBAUTE RUMS, ENGLISCHE KARIBIK

DOORLY'S 12 JAHRE 40 %

Mit der Verabschiedung des Rumgesetzes 1906 entstand auf Barbados ein zweigliedriges System. Da Brenner nur noch in Großgebinden verkaufen durften, riefen Wein- und Spirituosenhändler ihre eigenen Marken ins Leben. Einer davon war Martin Doorly, der ab den 1920er-Jahren den nach ihm benannten Rum in Umlauf brachte. 1992 fügte R. L. Seale den Betrieb seinem Portfolio hinzu.

Diese Abfüllung ist ein gutes Beispiel für Richard Seales Umgang mit Holz. Der Verschnitt aus Pot und Column Still Rums wird zu 90 Prozent zwölf Jahre in Ex-Bourbon-Fässer geschickt, der Rest reift die gleiche Zeit in Madeira-Fässern, die ihm eine leicht rötliche Tönung mitgeben. Man erkennt sofort süßes Trockenobst, oxidierte Nusstöne, Zitrusmarmelade, Vanille und Melasse. Mit der Zeit kristallieren sich klassische reife Zedern- und Ledernoten aus der Pot Still heraus. Der ausgewogene, dichte, weiche Geschmack wird im Mittelteil, wo die tiefen Rosinennuancen lauern, fokussierter. Er ist eher reich als süß und robust, aber nicht schwer.

Mit Fillern ergibt sich ein uneinheitliches Bild. Ginger Beer bringt dem Rum gar nichts. Clementinensaft mobilisiert zwar grüne Mango und eine gewisse Trockenheit im Abgang, ist aber auch nur so lala. Kokoswasser unterstreicht die Eleganz des Rums. Mit Cola verlagert sich alles in eine Rosinenecke, was gar nicht schlecht ist. Ansonsten brauchen alte Rums einen Old-Fashioned. Hier agiert das Trockenobst als ausgleichende Kraft und es kommen noch Kirschkuchennoten dazu. Sehr empfehlenswert.

BEWERTUNGEN			
4	Kokoswasser	3	Clementinensaft
2.5	Ginger Beer	4	Cola
5*	Old-Fashioned		

EL DORADO 12 JAHRE 40 %

Die Diamond Distillery verfügt über ein erstaunliches Arsenal an Brennblasen. Das liegt daran, dass Guyanas Brenner von jeher meinen, die Markenvielfalt des Landes basiere auf den Stills. Derzeit betreibt die Brennerei zehn: eine Double Pot (Port Mourant), eine Single Wooden Pot (Versailles), eine hölzerne Coffey (Enmore), zwei Savalle Columns (Uitvlugt), drei metallene Coffeys, eine Double Column und eine fünfsäulige Anlage.

Jede Marke enthält unterschiedliche Anteile von Rums aus diesen Stills. Der Zwölfjährige besteht aus einem Destillat der »modernen« Diamond Coffey Stills und schweren Rums der Port Mourant Still. Seine duftenden, veilchenartigen Aromaelemente spielen in Hagebutten hinein. Es entsteht der Eindruck einer reichen, milden Fruchtfülle, die erst von Kokosöl und Sirup gebändigt wird. Der große, süße, vielschichtige Geschmack lässt Maulbeerkonfitüre, Lakritz, Schwarzen Kardamom, Pfeffer, weiche Früchte und Johannisbeeren Revue passieren und entwickelt anschließend eine leichte Bitternote. Ein süßer Demerara-Rum alten Stils.

Mit Cola wirkt alles flau. Clementinensaft fügt einen angenehmen Biss mit leichtem Schwung hinzu, Ginger Beer bringt das Pot-Still-Element zum Tragen, das Fülle in den Mittelteil bringt und den Abgang säubert. Kokoswasser erhöht die Komplexität und schafft eine trockenere Ausgewogenheit. Der Old-Fashioned hat enorme Wirkung, schafft es jedoch nicht, die Komplexität des Rums in den Vordergrund zu rucken.

BEWERTUNGEN			
5	Kokoswasser	4	Clementinensaft
4	Ginger Beer	2	Cola
3	Old-Fashioned		

EL DORADO 15 JAHRE 43 %

Mit dieser Marke, das darf nicht unerwähnt bleiben, kam die neue Premiumrum-Welle ins Rollen. Der weitblickende Vorsitzende der Demerara Distillers, Yesu Persaud, war der Ansicht, dass man nicht nur auf wenig gewinnbringende Exporte großer Mengen Billigrum setzen dürfe. Seine Auffassung untermauerte er mit der Markteinführung eines 15-Jährigen. Einen so langen Ausbau hatte es in den 1990ern bis dato nicht gegeben.

Hier kommen Rums aus Coffey Stills, einer hölzernen Double Pot Still und einer Single Pot Still zusammen. Die Pot Stills beherrschen die Nase mit Kaffeetönen, schwarzen Bananen, PX Sherry und einem Hauch Filzstift, bis Melasse mit feuchter Erde und einer Rauchkomponente das Regiment übernimmt. Am Gaumen verlagert sich auf halber Strecke das Gewicht hin zu Lakritz mit dezenten Holznoten. Der Rum ist eher destillat- als eichengeprägt und klingt sehr süß aus.

Mit Kokoswasser tut sich ein medizinales Element auf, doch bekommt man den Eindruck, als toleriere der Rum den Filler nur zähneknirschend. Erstaunlicherweise verliert sich der Brand in den Tiefen des Clementinensafts, während mit Ginger Beer wieder Medizinales durchbricht. Cola hebt die schwarzen Bananen hervor; wenn es im Mittelteil aber süß zugeht, gerät der Mix aus dem Gleichgewicht. Rumgetränktes Holz manifestiert sich im Old-Fashioned, der ganz Pflaume und Schwarze Johannisbeere ist. Gewicht und Tiefe kann man ihm nicht absprechen, doch die Süße ist »too much«. Nehmen Sie Eis.

BEWERTUNGEN			
3	Kokoswasser	3	Clementinensaft
3	Ginger Beer	2	Cola
3.5	Old-Fashioned		

DIE RUMS: AUSGEBAUTE RUMS, ENGLISCHE KARIBIK

MEZAN XO JAMAICA 40 %

Mezan will »unberührte« Rums anbieten, also Brände ohne Zuckerkulör, Geschmacksstoffe, Zucker oder Kaltfiltrierung. Es handelt sich meist um Single-Estate-Abfüllungen, doch diese hier ist eine Ausnahme: Sie besteht aus einem Worthy Park und einem Monymusk.

Der Brand ist sehr hell, was die Verwendung von Refill-Fässern verrät. Von Anfang an macht er mit rauchigen Phenolen, Ananas, leichten Ölen und reichlich Zitrone klar, dass er ein Jamaikaner ist. Dann beginnt sich die Pot-Still-Kraft aufzubauen, gibt ihm Energie und eine Schärfe, die das Aromaspektrum in Richtung Aceton verschiebt, aber kurz davor noch Halt macht: Statt das Nagelstudio zu betreten, geht man daran vorbei. Der Geschmack gibt nach einem leichten Start den Sauber-mann und moduliert Kiwi, Melasse sowie gute Säure.

Die Kombination aus wenig Eiche und kraftvollem jamai-kanischem Pot Still Rum macht klar, dass der Rum das Sagen hat, wenn Kokoswasser dazustößt. Alle Harmoni-sierungsbestrebungen werden beiseitegefegt. Cola ist vergebliche Liebesmüh, aber Ginger Beer funktioniert, weil keine Eiche im Weg ist, was dem Geschmack freie Bahn und Schwung gibt und Querverweise zu Zitronen zieht. Nicht zum ersten Mal schlägt sich Clementinensaft mit seiner Ananas- und Bananenfrucht am besten – man bekommt einen beeindruckenden (und kaliumreichen) Energydrink geboten. Der Old-Fashioned hat Gewicht, doch fehlt dem Rum die Dimension, die ihm aktivere Fasser verleihen wurden. Im Zweifel trinkt man ihn pur.

BEWERTUNGEN

3	Kokoswasser		4	Clementinensaft
4	Ginger Beer		3	Cola
3	Old-Fashioned			

MOUNT GAY XO 43 %

Ein kontemplativer Mount Gay – so könnte man diese länger ausgebaute Variante beschreiben. Die einzelnen Komponenten sind zwischen acht und 15 Jahre alt, wobei der Pot-Still-Input höher als sonst ist. Die eichenbetonte, feste Nase mit Bittermandel deutet Zigarrenhumidor, Trockenobst, helle Rosinen und einen alten Ledersessel an. Das Ganze wird unterlegt von Melasse. Mehr Leichtigkeit vermittelt der Geschmack mit seinem Mount-Gay-typischen Hinweis an honigüberzogene Zitrusfrüchte, der abgelöst wird von Sauerkirschen und gerösteter Kokosnuss. Wasser verstärkt den Eindruck von Struktur. Ein guter Digestif-Rum, der nach einer Romeo-y-Julieta-Zigarre als Begleitung verlangt.

Klettert man auf der Alters- und Strukturleiter nach oben, verändert sich die Interaktion zwischen Rum und Filler. Bei leichten, frischen Rums hilft der Filler, den komplexen Charakter offenzulegen. Sobald der Rum eine gewisse Reife erreicht und Eiche einen höheren Stellenwert bekommt, entstehen Probleme. Beim Clementinensaft hier spürt man Tiefe und ein leicht austrocknendes Gegengewicht. Ginger Beer ist nicht sonderlich subtil: Es stellt alle Elemente auf volle Lautstärke statt auf harmonischen Zusammenklang. Cola streicht die Ledernote heraus; Kokoswasser kehrt eine fast saftige Seite hervor.

Der Old-Fashioned ist ausgewogen und die beste Option. Er lässt Kräuterwürze, Rosenblütenblätter, Zitrustöne und eine angenehme bittersüße Note einfließen, die die Süße im Mittelteil austariert. Gar nicht schlecht.

BEWERTUNGEN				
3	Kokoswasser	4	Clementinensaft
3	Ginger Beer	3.5	Cola
4.5	Old-Fashioned		

PLANTATION RUM JAMAICA 2001 42 %

Der lange vergorene, hochesterige Single Pot Rum wurde nach elfjährigem Kuraufenthalt auf Jamaika und anschließender zweijähriger Nachreifung in der Cognac-Region 2014 abgefüllt. Der Duft ist unmissverständlich, volle Pulle, kompromisslos, ölig (Emulsionsfarbe) und – typisch für Jamaika – leicht harzig mit Ananas und seidiger Mango sowie Guave obenauf, dann Marzipan. Im Mund geht es zunächst leicht zu, doch beginnt sich in der Mitte etwas aufzutürmen, denn hier buhlt die Süße in Konkurrenz zu Eiche und einer lederölartigen Schwere um Aufmerksamkeit, bevor eine Mentholnote alles abrundet. Wasser tut ihm gut, balanciert ihn aus und beschert ihm Mandarine, karamellisierten Apfel und Ingwer.

Cola hat eine leicht abstoßende Öligkeit, Ginger Beer macht den Rumgeruch würziger und lebendiger, Clementinensaft unterstreicht die Frucht und ist zwar ganz ordentlich, aber kurz. Mit Kokoswasser kehren wir nach Jamaika zurück, wo Bananen und Melasse warten.

In einem Old-Fashioned kann sich nichts verstecken. Der Cocktail legt gnadenlos Fehler offen, kann aber auch neue Geschmacksnuancen herbeizaubern, etwa wie hier das rauchige Element. Zudem wird die Grundsüße des Rums betont. Insgesamt aber finde ich, dass man diesen Rum am besten genießt, indem man ihn in ein Glas gießt, Eis dazugibt und eine leichte Zigarre dazu raucht.

BEWERTUNGEN			
3	Kokoswasser	4	Clementinensaft
3.5	Ginger Beer	2.5	Cola
3	Old-Fashioned		

PLANTATION XO
20TH ANNIVERSARY 40 %

Der Plantation Rum ist eine Schöpfung von Alexandre Gabriel, der nicht nur das Haus Pierre Ferrand Cognac leitet, sondern auch den Citadelle Gin, Triple Sec und eine Reihe weiterer Spirits erzeugt. Er arbeitet nach Cognac-Manier, indem er in amerikanischer Eiche ausgebaute Bestände aus der Karibik nach Cognac schafft und dort in kleinen Fässern nachreifen lässt. Der XO ist ein Verschnitt aus Barbados Pot und Column Still Rums und harrt 18 Monate in Cognac-Fässern aus. Die dicke Nase wird von leichten Rauchschwaden umweht und hat eine harzige Note mit einem Hauch von Blauschimmelkäse. Rancio-Rum? Dieses üppige Szenario setzt sich mit Andeutungen an Fünf-Gewürze-Pulver, Sonnencreme, Thai-Ingwer und Rosen fort. Der mächtige, süße Geschmack bringt Kokosnuss, Aprikose und Mango, einen Hauch Falernum, dann Schwarze Johannisbeeren unter einen Hut. Sobald er sich geöffnet hat, wird er reicher und dunkler.

Die schwere Süße ist untypisch für Bajan (Barbados) Rums. Sie beeinträchtigt den Cola-Mix und dominiert das Ginger Beer. Clementinensaft bringt eine holzige Röstnote ins Spiel, die den Ablauf stört. Kokoswasser ist ein natürlicher Verbündeter, geht jedoch arg in Richtung Bounty-Riegel. Besser fährt man mit dem Old-Fashioned, dem Zitrus Obernoten hinzufügt, was die süßen, bitteren und würzigen Elemente virtuos ausbalanciert.

BEWERTUNGEN			
4	Kokoswasser	3.5	Clementinensaft
3	Ginger Beer	3	Cola
5	Old-Fashioned		

RL SEALE'S 10 JAHRE 43 %

Die Familie Seale ist seit 1820 im Rumhandel von Barbados aktiv. Das Unternehmen R. L. Seale wurde 1926 als Verschneider und Großhändler gegründet. 1995 begann man selbst zu brennen, als Sir David Seale und Sohn Richard die stillgelegte, 1636 gegründete Zuckerfabrik Foursquare aufkauften und in eine der modernsten und fortschrittlichsten Brennereien der Karibik mit Vakuum-Column-Still, Pot Still mit Retorten und abenteuerlicher Holzpolitik verwandelten. Richard ist bekannt für seine geradlinigen Ansichten zu Rum und kämpft bei der »Kein-Zucker«-Kampagne an vorderster Front.

Sein Zehnjähriger bringt Süßorangen und saftige tropische Früchte vor. Er ist zwar eher leicht, hat aber einen festen Rahmen; sein Zucker überdeckt den Grip nicht. Mit Wasser werden geröstete Haselnüsse mobilisiert. Der saubere, anfangs konzentrierte Geschmack wirbt mit reichlich süßen Gewürzen und Äpfeln. Wasser befördert ihn in schwerere Honigtiefen mit Zitrusschalen. Ein Rum für Single-Malt-Liebhaber.

Das Mixen ist hier wenig mehr als eine akademische Fingerübung. Mit Ginger Beer wirkt alles leicht, Cola verträgt sich gar nicht mit dem Rum, und Clementinensaft wird kleingemacht. Selbst mit Kokoswasser wird kaum mehr als ein unbeschwerter Drink daraus. Mit dem Old-Fashioned dagegen geht es auf eine langsame, beständige Reise, auf der sich exotische Geschmackswelten und Texturen zwischen süß und reichhaltig, würzig und exotisch vor einem auftun.

BEWERTUNGEN			
3	Kokoswasser	3	Clementinensaft
2.5	Ginger Beer	2	Cola
5	Old-Fashioned		

RHUM AGRICOLE, DEPARTEMENTS UND HAITI

Wer mit Rums aus Melasse aufgezogen wurde, kann mit ihren Vettern aus Zuckerrohrsaft *(Rhums)* wenig anfangen. Sie haben ein anderes Aroma, eine feinere Struktur und sind trockener. Umgekehrt werden alle, die an *Rhum* gewöhnt sind, mit Melassebränden nicht warm. Wo ist das Grüne? Warum fehlt die mineralische oder maritime Komponente? Wieso bleiben die Blüten im Hintergrund? Und was soll überhaupt diese ganze Süße?

Agricole wird sich nicht ändern. Die Melasseverfechter müssen also umdenken und sich auf eine neue Geschmackswelt einlassen: die vegetabilen Noten, die stärkere Gewürzkomponente, die roten Früchte und das Salzige. Genießen Sie die feinen Tannine und die klar umrissene Struktur der ausgebauten Versionen. Es sind Weltklassebrände.

Ironischerweise sprechen diese grasigen, würzigen *Rhums* mit harmonisch eingebundener, aber präsenter Eiche eher Liebhaber schottischer Single Malts an. Sie erzählen vom Terroir, der Saison, der Lage der Felder, der Zuckerrohrsorte und den feinen Unterschieden zwischen den Brennblasen.

Es sind Sonderfälle dabei: zwei französische *Rhums* aus Melasse und drei aus Haiti, von denen zwei ausgebaut und auf *Agricole*-Linie gebracht wurden, außerdem ein *Clairin*, der ganz neue Rumwelten eröffnet und sich Mezcal annähert. Hat jemand behauptet, Rum sei unkompliziert?

Die natürliche Heimat des *Rhum* ist der Ti Punch.

J. BALLY RHUM BLANC 50 %

Obwohl die Bally Distillery 1989 ihre Pforten schloss, wird die Marke noch in der Destillerie St. James auf Martinique in einer Creole Column Still gebrannt. Sie ist etwas fetter als andere weiße Rums von der Insel, in der Nase runder und hat eine warme, erdige Seite mit einer gewissen Festigkeit dahinter. Zudem braucht sie eine Zeit lang im Glas, um sich zu öffnen und sich auf Williams-Christ-Birne und Aprikosenschalen festzulegen.

Am Gaumen tut sich eine schwache Meeresnote auf, die seltsamerweise an frisch geschälte Garnelen erinnert. Im Mittelteil verlagert sich das Duftgeschehen wieder mehr an Land und skizziert weiche Melonen, um anschließend auf die feuchte Erde umzuschwenken, die bereits in der Nase angedeutet wurde. Mit Wasser wird alles geradliniger. Letzten Endes hat man es mit einem großen, aber festen und trockenen, im Schlussteil leicht verkniffenen Brand zu tun. Das ist typisch für einen *Rhum*, der ausgebaut ein bisschen entspannter in die Welt blicken würde.

Als Ti Punch dagegen wird er wesentlich ausdrucksvoller, ja fast delikat. Die Zitruskomponente indoktriniert ihn mit einigen beschwingten Obernoten und schneidender Säure, sodass blumige Wolken über seinen mineralischen Kern hinwegziehen.

BEWERTUNG		
3	Ti Punch	

CLAIRIN SAJOUS 51 %

Lange glaubte man in der Welt draußen, Haiti hätte nur eine einzige *Rhum*-Brennerei. In Wirklichkeit gibt es dort etwa 500. Und so gut wie alle erzeugen einen Stil namens *Clairin*, der sich zu Rum bzw. *Rhum* wie Mezcal zu Tequila verhält. Und so muss man ihn auch sehen: als eigenständigen Brand, der für sich selbst wahrgenommen und nicht ständig mit anderen verglichen werden will. Das verarbeitete Zuckerrohr wird meist biologisch angebaut, von Hand geerntet, mit Wildhefe vergoren und in den unterschiedlichsten Stills – meistens Pots, aber auch kleineren Rektifizierkolonnen – gebrannt. Der Clairin hat sich seinen Bezug zum Land und der Gesellschaft bewahrt. Er dient als Medizin, Ritualbegleiter und Getränk. Seine »Entdeckung« durch den Westen ist typisch für dessen Haltung zu Haiti: Man missversteht das Land, ignoriert es und lässt es in die Armut abrutschen.

Der Unterschied zwischen allen Varianten liegt im verwendeten Zuckerrohr, der Art der Wildhefen und dem Geschick des Brennmeisters. Michel Sajous' Destillerie steht in St-Michel-de-l'Attalaye inmitten einer 30-Hektar-Plantage. Hier wachsen mehrere Zuckerrohrsorten, allen voran *cristalle*, die letzte *canne à bouche*, die in der AOC Martinique Rhum Agricole noch zugelassen ist. Der Clairin wird in Pot Stills mit 53,5 Prozent gebrannt.

Seine stechende, knochentrockene, intensive Nase wirbt mit Kräuterappeal und einem Anflug von Fensterkitt. Der Geschmack nimmt Bezug auf ein erdiges Element, lässt aber auch reintönige, süße Früchte, faulende Blüten, Gras, Engelwurz, Estragon und Bananen mit einfließen. Wasser schwemmt die Frucht nach oben. Sajous' Rum ist alt und neu zugleich. Trinken Sie ihn straight.

BEWERTUNG		
N/A	Ti Punch	

CLÉMENT CANNE BLEUE 2013 50 %

Der reinsortige *Rhum blanc* – als Erster überhaupt so bezeichnet – debütierte 2001 . Wie alle *Rhums agricoles blancs* liegt er eine Weile in Edelstahl, damit sich die flüchtigeren Elemente verziehen.

Seine berauschende Nase ist trocken und recht intensiv. Im Hintergrund agieren leichte vegetabile Anwandlungen und ein geringfügig staubiger, keksiger Ton. Letztlich aber erweist er sich als zart und präzise, vor allem wenn man etwas Wasser dazugibt, das ihm blumigere und kräuterwürzige Bekenntnisse, gute Komplexität und einen Hauch von Veilchen entlockt.

Im sauberen Geschmack defilieren knackige Birnen, grüne Bohnen (typisch für tankvergorenen Sauvignon blanc), gelbe Früchte und Apfelkerne. Verdünnt besinnt sich der Canne Bleue auf seine leicht süßliche Seite und ein paar frische Gewürze.

Im Ti Punch hebt er überaus angenehm blumig ab, wobei Limettenöle die vegetabilen Ambitionen dämpfen. Er bewahrt seinen vollen Charakter, doch verleiht ihm das bisschen Zucker im Mix etwas Gewicht und Textur im Mittelteil, und zum Schluss wird sogar ein Anflug von Fenchelsamen mobilisiert.

BEWERTUNG		
4.5	Ti Punch	

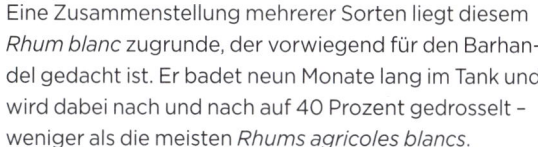

CLÉMENT PREMIÈRE CANNE
40 %

Eine Zusammenstellung mehrerer Sorten liegt diesem *Rhum blanc* zugrunde, der vorwiegend für den Barhandel gedacht ist. Er badet neun Monate lang im Tank und wird dabei nach und nach auf 40 Prozent gedrosselt – weniger als die meisten *Rhums agricoles blancs*.

Die Nase ist durchsetzt mit der Aniskomponente von frischem Basilikum und einem Touch weißer Schokolade, an die sich ein mineralisches bzw. maritimes Bekenntnis anschließt, wie es für manche weißen *Rhums* typisch ist. Insgesamt ist der Première Canne nicht so unverhohlen vegetabil wie der Canne Bleue (siehe gegenüber), sondern süßer und fetter. Mit Wasser kristallisiert sich ein Anflug von Zitronensorbet heraus.

Der mittelsüße, saubere Geschmack räsoniert über einer Kalknote und hellgrünen Früchten. Dann erscheinen mehr dieser grasigen Zuckerrohrtöne, und obwohl der Brand all jenen, die an die getunten, kompromisslosen traditionellen Vertreter gewöhnt sind, etwas leicht vorkommt, ist er durch seinen etwas niedrigeren Alkoholgehalt zugänglicher für *Agricole*-Novizen, ohne dass er dabei an Charakter einbüßt. Ein reintöniger, vom Destillat selbst geprägter *Rhum*.

Im Ti Punch kommt seine mineralische Seite noch stärker zum Vorschein. Der kühle, saubere Cocktail lässt die Limetten agieren und setzt sämtliche Karten auf Aprikose, Tomatenlaub und Erdbeere. Halten Sie sich beim Zucker zurück, denn der Cocktail ist sehr süffig – es ist also Vorsicht geboten.

BEWERTUNG		
4	Ti Punch	

DIE RUMS: *RHUM AGRICOLE, DEPARTEMENTS UND HAITI*

KARUKERA RHUM BLANC 50 %

Die älteste Brennerei auf Guadeloupe befindet sich im Herzen der Domaine du Marquisat de Sainte-Marie. Ihre *Rhums* werden aus dem Zuckerrohr gebrannt, das auf dem 28 Hektar großen Gelände des Unternehmens wächst. Für diesen Weißen verwendet man die Sorte *Canne bleue* – »blaues Rohr«.

Das frische Zuckerrohrbouquet wird gestützt von einem festen Rückgrat, einigen Tropennuancen, weicher Zitrusfrucht und einer gewissen Süße, dank der das Aroma einen sanften, sogar leicht komplexen Start hinlegt. Allmählich zeigt sich sein ausladendes Wesen. Der Ton wird schärfer und endet schließlich mit überreifer Frucht. Mit Wasser wird alles pulveriger – wie eine heiße, staubige Straße an einem warmen Tag.

Ganz anders präsentiert sich der Geschmack: Er entscheidet sich für einen mitteltrockenen Weg mit leicht erdigem Fundament sowie Andeutungen an wilden Estragon und Fenchel. Wasser macht vollends klar, dass man einen wirklich festen, gut gemachten *Agricole* mit einer gewissen Finesse vor sich hat.

Im Ti Punch wagt der Karukera vegetabile Töne, die eine acetonartige Intensität mit Rebenblüten und Erbsensprossen im Hintergrund andeuten. Es gelingt ihm, die beiden Seiten des *Agricole* unter einen Hut zu bringen: das frische grüne Zuckerrohr und die fleischigen Früchte. Und ausgewogen ist er auch noch.

BEWERTUNG		
4	Ti Punch	

NEISSON RHUM BLANC 52,5 %

Neisson ist ein Familienbetrieb und der kleinste Erzeuger auf Martinique. Er arbeitet mit Zuckerrohr von einer 34 Hektar großen Plantage zwischen Le Carvet und Saint-Pierre an der trockeneren, heißeren Karibikküste im Nordwesten der Insel. Das 1931 gegründete Unternehmen gehört inzwischen Gregory Vernant-Neisson. Gebrannt wird der weiße *Rhum* in einer kupfernen Savalle Still. Man vergärt ihn länger als die Konkurrenzprodukte der meisten anderen Güter, nämlich 72 bis 96 Stunden, was das Esterniveau nach oben treibt. Als Rohstoff findet die Sorte *Canne bleue* (»blaues Rohr«) Verwendung, die in Thieubert neben der Brennerei und unweit der Küste heranwächst.

Der Brand beeindruckt mit einer riesigen Nase, die sehr intensiv und kräftiger als die der meisten Konkurrenten ist. Ihr reiches, fast öliges, fleischiges Gewicht spannt den Bogen zu superreifen Früchten und Gewächshäusern in botanischen Gärten. Gestützt wird alles mit Granatapfel, etwas Himbeere – sowohl den Früchten als auch dem Laub – und Pfirsichen in Dosen.

Das Duftige setzt sich im Mund fort. Ein Zitruston macht den Anfang, bevor ein grüner, fast moosiger Weg eingeschlagen wird. Ein recht explosiver, komplexer und reicher Geschmack, der ein staubiges Element und eine Meeresnote nicht verhehlen kann.

Als Ti Punch punktet der Neisson mit Schärfe, dann Persimonen und Tomatenlaub. Dabei braucht er etwas mehr Zucker, um das Paket aus vegetabilen Nuancen, einem riesigen Blumenstrauß, Lakritz und einem parfümigen, öligen Zug auszubalancieren.

BEWERTUNG		
4.5	Ti Punch	

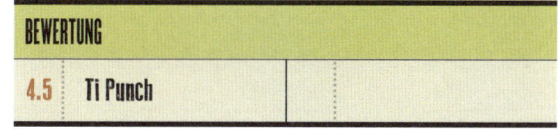

DIE RUMS: *RHUM AGRICOLE*, DEPARTEMENTS UND HAITI

RHUM J.M BLANC 50 %

Die Brennerei J.M steht in der nordwestlichsten Ecke von Martinique an den Hängen des Mount Pelée. Sie ist umgeben von Zuckerrohrfeldern sowie Ananas- und Bananenplantagen. Der *Rhum* wird in Creole Column Stills auf 72 Prozent Alkohol gebrannt und dann für vier Monate auf Klausur in Edelstahltanks geschickt.

Seine würzige, vielschichtige Nase setzt eher auf (reife und grüne) Früchte als auf pflanzliche Noten. Später stoßen Papaya und Banane aus den nahen Hainen hinzu, bevor sich grüner Apfel und frisches Zuckerrohr und schließlich das Erkennungsaroma der Brennerei, weißer Pfeffer, dazwischenschieben.

Auch am Gaumen wird diese leichte Mineralik offenkundig. Hinzu kommt eine füllige Reife sowie – mit Wasser – eine texturierende Öligkeit. Trocken und voll nimmt dieser *Rhum* die Mundhöhle in Beschlag und wartet zum Schluss mit den typischen Pfefferkörnern und frischen roten Beeren auf. Ein kraftvoller *Blanc* mit sehr offensichtlicher Struktur.

Kaum ist er in den Ti Punch eingebunden, hebt er leicht kalkig an. Trotzdem hat der Drink eine gewisse Geschmeidigkeit und zeigt sich im Mittelteil überraschend delikat. Der Schlüssel zum Gelingen ist hier die Limette: Sie animiert die roten Früchte, die Zitrusnoten und den Pfeffer zu einem komplexen, eleganten Dacapo.

BEWERTUNG		
5*	Ti Punch	

RHUM RHUM PMG 56 %

Luca Gargano aus dem Hause Velier und der geniale Obstbrenner Gianni Capovilla haben sich diesen *Blanc* ausgedacht. Er wird in der Bielle Distillery auf Marie-Galante destilliert, aber ganz anders als alle anderen *Rhums* vor Ort. Als Basis nimmt man einheimisches Zuckerrohr, in erster Linie die Sorte mit dem klangvollen Namen B.47.258 alias *Canne rouge*.

Der frische Zuckerrohrsaft wird in temperaturgeregelten Tanks sieben bis neun Tage lang bei 20 bis 22 °C vergoren. Anschließend erfolgt die Zweifachdestillation in Pot Stills mit Bains-Marie anstelle einer einzelnen Kolonne. Vor der Abfüllung sperrt man den Brand noch ein Jahr lang in Edelstahltanks.

Die parfümduftige Nase wagt sich auf Ananasterrain und setzt mit reichen Ölen, getrockneten Birnen und Himbeeren nach. Statt sich auf vegetabile Andeutungen zu beschränken, hat sie jenen exotischen Fruchtzug, der handgeschnittenes Zuckerrohr, grünes Gras und ein pikantes, grapefruitartiges Zitruselement andeutet. Allmählich aber melden mineralische Noten und Küstenaromen Ansprüche an – fast glaubt man grüne Oliven in Salzlake auszumachen.

Der Geschmack ist eine paradoxe Allianz aus konzentrierter Frucht mit knochentrockenem Rückgrat. Um alles ins rechte Lot zu bringen, ist Wasser nötig. Eine leichte Alkoholschärfe spürt man immer.

Der Ti Punch ist ein klarer Gewinn, denn er erhöht die Komplexität und verweist einige der extravaganteren Aromen in ihre Schranken. Mit der Zeit wird er schwerer, komplexer und lässt ein paar getrocknete Rosenblütenblätter durchscheinen. Er muss eiskalt serviert werden.

BEWERTUNG		
5	Ti Punch	

SAVANNA LONTAN
GRAND ARÔME 40 %

Die Savanna Distillery auf La Réunion wurde 1948 gegründet. Ihre Bois-Rouge-Anlage ist seit 1992 in Betrieb. Als Rohmaterial für die erzeugten Rums dienen Zuckerrohrsaft und Melasse, die durch eine Auswahl von Column Stills geschickt werden.

Der weiße Savanna Lontan Grand Arôme entsteht aus Melasse, die für den *grand arôme* genannten Stil sehr lange vergoren wird. Man übersetzt dieses *grand arôme* oft als »hochesterig«, doch wird der Rum nicht so sehr von einem stechenden Ananas-Leim-Charakter geprägt, wie ihn die extremeren jamaikanischen Exponenten an den Tag legen. Vielmehr zeichnet sich die Nase durch ein kraftvolles, tief aromatisches Element aus. Im Vordergrund agieren Früchte: reiche, reife Papaya und Cantaloupe-Melone, dann Banane, Rote Johannisbeeren und Mirabelle. Sobald sich der Duft öffnet, macht sich eine Hintergrundnote aus Melasse bemerkbar.

Auf den ersten Blick glaubt man, es hier mit einem weniger als orthodoxen Rum zu tun zu haben, der in Ti Punch nichts verloren hat, aber aus reiner Neugier habe ich ihn trotzdem probiert. Die Früchte setzen sich klar durch, doch durch die Art und Weise, wie die Limettenöle miteinander agieren, empfiehlt er sich als recht reicher spätnachmittäglicher Drink.

BEWERTUNG		
4.5	Ti Punch	

J. BALLY RHUM AMBRÉ 45 %

Die ürsprünglich Lajus genannte Plantage nahm 1690 den Betrieb auf, wurde aber wie viele andere beim Ausbruch des Mont Pelée 1902 zerstört. Kurz darauf erwarb Jacques Bally das Gut, gab ihm einen neuen Namen und stellte es ganz auf *Rhum*-Produktion um. Heute entstehen alle Brände in der Destillerie St. James.

Der frische, relativ junge *Rhum* – er lag nur zwei Jahre im Holz – entsendet den typischen schweren Bally-Duft: stilistisch fetter und feuchter, aber hier mit einem trockeneren Element, das die verwendete französische Eiche mit einem Hauch Kardamom und trocken gerösteten Gewürzen andeutet. Er hebt an mit leicht oxidierten, fast käsigen Noten, trockener Eiche, einigen Nüssen und den Reminiszenzen an die vegetabilen Aspekte des Destillats, die an Blütenstängel in Wasser, nassen Gips und grünen Pfirsich erinnern.

Der schlankere, direktere und recht scharfe Geschmack mit fester Struktur hat eine erdigere, kräuterwürzigere Qualität als der Blanc (siehe Seite 140), wenngleich das grasige Zuckerrohrelement durchschimmert. Wasser öffnet noch karamellisierteren Noten Tür und Tor.

Als Ti Punch wahrt der Brand seine charakterliche Reinheit: Er bleibt sauber, zeigt ordentliche Tiefe und gewinnt mit Zucker Konturen, bevor staubige Gewürze im Abgang das Regiment übernehmen. Ein junger, lebendiger, aber guter Mix.

BEWERTUNG		
3.5	Ti Punch	

DIE RUMS: *RHUM AGRICOLE*, DEPARTEMENTS UND HAITI

BIELLE RHUM VIEUX (HORS-D'AGE) 42 %

Die Plantage auf der Insel Marie-Galante begann 1769 mit dem Anbau von Kaffee und nahm erst 1826 die Zuckerproduktion auf. Ihre Brennerei ist seit der zweiten Hälfte des 19. Jahrhunderts in Betrieb, als mit dem Beginn der Rübenzuckerproduktion in Europa die kleinen *sucrottes* nicht mehr überlebensfähig waren und eine neue Einnahmequelle hermusste. Heute ist der Betrieb unter dem Namen Bielle bekannt.

Der *Vieux* wird vier Jahre in einem Mix aus Ex-Bourbon- und Ex-Cognac-Fässern einquartiert. Der hell bernsteinfarbene Brand verströmt ein recht delikates, feines Aroma, das sich sehr von denen der Martinique-Rums unterscheidet und feingliedriger ist. Auch das Blumige und das Cognac-Element sind ausgeprägter. Hinzu kommen süße Gewürze, neue Wildlederschuhe, später Zitronenmelisse und Zitronencremetorte.

Der süße, frische Geschmack unterhält mit sauberen floralen Tönen im Verbund mit Vanille und leichtem Tabak als Hinterlassenschaft aus dem Eichenaufenthalt. Er zeigt Energie, aber ebenso feinkörnige Tannine. Ein einnehmender, schöner *Rhum*.

Als Mitwirkender eines Ti Punch kommt seine Zuckerrohrsaftseite zum Vorschein. Er duftet, als käme man gerade in die Brennerei, während das Rohr gepresst wird und sein süßes, schweres (nicht pflanzliches) Aroma freigibt. Beim Zucker war ich zurückhaltend, denn der Rhum hat genug serienmäßig eingebaute Süße und kann gut ohne.

BEWERTUNG		
3.5	Ti Punch	

KARUKERA RHUM VIEUX RÉSERVE SPÉCIALE 42 %

Die auf Guadeloupe ansässige Brennerei Karukera (der ursprüngliche Name der Insel) liegt mit ihrer Verwendung von Ex-Bourbon-Fässern beim Ausbau anstelle der traditionelleren Ex-Cognac-Fässer ganz im aktuellen Trend der *Agricole*-Szene. Bourbon gibt dem *Rhum* nicht nur ein ausgeprägt süßes Vanille- und Kokoselement mit, sondern senkt auch den Tanninspiegel und bringt das Gesamtpaket mehr in Einklang mit dem vertrauteren Aromaprofil.

Diese Abfüllung brachte vier Jahre in Ex-Bourbon-Fässern zu und bietet ein großes, fülliges Bouquet mit frischen Pflaumen, Lakritz und dem ersten Anflug eines ledrigen, rumigen Rancio-Elements, das auf die Mitwirkung älterer Bestände im Blend oder auf ungewöhnlich heiße Lagerbedingungen hindeutet. Whisky- und Cognac-Liebhaber kommen hier auf ihre Kosten. Man macht einige Muskatnuss- und Wurzelnuancen aus, dann treten Birnenkompott und Wachs auf. Der Geschmack steigt gleich voll ein, liefert Stangenpfeffer, in Kardamom geröstete Haselnüsse und süßes Obst ab und endet schließlich in einem Antiquariat.

Als Ti Punch bleibt der Rum etwas schwammig, postuliert eine Karamellthese und wird dann ein bisschen zu limettenlastig, um noch als perfekt ausgewogen durchzugehen. Trinken Sie ihn am besten mit Eis.

BEWERTUNG		
3.5	Ti Punch	

DIE RUMS: *RHUM AGRICOLE,* DEPARTEMENTS UND HAITI

RHUM J.M XO (ABGEFÜLLT 2014) 43 %

Mit seinen rund sechs Jahren Ausbau ist dieser Brand etwa im mittleren Spektrum des Brennereisortiments einzuordnen. Verkostet man ihn blind, kommt einem als Erstes Calvados in den Sinn, denn er lässt eine sehr reine, saubere Apfel- und Birnenkomponente erkennen, zu der sich bald Gewürze, Leinwand und Anis gesellen. Die Früchte werden länger und reifer und bekommen einen Lorbeer- und Geranienton. Auch mit Wasser bleibt der Brand vielschichtig, erinnert an klassisches Kölnisch Wasser für Herren und wird leicht puderig.

Am Gaumen dockt Pfeffer an intensivere Gewürze und etwas Ingwer an. Im Mittelteil scheint der *Rhum* zwar zu reifen, doch gibt es da immer noch die pfeffrige Schärfe und eine gewisse Spannung, als sei das Aromagefüge nicht so ganz ausgearbeitet.

Der Ti Punch besinnt sich auf Bananen, es dominiert aber weiterhin ein trockener Zug. Der strukturierte, recht elegante Cocktail bekennt sich zu süßer Vanille und milden Ölen, wenn sich die Früchte entfalten und der Mix sich schließlich zu etwas Größerem als nur der Summe seiner Einzelteile aufschwingt.

BEWERTUNG		
5* Ti Punch		

SAVANNA CUVÉE SPÉCIALE 5 JAHRE 43 %

La Réunion ist die Heimat dieses *Rhum* aus Melasse, der einen Mittelweg zwischen den Rumkategorien *traditionnelle* und *grand arôme* (aus zweiwöchiger Gärung) von Savanna geht. Ausgebaut wird er in Ex-Cognac-Fässern. Der Nase nach zu schließen handelt es sich dabei um ältere Barriques, denn die Eiche benimmt sich sehr zurückhaltend und ist ausgewogen eingebunden. Im Bouquet kommen Frangipani-Obernoten, gefolgt von Guave und Passionsfrucht, zum Zug, bevor frische Datteln – ein Hinweis auf das Alter des Savanna – durchbrechen. Weitere Aromanischen besetzen Vanille, weiße Schokolade und einige Öle.

Der Geschmack bringt wesentlich mehr Gewürze in Stellung, etwa Kreuzkümmel und grünen Kardamom, dann Bockshornkleesamen mit Ausschlägen Richtung Melasse, die aber von einer Honignote wieder relativiert werden. Das Schlusswort haben erneut Gewürze, die diesmal sogar eine mineralische Seite hervorkehren.

Ein ausgewogener, komplexer, eleganter Melasse-*Rhum*, der einen höheren Bekanntheitsgrad verdient.

Der vielseitige Brand eignet sich für alle Mixgetränke, also auch für einen raffinierten Old-Fashioned oder einen etwas würzigeren, langen Ti Punch.

BEWERTUNG		
5	Ti Punch	

DIE RUMS: *RHUM AGRICOLE*, DEPARTEMENTS UND HAITI

TROIS RIVIÈRES VSOP RÉSERVE SPÉCIALE 40 %

Die Brennerei Trois Rivières steht in Sainte-Luce im Südwesten von Martinique. Ursprünglich war sie eine große Zuckerplantage mit angegliederter Destillerie, doch spezialisierte sie sich ab 1905 auf die Produktion von *Rhum*. Dabei arbeitete sie anfangs noch mit der Ausrüstung der Dizac Distillery in Le Diamant. 1980 wurde eine zweite Column Still installiert. 2004 verlagerte man die Produktionsanlage nach Rivière-Pilote, beließ aber die originale Column Still in Betrieb.

Der VSOP reift durchschnittlich fünf Jahre in französischen Eichenfässern. In der Nase lässt sich beispielhaft nachverfolgen, wie die reife *Agricole*-Note sich aus der vegetabilen Ecke verabschiedet und in Richtung Früchte und Gewürze geht, ohne das für einen Blanc typische feine, trockene Element aufzugeben. Man spürt Anklänge an Kokosnuss und Vanille auf, die in Muskatnuss hineinspielen, und erkennt eine fast schokoladige, roggenartige Intensität, bevor Wasser frischen Aprikosen zu mehr Aufmerksamkeit verhilft.

Der relativ dezente Geschmack lässt Sirupnoten und von der Eiche induzierte Nuancen von der Leine: Vanille, Toast, einen Anflug von Rauch, Zimt und mentholgefärbten Pfeffer. Wer den Four Roses Bourbon mag, wird diese Réserve spéciale lieben.

Der Ti Punch offenbart einen schwungvollen Zitronenschalenzug, der weicher wird und in einen üppigen Geschmack mit gut eingebundenem Holz übergeht.

BEWERTUNG			
4	Ti Punch		

J. BALLY 2000 43 %

Bally ist ein weiteres jener Häuser, die auf langen Ausbau setzen. Am positivsten schlägt sich dieser Ansatz meines Erachtens in den Jahrgangseditionen nieder. Man bekommt einen klassischen Aromamix geboten: staubige Straßen und die drückende, von tropischen Blütendüften geschwängerte Hitze nach einem Regenguss.

Der Hausstil ist sehr ehrlich in seinem direkten, klassischen Ansatz. Da ist Eiche, da sind auch geröstete Kastanien und da ist Konzentration und Alterspatina. Der Geschmack steigt mit Orangen ein, bekommt dann etwas Grip und streift Blüten, die im Staub liegen. Sein ansprechendes, leicht altmodisches, tanninarmes Wesen wird weicher und süßer, als das Bouquet erahnen lässt, und verweilt bei frisch gezimmerten Holzarbeiten, die schließlich Kiefernsaftdüfte absondern.

Im Ti Punch kann der Bally von seinem trockenen Charakter profitieren, denn seine festeren Elemente bilden ein Gegengewicht zum Zucker und tragen den Cocktail letztlich. Sehr *agricole* das Ganze – aber das kann Bally nun einmal am besten.

BEWERTUNG		
4.5	Ti Punch	

DIE RUMS: *RHUM AGRICOLE*, DEPARTEMENTS UND HAITI

BARBANCOURT RÉSERVE SPÉCIALE ★★★★★ 8 JAHRE 43 %

Die legendäre haitianische Brennerei Barbancourt wurde 1862 in Le Chemin des Dalles von Dupré Barbancourt gegründet. Barbancourt stammte aus der französischen Charente und arbeitete bei der Rumerzeugung mit Cognac-Methoden. Nach seinem Tod ging der Betrieb in den Besitz seines Neffen Paul Gardère und später seines Sohnes Jean über, der mit der Brennerei auf das Familiengut umzog und die Produktion ausweitete. Heute beschäftigt das Unternehmen 250 Mitarbeiter und beteiligt sich an zahlreichen gemeinnützigen Initiativen in den Bereichen Bildung, Gesundheit, Sport und Kunst.

Als Basismaterial findet meist Zuckerrohrsaft Verwendung, obwohl bisweilen etwas Zuckerrohrsirup zugeschossen wird. Barbancourt arbeitet nach eigenen Angaben mit der *Charentaise*-Methode, doch der erste Durchgang erfolgt in einer Kupferkolonne, was einen Lauf (*clairin*) mit 70 Prozent liefert. Die zweite Etappe legt der Brand in einer Pot Still zurück, die er als 90-prozentiges Destillat verlässt. Ausgebaut wird in französischer Eiche.

Aus der eleganten Nase lassen sich Gewürze und einige oxidierte Elemente, frische und gebackene fleischige gelbe Früchte und Artischocken herauslesen. Mit Wasser wird alles krautig. Der mittelschwere Geschmack konturiert Mandarinen, Feigen, zerstoßenen Pfeffer und Holz. Da ist echte Eleganz. Der Rum wird am besten solo genossen, ergibt aber auch einen milden Ti Punch.

BEWERTUNG		
4	Ti Punch	

CUVÉE HOMÈRE CLÉMENT, HORS D'AGE 44 %

Rhum-agricole-Pionier Homère Clément erwarb die Domaine de l'Acajou im Südosten von Martinique 1887. Sie heißt inzwischen Habitation Clément, ist jedoch eine Touristenattraktion mit Gärten, Galerie und Plantagenhaus geblieben. Gebrannt wird inzwischen in der nahen Simon-Anlage. Diese Premiumabfüllung ist einem Mix aus Ex-Limousin-Fässern und neu gekohlten Ex-Bourbon-Fässern entstiegen und wurde aus unterschiedlich alten *Rhums* verschnitten, von denen der älteste bereits 15 Jahre Ausbau hinter sich hat – eine ganze Menge in diesem tropischen Klima.

Es kommen einem anfangs viel Orangenschale und Gewürznelken entgegen – fast könnte man meinen, man habe einen tropischen Glenmorangie vor sich. Die duftende, geschmeidige und weiche Nase arbeitet mit gemischten Schalen, Passionsfrucht, Mango und milden Tanninen. Stößt Wasser dazu, zieht sich die Zitrusnote zurück und wirkt voll integriert. Der Geschmack ist ausgefeilt und bei Weitem nicht so parfümiert, wie der Duft erwarten lässt. Wasser bringt Anis zum Vorschein und holt die Zitrusnote – jetzt als rosa Grapefruit und Zitrone – wieder aus der Versenkung. Das ist gleichzeitig tiefernst und lustig.

Wie erwartet verstärkt sich im Ti Punch die Zitrusseite noch, wobei Kumquats dazustoßen und ein zuvor kaschiertes grün-krautiges Element, Limette und staubige Gewürze auftauchen. Ein komplexer, milder und höchst genussreicher Drink. Unverkennbar Clément.

BEWERTUNG		
5	Ti Punch	

NEISSON 2004 SINGLE CASK (ABGEFÜLLT 2015) 45,4 %

Für diese Single-Cask-Abfüllung wurde nur Zuckerrohr vom Godinot-Plateau auf Martinique verwendet. Der Ausbau erfolgte in Ex-Bourbon-Fässern – eine Abkehr von Neissons üblicher Strategie, zu 30 Prozent neue französische Eiche einzusetzen. Die große, reife Nase macht deutlich, was im tropischen Klima unter langer Reifung zu verstehen ist, selbst wenn die Posten regelmäßig zusammengeführt werden. Natürlich spielt auch das Terroir eine Rolle. Die Nordwestküste ist trocken und sonnig, was die Reife zusätzlich beschleunigt.

Mit seiner oxidierten Nussnote könnte es sich fast um Amontillado Sherry handeln, wären da nicht Cherry-Pipe-Tabak, Zedern und Lilien sowie die roten Früchte, denen man im *Blanc* begegnet ist und die nach wie vor festzustellen sind, allerdings inzwischen gekocht wurden. Auf ein leicht mineralisches, maritimes Element folgen Andeutungen an gepuderte Rosenblütenblätter.

Gleichermaßen aromatisch und dicht geht es im Geschmack zu, der jedoch Säureauftrieb, Ausgewogenheit und Komplexität erkennen lässt. Die Gewürze tönen ihn mit einem spröden, süßen und röstigen Element ab, ohne je die öligen Tiefen zu überdecken.

Im Ti Punch bekommt die Eiche einen größeren Stellenwert, was auch den Gewürzen mehr Geltung verschafft und die Komplexität erhöht. Der große, kontemplative, ausgezeichnete Trunk funktioniert ebenso gut als Old-Fashioned (in dem sich übrigens viele in Bourbon-Fässern gereifte *Agricoles* bewähren).

BEWERTUNG		
5	Ti Punch	

RESERVE RUM OF HAITI, DISTILLED IN 2004, BRISTOL CLASSIC RUM 43 %

Dieser in Barbancourt destillierte Brand ist ein Vertreter des »Early-Landed«-Stils, dem man vor allem im Cognac-Universum begegnet. Damit werden Erzeugnisse charakterisiert, die von ihrem Herkunftsort nach Großbritannien gebracht und dort ausgebaut werden.

Im sehr kühl-feuchten Lagerhaus von Bristol Spirits in Wickwar, Gloucestershire, herrschen völlig andere Bedingungen als in der Karibik, was die Reifung des Brands verlangsamt und einen zarteren, feineren Rum mit weniger Eicheneinfluss ergibt.

Die Farbe ist erwartungsgemäß für das Alter relativ hell, die Nase bekennt sich zu Mull, Rosen und eingelegten Limetten. Sie deutet Bananenbonbons, grünes Zuckerrohr und Oliven an, wie es im Barbancourt üblich ist, außerdem eine mild phenolische haitianische Komponente, die Querverweise zum Geschmack zieht.

Dort gesellt sich dieses Element zu Fruchtsirup, mehr Banane und Cashewkernen im Pfeffermantel. Ein entspannter, faszinierender *Rhum*, der sehr stark von dem verhaltenen Early-Landed-Ansatz geprägt ist.

Auch im Ti Punch funktioniert er gut. Die Limetten intensivieren seinen Zitruscharakter, während die Süße Bezug nimmt auf den typisch haitianischen Rumgeruch, den »Funk«, wie er oft genannt wird.

BEWERTUNG		
4 Ti Punch		

RHUM J.M 2003 (ABGEFÜLLT 2014) 44,8 %

Die J.M Distillery wurde 1845 gegründet, als Jean-Marie Martin die Zuckerrohrplantage Fonds Préville im äußersten Nordwesten von Martinique erwarb. Hier entstehen einige der ungewöhnlichsten *Agricoles*, die offensichtlich am meisten Zeit brauchen, sich voll zu entwickeln.

Die brennereitypischen Fruchtnoten, allen voran Ananas, manifestieren sich hier deutlicher als im *Blanc* und bieten den Tanninen deshalb wirkungsvoller Paroli. Nach der Zusatzrunde im Fass ist der *Rhum* obendrein duftiger geworden, wenngleich der Kern aus weißem Pfeffer geblieben ist und auch die Andeutungen an getrocknete Gräser nicht verschwunden sind. Diese Abfüllung ist wie der Neisson (siehe Seite 158) ein schönes Beispiel für einen »Terroir-Rum«.

Der Geschmack ist ein Ausbund an Eleganz und Entwicklung. Man spürt Gewürznelken, leichte Zitrusöle und eine saftige Komponente auf, die den Mittelteil ausfüllt und für Präzision, Kraft und Länge sorgt.

Im Ti Punch geht es geradliniger, aber auch etwas trockener zu. Hier bekommen Eiche und Gewürze wie grüner Kardamom, die pur lediglich angedeutet werden, mehr Raum. Rührt man ein bisschen, wird alles noch harmonischer, finessenreicher und würziger, bevor am Ende ein süßer Kuss wartet.

BEWERTUNG		
4	Ti Punch	

RHUM RHUM LIBERATION 2015 58,4 %

Suchen Sie nicht nach einem Brenndatum. Deklariert ist lediglich der Zeitpunkt, an dem die Rhums aus dem Fass »befreit« werden. »Dieser handwerkliche ... Rum ist das Ergebnis einer Reihe von 2015 getroffenen Entscheidungen und Maßnahmen, die ihn einzigartig machen«, steht auf dem Etikett. Gemeint sein dürfte, dass Gianni Capovilla und Luca Gargano die reifen, in unterschiedlichen Weinfässern ausgebauten Bestände unter die Lupe nehmen und jene herauspicken, die ihrer Ansicht nach das erforderliche Reifeprofil erreicht haben. Sie haben schon richtig gelesen: Weinfässer. Der Rhum Rhum ist in jeder Beziehung anders, angefangen von der langen Gärdauer über die Destillation bis hin zum Ausbau.

Seine große, elegante Nase lässt Bienenwachs, Leder (eine Reminiszenz an reife alte Bestände), Paranüsse und eine leichte Ölnote defilieren. Anschließend werden Maiglöckchen, Zigarrenschachtel, leicht rauchige Eiche und etwas Pfirsich im Schlussteil heraufbeschworen, bevor der Brand auszutrocknen beginnt und die schweren, staubigen, leicht muffigen Gerüche des afrikanischen Buschs aufgreift. Auch im Geschmack ist diese leicht brandige Note neben Tabak, Apfel, Sumach, Granatapfel und einem Schuss Säure auszumachen. Ein großer, wilder Spirit, der von seiner Heimat erzählt.

Als Ti Punch wirkt er ziemlich angekokelt und ächzt unter den schweren Röstnoten aus dem Holz. Die Limette wird im Zaum gehalten, schafft es aber doch, einige Obernoten zum ledrigen, harzigen Charakter beizutragen. Wahrscheinlich lässt man ihn am besten allein.

BEWERTUNG		
N/A	Ti Punch	

DIE RUMS: *RHUM AGRICOLE, DEPARTEMENTS UND HAITI*

RUMS AUS ALLER WELT

Wo Zuckerrohr wächst, findet man auch Rum. Und wo Rum gebrannt wird, findet man auch Variationen über dieses einfache Thema. Dieser Abschnitt ist also buchstäblich ein Allerwelts-kapitel und behandelt Rums, die eigentlich wenig gemeinsam haben. Andererseits unterstreicht es den internationalen Charakter dieser Spirituose und bietet Gelegenheit, sich mit Verschneide-techniken zu befassen: Wie werden ungleiche Stile zu einem kohärenten, komplexen Ganzen komponiert? Wie nutzt man unterschiedliche Ausbaumethoden und Klimabedingungen, um neue Geschmacksnuancen zu kreieren? Inno-vationsgeist und das Streben nach Premium-qualität beschränken sich nicht auf die Karibik, sondern sind rund um den Globus zu finden.

Zum Schluss werden wir daran erinnert, dass Indien die Nase vorn hat, wenn es um Rum geht. Er ist die angestammte Spirituose des Subkon-tinents. Einige der meistverkauften Rummarken werden dort produziert. Willkommen in der Welt.

AMRUT OLD PORT 40 %

Die Amrut Distilleries (*amrut* bedeutet »Nektar der Götter«) wurden von J. N. Radhakrishna 1947 als Amrut Laboratories in Bangalore gegründet. 1948 nahm das Unternehmen den Brennbetrieb auf. Heute ist Amrut international vor allem für die Qualität seiner Single Malt Whiskys bekannt. Sein Old Port allerdings steht derzeit auf Platz acht der weltweit meistverkauften Rums.

Der Innovationsgeist, mit dem die Whiskysparte des Unternehmens reüssierte, ist auch in der Rumabteilung zu spüren. Es lohnt sich, den Two Indies zu probieren, einen Verschnitt von Rums aus Jamaika, Barbados und Guyana mit indischem Brand auf Palmzuckerbasis. Der Old Port wird aus Melasse in Column Stills gebrannt. Seine Nase eröffnet mit reicher Aromatik und mischt Schwarzjohannisbeerkonfitüre mit Orangenmarmelade, Melasse, einem Anflug süßer Nüsse, schwarzer Banane und etwas Gewürzrinde. Im relativ leichten Geschmack setzt sich diese aromatische Linie fort: Man entdeckt türkischen Honig, Chocolate Bitters, Ingwer und Limettenschokolade. Obwohl mittelsüß, hat er Tanningrip.

Kokoswasser wirkt – natürlich – kokosfruchtig und seltsam käsig. Cola fängt gut an, sackt jedoch bald in sich zusammen – ich würde den Mix kurz und hart trinken. Ginger Beer wirkt etwas ölig, hat aber Länge und einen Touch Schokolade, während Clementinensaft frisch, rund und ölig ist. Als Old-Fashioned kommt die Marmelade wieder ins Spiel, zu der noch heiße Fliesen und ein Quäntchen Rumgeruch dazustoßen.

BEWERTUNGEN			
2	Kokoswasser	3.5	Clementinensaft
3.5	Ginger Beer	3	Cola
3	Old-Fashioned		

BANKS 7 GOLDEN AGE BLEND
43 %

Der nach dem Botaniker Sir Joseph Banks benannte Brand wurde 2008 aus der Taufe gehoben. Soweit ich in Erfahrung bringen konnte, war Banks allerdings nicht als Rumtrinker bekannt.

Die vorliegende Abfüllung ist ein Verschnitt aus 23 Einzelrums von acht Destillerien in sieben Ländern, nämlich Trinidad, Jamaika (Pot Still), Guyana, Barbados, Guatemala, Panama und Batavia (Arrack). Die Nase offeriert Frucht, Pot-Still-Aroma und einen nussigen Einstieg, um dann auf Honig, Hibiskus, Muskatblüte und Zimt umzuschwenken. Alles wirkt sehr ausgewogen und setzt auf Synergieeffekte. Der anfangs fette, runde und süße Geschmack hat gutes Pot-Still-Gewicht, bietet eine schöne Früchtekonzentration und tariert seine Süße mit Eiche aus. Ein facettenreicher, geschmeidiger Rum.

Dissonanzen gibt es nur bei Cola, das zu sehr dominiert. Ginger Beer bringt Backobst und zum Schluss frischen Ingwer zur Sprache. Clementinensaft schlägt einen Bogen zum Mittelteil am Gaumen, fügt aber ein langes, cremiges, tropisches Finish hinzu. Kokoswasser bringt die Arrack- und Pot-Still-Komponente nach vorn und verweist auf Nüsse und Eiche. Der Old-Fashioned ist elegant und lässt seine trockenen Töne mit den Bitters zusammenarbeiten, während der Zucker weichzeichnerisch tätig wird. Ein ausladender, komplexer Mix – und sehr zu empfehlen.

BEWERTUNGEN			
4	Kokoswasser	4	Clementinensaft
4	Ginger Beer	3	Cola
5*	Old-Fashioned		

BUNDABERG SMALL BATCH
40 %

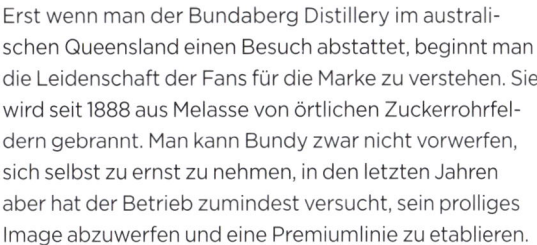

Erst wenn man der Bundaberg Distillery im australischen Queensland einen Besuch abstattet, beginnt man die Leidenschaft der Fans für die Marke zu verstehen. Sie wird seit 1888 aus Melasse von örtlichen Zuckerrohrfeldern gebrannt. Man kann Bundy zwar nicht vorwerfen, sich selbst zu ernst zu nehmen, in den letzten Jahren aber hat der Betrieb zumindest versucht, sein prolliges Image abzuwerfen und eine Premiumlinie zu etablieren.

Die Melasse wird 36 Stunden vergoren und in einer Single Column Still destilliert. Von dort kommt sie in eine Pot Still (mit gusseisernem Kessel), um als »schwerer« Rum zu enden, oder in eine kupferne Rektifizierkolonne, die leichten Brand ausspuckt. Den typischen australischen Rumgeruch aber liefert nur die Pot Still. Der Small Batch ist ein Blend aus beiden Destillaten und wird in Ex-Cognac- und Brandy-Fässern ausgebaut. Der Duft offeriert eine reiche Melasnote, getrocknetes Baumobst, süße Gewürze, Menthol und – mit Wasser – Trockenblumen. Der Potpourricharakter setzt sich am Gaumen fort, doch kommen dort noch dunkle Schokolade, ein rumiger Mittelteil und ein fruchtig-würziger Ausklang dazu.

Cola sorgt für zu viel Durcheinander, Kokoswasser ist melassig, aber zu deftig, Ginger Beer keck und lebendig, Clementinensaft sinnlich und voller Dosenpfirsich. Im Old-Fashioned verlagert sich der Schwerpunkt zu Zitrusölen, sodass ein sauberer, ausgewogener Mix entsteht.

BEWERTUNGEN				
4	Kokoswasser	4.5	Clementinensaft
4.5	Ginger Beer	3	Cola
4	Old-Fashioned		

DIE RUMS: RUMS AUS ALLER WELT

DOS MADERAS PX 5+5 40%

Das Gros der Rumbrenner setzt zwar Ex-Bourbon-Fässer ein, doch gibt es eine kleine, aber wachsende Gruppe, die das Potenzial unterschiedlichster Typen wie etwa Ex-Sherry-Fässer erkundet. Brugal, Foursquare und Zacapa gehören dazu. Die altehrwürdige Jerez-Bodega Williams & Humbert indes geht noch einen Schritt weiter.

Dieser Exponent der Dos-Maderas-Linie ist ein Blend aus Barbados- und Guyana-Rums, die fünf Jahre lang separat ausgebaut werden. Anschließend bringt man sie nach Jerez, wo man sie verschneidet und in Fässer schickt, in denen zuvor Dos Cortados Palo Cortado Sherry lag. Nach drei Jahren wird der Rum noch zwei weitere Jahre in Ex-Don-Guido-PX-Fässern massiert. Sein Bouquet verrät eine PX-Trockenfruchtnote, aber auch Tamarinde, Harz, eine oxidierte Nusskomponente und schließlich Demerara-artige Nuancen. Der Sherry leistet mit Säure, Süße und Struktur seinen Beitrag. Im reichen, schweren Geschmack mit etwas Grip tritt ein konzentriertes Rosinenelement auf. Der pikante und dennoch süße Brand gibt einen guten Dessertrum ab.

Cola verstärkt die PX-Note und stirbt dabei. Ginger Beer zeigt Textur und Drive, bricht schließlich aber ebenfalls zusammen. Das gilt auch für Clementinensaft – Rosinen und Saft können eben nicht miteinander. Kokoswasser hat zwar einen gewissen Schwung, doch ist PX ebenfalls ein Hindernis. Der Old-Fashioned sollte mit Chocolate Bitters gemixt werden. Im Grunde aber trinkt man den Rum am besten solo mit etwas Eis.

BEWERTUNGEN			
3.5	Kokoswasser	2.5	Clementinensaft
2.5	Ginger Beer	2	Cola
N/A	Old-Fashioned		

DOS MADERAS, LUXUS DOBLE CRIANZA 40 %

Für diesen Superpremium-Rum hat Williams & Humbert zehn Jahre alte Demerara- und Barbados-Rums genommen, separat in der Karibik ausgebaut und dann nach Jerez gebracht, um sie dort noch einmal für fünf Jahre in Fässer zu verbannen, in denen vorher schon Don Guido PX, ein aus getrockneten Pedro-Ximénez-Trauben bereiteter Sherry, ausgeharrt hatte. Der Sherry durchläuft sehr langsam ein Solera-System, das ihm seine Kraft und Fülle verleiht.

Der mächtige Duft des Luxusrums wird ganz geprägt von Kirschen, Pfirsichkernen und Marzipan. Diesem Aroma liegt ein leicht öliges Gewicht zugrunde, das Kraft, Ausgewogenheit und starke Eleganz einbringt. Im Mund explodiert der komplexe, schwer duftende und aromatische Rum mit Zitrus, Rosinen, Sternanis und Schlehen, was an die baskische Spezialität Pacharán erinnert. Mit Wildkirschen, Lakritz, Maulbeeren und Sirupnuancen füllt der dicke Geschmack den Mund aus. Er hat jedoch weniger Grip als der 5+5 (siehe gegenüber).

Ein einzigartiger Dessertrum – aber keiner, der gemixt werden will. Dennoch sollte man ihn ausprobieren. Er sei ein Brand »für die Genusssüchtigsten«, behauptet der Hersteller, was durchaus zutrifft. Es mögen sich bitte nur Hedonisten bewerben. Aber anstellen!

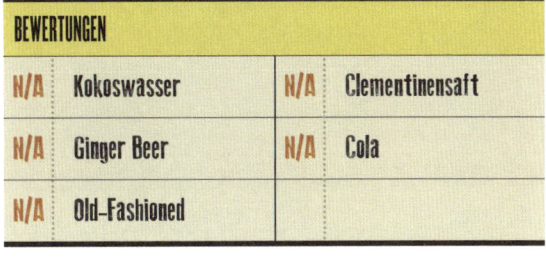

BEWERTUNGEN			
N/A	Kokoswasser	N/A	Clementinensaft
N/A	Ginger Beer	N/A	Cola
N/A	Old-Fashioned		

DIE RUMS: RUMS AUS ALLER WELT

MCDOWELL'S NO 1 CELEBRATION 42,8 %

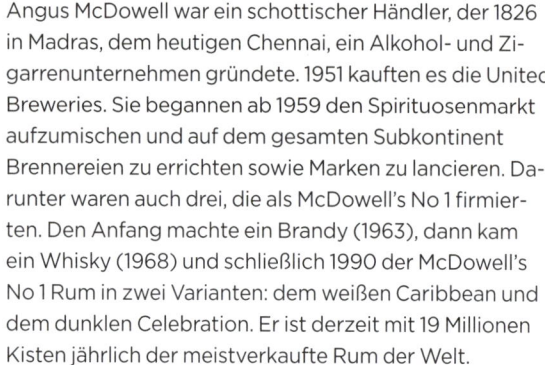

Angus McDowell war ein schottischer Händler, der 1826 in Madras, dem heutigen Chennai, ein Alkohol- und Zigarrenunternehmen gründete. 1951 kauften es die United Breweries. Sie begannen ab 1959 den Spirituosenmarkt aufzumischen und auf dem gesamten Subkontinent Brennereien zu errichten sowie Marken zu lancieren. Darunter waren auch drei, die als McDowell's No 1 firmierten. Den Anfang machte ein Brandy (1963), dann kam ein Whisky (1968) und schließlich 1990 der McDowell's No 1 Rum in zwei Varianten: dem weißen Caribbean und dem dunklen Celebration. Er ist derzeit mit 19 Millionen Kisten jährlich der meistverkaufte Rum der Welt.

Der Celebration setzt in der Nase auf frische Melasse, lässt aber auch leichte Eisen- bzw. Blutnoten von der Leine. Die festen, trockenen Aromen deuten verbrannten Toast, Rosinenhefebrötchen und Trockenpflaumen an. Am Gaumen geht es dick und zuckerig los, bis Cola, Vanille und eine grüne Destillatnote dazustoßen.

Vielleicht liegt es daran, dass der Rum schon nach Cola riecht, aber dieser Filler höhlt ihn aus. Ginger Beer ist etwas besser, jedoch adstringierend. Clementinensaft hat eine überreife Fruchtnote, bleibt aber stumpf und kurz. Kokoswasser lenkt den Rum in eine neue Richtung und funktioniert deshalb. Der Old-Fashioned ist ganz Zichorienkaffee, der mit braunem Zucker gesüßt wurde.

BEWERTUNGEN			
4	Kokoswasser	2.5	Clementinensaft
2.5	Ginger Beer	2	Cola
2.5	Old-Fashioned		

RON MONTERO
GRAN RESERVA 40 %

Der Zuckerrohranbau in Spanien hat eine lange Tradition. Die Mauren brachten ihn im 7. Jahrhundert auf die Halbinsel, und es besteht durchaus die Möglichkeit, dass damals schon frühe Rumprototypen entstanden – faszinierend! Heute hält der Ron Montero im andalusischen Motril die europäische Rumfahne hoch. Die von Don Francisco Montero Martín gegründete Marke kam 1963 erstmals auf den Markt. Inzwischen führen Joaquin Martín Montero, seine Frau Maria und Tochter Andrea das Unternehmen.

Man arbeitet mit Importmelasse und brennt zwei Destillate: eines mit 80 Prozent, eines mit 96 Prozent. Sie werden separat in Soleras aus US-Eiche ausgebaut, dann verschnitten. Der Rum eröffnet rauchig und schwenkt auf süße Gewürze (Kreuzkümmelsamen), Honig, ein frisches grünes Element (Oliven, Zuckerrohrlaub und Heu) und konzentrierte Süße um. Der saubere, delikate Geschmack bringt die natürliche Würznote und Eiche unter einen Hut, bevor Zitronenthymian dazustößt.

Kokoswasser ist fast zu grün und trennt süß und trocken. Mit Cola kommt der Rum in Fahrt und setzt auf süße Fülle. Mit Ginger Beer wird der Mix zu reinem Ingwersaft, in dem der Rum eine Nebenrolle spielt. Clementinensaft empfiehlt sich als fröhlicher Begleiter. Der Old-Fashioned fördert exotische Gewürze zutage. In ihm zeigt der Rum fast kubanische Trockenheit und guten Schlussdrive.

BEWERTUNGEN			
2	Kokoswasser	3.5	Clementinensaft
3	Ginger Beer	3	Cola
4	Old-Fashioned		

OLD MONK 7 JAHRE 40 %

Die indische Marke Old Monk, kurz »OMR« genannt, war jahrelang der meistverkaufte Rum der Welt, was umso bemerkenswerter ist, als ihr das ganz ohne Werbung gelang. Sie gehört dem Unternehmen Mohan Meakin, das (zunächst als Dyer Brewery) in Kasauli im Bundesstaat Himachal Pradesh gegründet worden war, bevor es in den 1920er-Jahren mit den Meakin-Brauereien fusionierte. Es hatte Brauhäuser in ganz Indien. Irgendwann wurde es mit der für die indischen Streitkräfte erzeugten Rummarke Hercules auch auf dem Spirituosenmarkt aktiv. Der OMR kam in den 1960ern auf den Markt. Er wird in Ghaziabad im Bundesstaat Uttar Pradesh erzeugt.

Der kräftige, melasseschwere Duft trägt Sirupplätzchen, Pflaumensaft und Bitterschokolade in sich. Mit Wasser wird das Bouquet staubiger und beginnt Hustenmedizin von gestern zu ähneln. Der Geschmack ist ein Konglomerat aus Gewürznelkenöl, Rosinen, Zucker und reichem Brand. Im militärischen Stil gehalten, thematisiert er Veilchenschokolade und versucht süße und bittere Noten gegeneinander auszuspielen.

Kokoswasser verschwindet unter dem Sirup. Ginger Beer ist ruhiger und kann ganz gut mithalten, Cola ist ein Filler auf Augenhöhe mit dem Rum. Wer seinen Drink also süß mag ... Clementinensaft bringt überreife Früchte und Sirupe ins Geschehen mit ein. Der Old-Fashioned erinnert an Rum and Black, den Mix aus Navy Rum und schwarzem Johannisbeersirup, den Englands alte Seebären einst so mochten.

BEWERTUNGEN			
2.5	Kokoswasser	3.5	Clementinensaft
3	Ginger Beer	3.5	Cola
2.5	Old-Fashioned		

PENNY BLUE XO SINGLE ESTATE BATCH 004 43,3 %

Rum ist vielleicht das Letzte, was man von einem ehrwürdigen, 1698 gegründeten Londoner Weinhändler erwartet. Doch Berry Bros & Rudd hat seine Netze von jeher weiter ausgeworfen als die meisten Konkurrenten. Ihm gehörte der Whisky Cutty Sark, es erzeugt den Gin No 3 und es ist ein renommierter unabhängiger Abfüller von Single Malt Scotch. Die treibenden Kräfte hinter dem Rum sind »Firmennase« Doug McIvor und Jean-François Koenig, Brennmeister der Medine Distillery auf Mauritius.

Der Penny Blue ist ein Blend aus drei Destillaten. Man vergärt sie 48 Stunden lang in zwei Phasen und brennt sie in einer Continuous Still auf 95 Prozent. Der Ausbau erfolgt in Ex-Cognac-, Ex-Bourbon- und Ex-Scotch-Fässern. Anschließend verschneidet man sie oder verkauft sie als Single Casks. Die Nase schnürt ein Duftpaket aus leicht oxidiertem Oolong-Tee, roten Beeren, Blüten und Zitrusschalen, um danach Quitten und Zitronengras das Aromafeld zu überlassen. Der milde, direkte Geschmack legt weißen Pfeffer und einen Hauch Zuckerrohr, gekochte Süßigkeiten, Minze und Gewürze dar.

Cola wirkt etwas stumpf. Ginger Beer hat Energie, aber nicht genug Kraft. Kokoswasser ist ausgefeilt, subtil und lang, während Clementinensaft die fruchtige Seite des Rums hervorkehrt. Der ruhige, milde Old-Fashioned ist fast nur Malzzucker mit Gewürznelken.

BEWERTUNGEN			
4.5	Kokoswasser	5	Clementinensaft
3.5	Ginger Beer	3	Cola
4.5	Old-Fashioned		

NAVY UND DUNKLER RUM

Wenn es etwas gibt, das Rumbrenner garantiert auf die Palme bringt, dann ist es die Titulierung ihrer ausgebauten Brände als »dunkel«. Der Begriff hat einen negativen Beiklang und verweist zurück auf die schlechte alte Zeit, als die einzige Alternative zu weißem Rum ein nach dem Vorbild von Rums aus dem 19. Jahrhundert konfigurierter Brand war, den die britische Navy konsumierte. »Wir haben uns doch weiterentwickelt«, protestieren sie, wenn sie das Wort hören. »Das sind bloß gefärbte Rums, die auf alt machen. Sie haben nichts mit dem zu tun, was wir produzieren.« Ja, stimmt schon. Aber das heißt nicht, dass wir diesen Rumstil als minderwertig ansehen müssen.

Er ist dunkler, eher rötlich als tatsächlich »dunkel«. Melasse und Karamell sind präsenter, dunkle Früchte sogar allgegenwärtig. Oft haben diese Rums eine bittersüße Note. Ihr Basisbrand ist jung. Es lohnt sich in jedem Fall, ihnen Aufmerksamkeit zu schenken, denn die besten Vertreter sind ausgewogen, haben Charakter und lassen sich vielseitig verwenden.

Sicher, sie sind auch seltsam. Kein Filler hatte die Nase vorn. Auf jeden Rum, der mit Ginger Beer aufblühte, gab es einen, der gar nicht damit zurechtkam. Und die Moral? Scheren Sie nicht alle über einen Kamm, geben Sie jedem eine Chance.

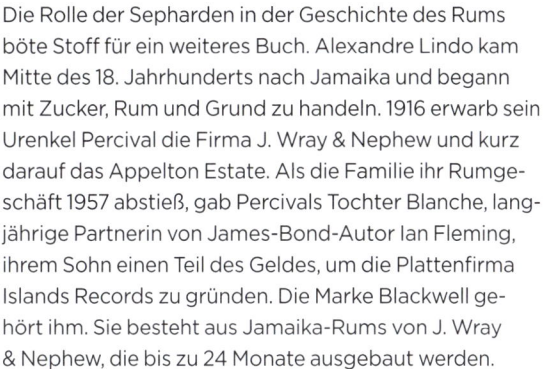

BLACKWELL BLACK GOLD 40 %

Die Rolle der Sepharden in der Geschichte des Rums böte Stoff für ein weiteres Buch. Alexandre Lindo kam Mitte des 18. Jahrhunderts nach Jamaika und begann mit Zucker, Rum und Grund zu handeln. 1916 erwarb sein Urenkel Percival die Firma J. Wray & Nephew und kurz darauf das Appelton Estate. Als die Familie ihr Rumgeschäft 1957 abstieß, gab Percivals Tochter Blanche, langjährige Partnerin von James-Bond-Autor Ian Fleming, ihrem Sohn einen Teil des Geldes, um die Plattenfirma Islands Records zu gründen. Die Marke Blackwell gehört ihm. Sie besteht aus Jamaika-Rums von J. Wray & Nephew, die bis zu 24 Monate ausgebaut werden.

Die sirupige Nase holt im Aromaverlauf Erdbeeren, Schokolade und einige Walnüsse dazu. Sie zeigt jamaikanische Tiefe, die sie mit schwarzen Bananen und Rosinen untermauert. Der dicke Geschmack hofiert mit Kaffeesatznoten und einer fast erdigen Tiefe. Zerdrückte dunkle Früchte süßen das Ganze. Erkennbar ist ein guter Grip, der verrät, dass die Eiche mitzureden hat.

Der reiche, etwas großspurige Rum wacht beim Mixen auf. Kokoswasser ist der Star und ergibt einen hedonistischen Drink von süßer, samtiger Tiefe. Ginger Beer hat mehr Power und ist genauso lang, während Cola von der Melasse profitiert und sich mit dem Rum zu einem süßen, fruchtigen, tiefen Duo formiert. Clementinensaft reicht nicht ganz heran, zeigt jedoch Muskeln. Der Blackwell braucht einfache Kombinationen. Und der Old-Fashioned? Zu stark gekochte Zwetschgenmarmelade.

BEWERTUNGEN			
5*	Kokoswasser	4	Clementinensaft
5	Ginger Beer	5	Cola
3	Old-Fashioned		

GOSLING'S BLACK SEAL BERMUDA BLACK RUM 40 %

Die Brüder James und Ambrose Gosling eröffneten 1824 einen Laden in Hamilton auf Bermuda. 34 Jahre später begannen sie Rumverschnitte in gebrauchte Champagnerflaschen abzufüllen. Heute ist der Rum des Hauses zu 97 Prozent Column Still Rum und zu drei Prozent Pot Still Rum mit einem Mindestausbau von drei Jahren. Als die Admiralität eine Ginger-Beer-Abfüllanlage auf Bermuda eröffnete, begannen die Matrosen den Rum der Brüder mit der Ingwerlimonade zu mixen. Inzwischen ließ sich Gosling den Cocktailnamen Dark and Stormy schützen.

Mit Röstnoten, Nussnuancen, Limettenschalen und Mentholbalsam lädt der Black Seal in seine Aromawelt. Sein süßer Geschmack mit Konfekt lässt rote und schwarze Früchte, Kirschkuchen und Melasse Revue passieren. Wasser entlockt ihm Halsbonbons und kandierte Früchte.

Doch es gibt auch noch ein Leben nach der Standardeinstellung. Mit Clementinensaft mag der Rum etwas eingekocht und säurearm wirken, doch Cola beschert ihm eine bittersüße Tiefe, die ihm Charakter gibt. Mit Kokoswasser dient die Melasse als Anker, wobei die salzigen Noten neue Dimensionen erschließen. In seinem Element aber ist er zweifellos im Dark and Stormy. Dort hat er Pep und Tiefe, Lakritz, sirupige Länge und einen langen Nachhall. Weniger gelungen der fette, bittersüße Old-Fashioned, selbst wenn ihm Orangennoten Leben einhauchen.

BEWERTUNGEN			
4	Kokoswasser	3.5	Clementinensaft
5	Ginger Beer	4	Cola
3	Old-Fashioned		

LAMB'S NAVY RUM 40 %

Im 19. Jahrhundert waren die Londoner Docklands voller Rumhändler mit eigenen Hausabfüllungen. Die meisten orientierten sich am Rumstil, der von der Navy populär gemacht wurde. Die Marine wandte sich ab der Jahrhundertmitte eher dem Demerara-Stil zu. Ein typischer Vertreter ist Alfred Lambs Blend. Er gab sein Debüt 1849 als Koalition von Rums aus Britisch-Guayana, Barbados, Trinidad und Jamaika. Heute besteht er zu 100 Prozent aus Guyana-Rums, genauer gesagt, einem zweijährigen Verschnitt von Bränden aus einer mehrsäuligen Savalle-Brennblase und einer hölzernen Port Mourant Pot Still.

Die Nase ist eine Fusion aus schwerem Zuckerrübensirup, schwarzen Bananen, gerösteten Mandeln und Kakao. Trotz seiner dunklen Farbe ist der Rum eher leicht. Mit Wasser bekommt er eine verbrannte, phenolische Komponente. Am Gaumen entdeckt man Rhabarber, englischen Weihnachtskuchen und Porter-Bier. Wasser frischt den Geschmack auf und lässt Lakritz und leichte Tannine erkennen. Ein ordentlicher Vertreter seines Stils.

Weil er ein Rum in britischem Stil ist, sollte man sich nicht wundern, dass Kokoswasser wenig bringt. Clementinensaft macht alles fruchtig, doch der Geschmack ist trocken und bitter. Cola sorgt für Viskosität und schießt Früchte und Leder zu, damit ein ordentlicher, wenn auch geradliniger Drink daraus wird. Ginger Beer bekommt eine geheimnisvolle Aura, ist aber lang; das Bittere harmoniert mit den Gewürzen. Über den Old-Fashioned legt man am besten den Schleier des Vergessens.

BEWERTUNGEN			
2.5	Kokoswasser	3	Clementinensaft
4	Ginger Beer	3.5	Cola
2	Old-Fashioned		

MYERS'S ORIGINAL DARK 40 %

Da Isaac Myers aus Portsea die britische Navy mit Waren belieferte, lag es nahe, dass seine Söhne Michael S. und Fred L., als sie zu Beginn des 19. Jahrhunderts nach Jamaika gingen, mit Rum zu handeln begannen. So ergab sich eine weitere Verbindung zwischen der Spirituose und der jüdischen Gemeinschaft. Fred L. Myers brachte 1879 seine eigene Marke heraus. Sein Portfolio wurde in den 1950er-Jahren vom kanadischen Multi Seagram aufgekauft. Es gehört inzwischen zu Diageo.

Seine jamaikanischen Wurzeln kann der Rum nicht verleugnen. Myers's holt neun bis zu vier Jahre alte, aus Melasse gebrannte Pot und Column Still Rums mit ins Boot. Er ist als Basis für den Planter's Punch bekannt geworden, der in den 1920ern auftauchte. Der dichte, leicht bittere Rum mit fast brandigem Aroma – sprich: gegrillten Paprikas und Melasse – wechselt zu nassem Bast, Sämischleder und einem leichten jamaikanischen Rumgeruch, der schließlich das Regiment übernimmt. Myers's dürfte für viele der rumigste Rum sein, den sie je getrunken haben. Am Gaumen mischt er Melasse mit Gras, etwas Säure und einem Klecks konzentrierter Frucht. Das Ende naht trocken und mit Pot-Still-Obertönen.

Ginger Beer erweist sich mit ihm als merkwürdig bitter, ansonsten schlagen sich alle anderen Filler ordentlich: Mit Kokoswasser wird's leicht rumig und mit Clementinensaft marmeladig. Cola entscheidet sich für Kaffeenoten und eine gewisse Dichte. Für einen Old-Fashioned aber braucht es etwas Komplexeres.

BEWERTUNGEN			
3	Kokoswasser	3	Clementinensaft
3.5	Ginger Beer	3.5	Cola
2.5	Old-Fashioned		

O.V.D. OLD VATTED DEMERARA
40 %

George Morton Ltd. war eine Firma in Dundee. Später zog sie nach Montrose um. Wie viele Händler der viktorianischen Epoche begann auch George Morton mit dem Verschneiden von Rum zu experimentieren. Sein Unternehmen wurde zwar für seine Scotch Whiskys bekannt, doch die ersten Gehversuche machte Morton mit Rum. Sein OVD entstand 1838 – 13 Jahre bevor die erste Blended-Scotch-Marke auf den Markt kam. Die Buchstaben stehen für Old Vatted Demerara (das Unternehmen hatte auch einen jamaikanischen Blend namens OVJ).

Er eröffnet mit einer typischen Lakritz- bzw. Melassenote, die von Anfang an auch Eiche etwas Raum lässt. Das aromatische Fußvolk bilden Zichorienkaffee, alter Wald, umgegrabenes Erdreich, dann Minzeschokolade und Kakao-Nibs. Der Rum gehört nicht zu den schweren Vertretern seiner Art, bietet aber auf halbem Weg eine solide, beruhigende Dosis Melasse. Das Finale deutet eine Kandiszuckernote und etwas rote Früchte an.

Hier funktioniert Cola einmal nicht – es macht den Mix zu süß und unausgewogen. Mit Kokoswasser wird es herbstlich, bleibt aber sauber und ausgewogen. Mit Clementinensaft kommen die Früchte, doch fällt der Mittelteil etwas fest aus. Ginger Beer ist ganz Ingwerfrische mit Gewicht im Mittelteil und wäre mein Favorit. Mit dem Old-Fashioned landet man im indischen Curryhaus um die Ecke, doch fehlt es ihm an Gewicht und Komplexität.

BEWERTUNGEN			
3.5	Kokoswasser	3.5	Clementinensaft
4	Ginger Beer	2.5	Cola
3	Old-Fashioned		

PUSSER'S GUNPOWDER PROOF RUM 54,5 %

Als 1970 in der britischen Navy die letzte Rumration verteilt war, bedeutete dies das Aus für einen ungewöhnlichen Rumstil. Doch niemand hatte mit der Beharrlichkeit von Charles Tobias gerechnet. Neun Jahre dauerte es, bis er die britische Admiralität überzeugt hatte, ihm die Rechte für die Herstellung von Naval Rum und das Rezept zu überlassen. Der Blend enthält große Anteile Pot Still Rums aus Guyana und Trinidad. Er wird bis zu drei Jahre ausgebaut und hat dieselbe Stärke wie der auf Schiffen ausgegebene Brand. Seine Johannisbeerfrucht mit Schlehen und Schokoladenganache wird von Muskatnuss, Sahne und Karamellsirup abgerundet. In Verdünnung macht sich das Pot-Still-Gewicht noch stärker bemerkbar und schafft einen explosiven Geschmack voller Fruchtpastillen und Demerara-Milde. Trotz der Süße ist noch genug Power vorhanden. Mit Wasser verschmelzen die schwereren Elemente in der Mitte, sodass sich zitrusfruchtige und tropische Noten freikämpfen können.

Schwerere Rums haben mit Kokoswasser oft ihre Probleme. Hier ist zwar eine gewisse Vielschichtigkeit zu erkennen, doch hintertreiben die Tannine das Bemühn. Mit Clementinensaft tauchen Aprikose und eine Bitternote auf. Ginger Beer lässt den Mix überschäumen und Cola macht ihn mit seinen ausgeprägt erdigen Noten zu einem feinen Drink. Der Old-Fashioned rangiert, durch Schokolade und Kohle belastet, abgeschlagen.

BEWERTUNGEN			
2.5	Kokoswasser	3	Clementinensaft
4	Ginger Beer	4.5	Cola
2.5	Old-Fashioned		

CACHAÇA (UND EIN SONDERFALL)

Ich wollte, es wäre Platz, mehr Cachaças in diesem Buch unterzubringen. Ich wollte, es gäbe mehr Cachaças außerhalb Brasiliens. Es ist eine Ironie des Schicksals, dass einer der meistkonsumierten Brände der Welt nach wie vor als Spezialität gilt. Bis vor Kurzem hatte dieses Schicksal für Cachaça außerdem vorgesehen, dass die an den Export-märkten am leichtesten erhältlichen Marken eben-jene industriell hergestellten Abfüllungen waren, deren Qualität nicht unbedingt geeignet war, den Cachaça dem interessierten Spirituosenkenner schmackhaft zu machen.

Das ändert sich allmählich. Die großen inter-nationalen Getränkekonzerne kaufen Cachaça-Marken, und auch einige handwerkliche Vertreter erscheinen gerade. Das ist sicher nicht schlecht, denn ein guter Cachaça ist ein faszinierender, komplexer Brand, den man solo oder in Cocktails genießen kann. Die hier beschriebenen Marken sollen daher nur als Anregung dienen und Ihnen etwas ans Herz legen, was sich zur Leidenschaft ausweiten kann. Dabei bin ich dem Grundsatz treu geblieben, dass weißer Cachaça in einem Caipi-rinha serviert wird, während ausgebaute Vertreter am besten pur genossen werden.

Dieses Kapitel erschien mir auch der geeignete Ort, um den Batavia-Arrack van Oosten zu erwäh-nen, jenen lange verschwundenen Rückkehrer aus Zuckerrohr, der Bartender gerade austicken lässt.

ABELHA SILVER 39 %

Der Bio-Cachaça der Responsible Trading Company wird aus Zuckerrohr von den Sandböden des Diamantina National Park in Bahia gebrannt. Bei der Vergärung kommt Hefe zum Einsatz, die aus dem farmeigenen Zuckerrohr gewonnen wird. Nach der Destillation in kleinen kupfernen Pot Stills mit einem Fassungsvermögen von 400 Litern muss der Cachaça während sechs Monaten in offenen Edelstahltanks ruhen, wo sich seine aggressiven Bestandteile verflüchtigen können. Dann wird er mit Wasser aus einem hauseigenen Brunnen auf Abfüllstärke verdünnt.

In der Nase melden sich aus dem Off frische Zuckerrohrklänge, die einen *Agricole* andeuten, aber mehr grüne Feigen sowie Litschis und einige Liliennuancen geltend machen. Verdünnt man mit Wasser, finden sich Brioche- und Gebäcknoten ein. Frucht dominiert; alles ist durchwirkt von einer sauberen Limettensäure.

Im weichen, ausgewogenen Geschmack wird der Mittelteil von einer fleischigen Textur geprägt, die jedoch zum Ausklang hin leicht austrocknet. In der hinteren Nase kommt der saftige Kern wieder zum Vorschein. Wasser dämpft die Blütentöne und verstärkt die Frucht.

Im Caipirinha zeigt sich der Brand mit ordentlich Power. Ich persönlich mag ihn, weil er dem Ganzen Charakter gibt. Er hat Gewicht, Länge, Ausgewogenheit und Persistenz. Mein Prädikat: empfehlenswert.

BEWERTUNG		
5	Caipirinha	

LEBLON 40 %

Es spricht Bände, dass internationale Getränkegiganten derzeit auf Cachaça setzen. Zweifellos sind die Großen der Branche überzeugt, dass der Brasilianer das Zeug zum hochprozentigen Weltbürger hat. Der (bei Redaktionsschluss) jüngste Coup in der Branche ist die Übernahme von Leblon durch Bacardí. Die Marke wurde 2005 von Steve Luttman, dem ehemaligen Senior Vice President der Marketingabteilung von LVMH, und seinem brasilianischen Schwiegervater gegründet. Ihr Ziel? Sie wollten beweisen, dass Cachaça nicht nur industriell gefertigtes Feuerwasser ist. Luttman engagierte die Cognac-Größe Gilles Merlet als Brennmeister und machte sich umgehend an die Arbeit.

Der Leblon ist ein handwerklicher Guts-Cachaça aus handgeschnittenem Zuckerrohr von den firmeneigenen Feldern in Patos de Minas, das zum brasilianischen Bundesstaat Minas Gerais gehört. Er wird in Pot Stills gebrannt und sechs Monate lang in Ex-Cognac-Fässern auf das Leben draußen vorbereitet.

Die ruhige, fast beschauliche Nase ist charakterisiert durch gute Zuckerrohrnuancen, etwas Tropenflair und ein erdnussiges Hintergrundrauschen (vermutlich vom Eichenholz). Dann geht das Aroma nahtlos über in Birne mit einem Mix aus Säure und Weichheit. Der leichte, pur überraschend trockene Geschmack wird weicher, wenn Wasser dazustößt.

Im Caipirinha bekommt der Leblon säurefrischen Auftrieb, bewahrt sich jedoch seine Zartheit, während die vegetabileren Noten allmählich ins Geschehen eingreifen. Der Zucker füllt den Mittelteil aus. Ein leicht saftiges, frisches Adieu schließt die Vorstellung ab.

BEWERTUNG		
4.5	Caipirinha	

SAGATIBA PURA 38 %

Was Sagatiba für das Image von Cachaça getan hat, ist durchaus mit dem zu vergleichen, was Patrón bei Neueinsteigern in der Spirituosenszene für Tequila oder der Bombay Sapphire für Gin erreicht hat: Er öffnete das Tor zur Welt des Cachaça.

Die inzwischen zum Campari-Universum gehörige Marke war eine Kreation von Marcos de Moraes. Die Zeit schien ihm reif für einen neuen Cachaça, der leichter, hochwertig und weniger »anstrengend« war als die großen industriellen Marken, aber mehr Volumen hatte als die handwerklichen Erzeugnisse.

Der Spross einer Column Still wird in einer zweiten Column mit mehreren Rückflussplatten noch einmal destilliert, was einige Geschmacksstoffe entfernt. Er verlässt die Anlage mit Abfüllstärke und braucht daher nicht mit Wasser verdünnt zu werden. Gezuckert wird nicht.

In der frischen, grünen Nase kommen Erinnerungen an Sauerteig hoch. Trotz der 38 Prozent spürt man einen sauberen Wirkungstreffer mit Andeutungen an Geranienblätter und einem Hauch von Zuckerrohrsaft. Der Geschmack ist mild wie eine weiche, reife Birne, die mit flotter Säure und einer pfeffrigen Nuance Schwung bekommt. Ein leichter, sauberer, ausgewogener Cachaça.

Den Caipirinha beseelt er mit einer pikant-frischen Note und einer seltenen Mineralität. Ein leichter Cocktail, sicher, aber ein erfrischender.

BEWERTUNG		
4	Caipirinha	

ABELHA ORGANIC 3 JAHRE
38 %

Dieses ausgebaute Exemplar von den Bio-Zuckerrohr-feldern von Bahia harrt drei Jahre lang in 250-Liter-Fässern aus Garapa *(Apuleia leiocarpa)* aus. Diese Holzart ist in Bahia ziemlich verbreitet und wird bevorzugt im Bauwesen eingesetzt. Angeblich gibt sie dem Brand eine Honignote mit.

Das sehr saubere Bouquet gefällt mit guter Intensität, doch drängen tiefere, superreife Früchte auf die Aromabühne und liefern eine zuckrige Darbietung. Hinzu kommen leichte Tomateneinsprengsel, eine Mitgift des Zuckerrohrs. Der leichte bis mittelschwere Geschmack erzählt von frischer grüner Säure und scharfen, in Butter angebratenen Gewürzen. Ihm gelingt der Spagat zwischen kraftvoll und entspannt, wobei er alle Energie auf den Mittelteil konzentriert.

Wasser fördert ein nussiges und – natürlich – honigartiges Element mit Andeutungen an die wachsartige Hefebereifung auf Fruchtschalen zutage. Ein komplexer, sehr guter Vertreter seiner Zunft.

MAGNÍFICA, LAS IGUANAS
37 %

Der ausgebaute Cachaça wird für die britische Restaurantkette Las Iguanas gebrannt. Sein Urheber ist João Luiz Coutinho de Faria, der Herstellungsort eine Brennerei auf seiner Farm Fazenda do Anil an der Grenze zwischen Vassouras und Miguel Pereira, nicht allzu weit entfernt von Rio de Janeiro. Das Zuckerrohr aus Eigenanbau wird von Hand geerntet und in einer von lediglich zwei Dreikammern-Pot-Stills in Brasilien, *alegría* genannt, destilliert.

Die Anlagen arbeiten ähnlich wie Pot-und-Retorten-Systeme mit drei verbundenen Brennblasen in unterschiedlicher Höhe. Alle werden mit »Wein« gefüllt. Die unterste Brennblase wird erhitzt, sodass die Alkoholdämpfe in die mittlere Still steigen, wo eine neuerliche Destillation erfolgt. Der nun alkoholstärkere Dampf gelangt schließlich in die oberste Brennblase. Von dort wird er über ein Rohr in eine Kühlschlange gepumpt, die ihn in das eigentliche Kondensiersystem leitet. Die Abwärme, die dort aus dem Dampf entsteht, wärmt den »Wein« in der obersten Brennblase.

Seine hellgrüne Farbe ist stärker ausbaugeprägt als bei manch anderen Cachaças, die ihre Holzweihen im Fass erhalten. Sein frischer, aromatischer, komplexer Duft erinnert an feuchte Mackintosh-Regenmäntel, Traubenkerne, etwas Moos und den schwülfeuchten Geruch eines Orchideenhauses. Am Gaumen geht es zunächst mit großer wächserner Kakaobutter und einem sanften Verlauf mit leicht rumiger Tiefe los. Mit der Zeit – und mit Wasser – werden Minze und frischer Oregano zum Leben erweckt, allerdings wirkt der Brand pur entspannter. Ein Cachaça muss hart sein? Vergessen Sie's.

YPIÓCA OURO 39 %

Der Ypióca ist das krasse Gegenteil eines handwerklich bereiteten Cachaça, denn er wird vom größten brasilianischen Erzeuger in Cereá hergestellt. Das Unternehmen ist seit 2012 Teil des internationalen Konzerns Diageo. Seinen Feinschliff erhält der Ypióca durch einen zwei- bis dreijährigen Aufenthalt in Fässern aus Freijo (*Cordia alliodora*). Das ist, falls es jemanden interessiert, das Holz, das oft beim Gitarrenbau verwendet wird.

Der Ypióca hat einen leicht grünlichen Schimmer und eine sehr weiche Nase, die an Saft aus Ananasdosen mit einer saftigen grünen Komponente und Lambic-Bier erinnert. Später stößt eine leicht blumige (bzw. blumenstängelige) Begleitung dazu, dann lässt der Brand noch eine kalkige Bemerkung einfließen. Wasser entlockt ihm einen brotigen Ton mit einer Untermalung aus Nesseln und Kreuzkümmel.

Trockene Gewürze, etwas Schokolade, eine gewisse Schärfe und ein leichter Grip zum Schluss sind die Charakteristiken des leichten Geschmacks. In ihm bekommt die Schokolade allmählich Oberwasser, bis der Zuckerrohrsaft, unterstützt von ein paar braunen Champignons, die Verhältnisse wieder geraderückt. Ein ziemlich harter Typ. Eis dazugeben.

BATAVIA-ARRACK VAN OOSTEN 50 %

Bartender, die gern den authentischen Geschmack von Punsch aus dem 18. und 19. Jahrhundert erzielen wollen, stehen vor einem Dilemma: Viele Rezepte sehen Arrack vor. Leider war es bis vor Kurzem unmöglich, diese alte Spirituose zu bekommen – sie hatte praktisch aufgehört zu existieren. Dann traten von einer Seite der Importeur Eric Seed von Haus Alpenz und die graue Eminenz der Cocktailwelt, David Wondrich, auf den Plan. Aus einer anderen Richtung kam der Großhändler E&A Scheer aus Amsterdam, der schon seit 1818 im Arrack-Handel mitgemischt hatte und einen Vorrat zum Aromatisieren und für Schwedenpunsch führte. Das Ergebnis ihrer Bemühungen war dieser auf Java erzeugte Arrack. Als Rohmaterial dient Melasse. Vergoren wird er mit einem »Starter« aus rotem Reisbrei, destilliert in Pot Stills chinesischer Machart und ausgebaut in Teakfässern.

In der fast trockenen Nase zeichnet sich eine merkwürdige rumig-muffige Fleischnote ab, die als Beilage gekochtes Gemüse, Tofu, Borlotti-Bohnen aus der Dose und nasse Seide bekommt. Sie überlassen später orthodoxeren Schokolade- und Thymiannoten das Feld, bis Melasse den Abschluss bildet.

Am Gaumen legt ein dicker Geschmack mit hefigem, *flor*-artigem Ton, der an *Vin jaune* erinnert, die Marschroute fest. Das Rumige – der »Funk« – erscheint im leicht süßen Mittelteil, in dem Genmaicha (japanischer grüner Tee mit braunem Reis), schwarze Oliven und eine kratzige, würzige Energie, die im Nachhall für etwas Schärfe sorgt, ihre Kräfte bündeln. Das Mundgefühl ist hier ebenso wichtig wie das Aroma.

Dieser Arrack gehört in den Spirituosenschrank jedes ernsthaften Rumliebhabers.

COCKTAILS

Gibt es außer dem Rum noch eine Spirituose, die sich so bereitwillig in die Welt der Mixgetränke wirft? Rumpunsche entstanden schon im 17. Jahrhundert. Im darauf folgenden Jahrhundert tranken britische Seeleute bereits Daiquiri-Vorläufer. Ab den 1920er-Jahren füllte Rum die Shaker und Blender der innovativen kubanischen *cantineros* und bescherte Amerika im Ersten Zeitalter des Tiki einen zuckersüßen Glücksschub.

In diesem Kapitel sind alte und neue Rezepte versammelt. Sie stammen von längst verblichenen klassischen Bartendern ebenso wie von einigen der Spitzenmixologen unserer Zeit. Und alle lassen sie sich zu Hause zubereiten, solange man die folgenden uralten Regeln beachtet:

- Lassen Sie sich nicht dazu verleiten, auf Hauspartys eine Auswahl mehrerer Drinks zu mixen. Beschränken Sie sich stattdessen auf einen Punsch.
- Halten Sie's einfach.
- Sie müssen Ihren Rum kennen und ihn zu Wort kommen lassen. Hier geht es um Rumdrinks, nicht um Fruchtdrinks.
- Bekommen Sie ein Gefühl für Ausgewogenheit. Die nachfolgenden Rezepte müssen je nach Rum, Eis und Fillern eventuell noch geringfügig justiert werden.

Vor allem aber: Haben Sie Spaß!

REZEPTE

Beim Mixen von Punsch geht es nicht darum, wahllos Alkoholisches zusammenzuschütten und zu sehen, was passiert. Punsche sind Gesellschaftsdrinks, die man mit anderen genießt und die verdünnt werden, damit sie ausgewogen schmecken und nicht zu schnell betrunken machen. Der verwendete Rum braucht Gewicht, weshalb man Arrack, Pot Still Rum oder *Agricole* zum Einsatz bringt.

O'DOHERTY'S ARRACK PUNCH

Für 3 Becher

60 ml Demerara-Zucker

60 ml kochendes Wasser

60 ml Limettensaft

180 ml Batavia-Arrack van Oosten

120 ml Smith & Cross Traditional Jamaica Rum

360 ml kaltes Wasser

Eiswürfel

geriebene Muskatnuss

In einer Schüssel den Zucker in kochendem Wasser auflösen. Limettensaft dazugeben und umrühren. Arrack, Rum und kaltes Wasser dazugeben. In den Kühlschrank stellen. In einer Punschschale mit Eiswürfeln servieren. Vor dem Servieren auf jeden Becher Muskatnuss streuen.

Aus David Wondrichs Buch *Punch* nach einem 1824 erschienenen Rezept

RUMPUNSCHE

Come all you bold heroes, give an ear to my song
And I'll sing in the praise of good brandy and rum
There's a clear crystal fountain near England shall roll
Give me the punch ladle, I'll fathom the bowl.
Traditionelles englisches Volkslied

Unsere Reise in die Cocktailwelt beginnt mit dem Punsch, der im 17. Jahrhundert in Indien von durstigen Händlern der Britischen Ostindienkompanie und ihren Kollegen von der Niederländischen Ostindienkompanie (VOC) ersonnen wurde. Sie verwendeten dafür vielleicht importierten, aber oft auch vor Ort aus Palmen oder Zuckerrohr gebrannten Arrack und ein Säuerungsmittel, einen Süßstoff, eine Flüssigkeit zum Verdünnen (etwa Wasser oder Tee) und Gewürze. Diese Säulen tragen den Punschtempel bis heute. Wer das richtige Verhältnis zwischen den Zutaten findet, hat den Schlüssel zum Geheimnis eines großartigen Trunks entdeckt.

Da es keinen Hinweis auf eine verbreitete Punschtradition zur Zeit der frühesten schriftlichen Zeugnisse gibt, ist anzunehmen, dass das Mischgetränk entweder spontan oder über andere Wege auf die Welt kam. Alles deutet darauf hin, dass seine Wiege an Deck stand. Die britische Navy führte auf ihren Schiffen seit dem 16. Jahrhundert Brände mit, um Krankheiten zu heilen und zu zechen. Die Zutaten für Punsch waren im Grunde allesamt an Bord verfügbar.

Vermutlich brachte die Navy den Punsch zu den neuen Plantagen in der Karibik. Dort war er im frühen 18. Jahrhundert dem Arzt Sir Hans Sloane zufolge zum »gängigen berauschenden Getränk von Menschen der gewöhnlicheren Sorte« geworden. Sein Unterschichtenimage indes warf er bald ab. Als Rum und Arrack an Renommee gewannen, wurde das »Ausloten der Schale«, wie das Punschtrinken auch genannt wurde, in höheren Kreisen schicklich. In Großbritannien genoss man Rumpunsch in Kaffeehäusern, Herrenklubs, Landhäusern und Tavernen. Er war en vogue und zugleich vom

GLASGOW PUNCH

*Der klassische Plantagentrunk des
18. Jahrhunderts. Bekannt wurde er
in Glasgow, einer Stadt, die der Atlan-
tikhandel reich machte. Sie war berühmt für ihren Punsch. Für 5 Becher.*

170 g Kristallzucker

170 ml Wasser

120 ml Zitronensaft

570 ml kaltes Wasser

210 ml Jamaika-Rum

2 Limetten, halbiert

In einer Schale Zucker in Wasser
auflösen. Zitronensaft und kaltes
Wasser dazugeben. Rum einrühren.
Limettenhälften über den Rand
streichen, dann Saft hineinpressen.

TIKI BOWL

*Ein Tiki-Drink für mehrere
Personen. Eigentlich eher ein
abgemagerter Punsch.*

30 ml heller puerto-ricanischer Rum

30 ml dunkler Jamaika-Rum

30 ml VSOP-Cognac

60 ml Orangensaft

45 ml frischer Limettensaft

15 ml Orgeat

170 g zerstoßenes Eis

Alle Zutaten etwa zehn Sekunden
mixen. Mit zwei Strohhalmen im
Tiki-Glas servieren.

Aus *Trader Vic's Bartender's Guide*, 1972;
Dank an Beachbum Berry

Ruch des Dekadenten umgeben, duftete nach Reichtum und nach Karibik. Gleichzeitig erhob er einen über
die Masse, die sich Gin hineinkippte. Wer Punsch trank,
hatte jede Menge Zeit – und viel zu erzählen.

In den amerikanischen Kolonien war er demokrati-
scher und politischer, ja sogar identitätsstiftend. Und er
half dem Volk bei seinen Entscheidungen. George Wa-
shington betrieb weniger Kirchturmpolitik als Punsch-
politik, um seine Wählerschaft zufriedenzustellen. Ben
Franklin schrieb sogar eine Ode an ihn. Trotz alledem
sollte sein goldenes Zeitalter bald zu Ende gehen.

Der Niedergang des Punsches im 19. Jahrhundert
war eine direkte Folge des Abbaus restriktiver Handels-
hemmnisse, die den Merkantilismus jener Tage charakterisiert hatten. Nun stand dem Verbraucher eine größere Auswahl an Spirituosen zur Verfügung. Hinzu kam,
dass Einzeldrinks immer beliebter wurden – ein Hinweis
auf das heraufziehende Erste Zeitalter der Cocktails.
Als ihr Pionier gilt James Ashley, der 1731 am Londoner
Ludgate Hill sein Punch-House eröffnete und dort »den
feinsten und besten alten Arrack, Rum und französischen Brandy, zu Punsch verarbeitet«, servierte. Ashley
verkaufte seinen Punsch wahlweise in großen Schalen
oder für viereinhalb Pence im Glas.

So richtig populär allerdings wurden die kurzen,
schnellen Drinks im 19. Jahrhundert. Punsch ist ein lang-
sames Getränk, das den entspannten Austausch fördert,
während man gemeinsam seine Gläser in die Schale
taucht, ein Getränk, über dem sich Pfeifenrauch kräuselt
und dessen Tiefen bedächtige Debatten entsteigen –
oder auch Lärmen und Grölen. Mit anderen Worten: Der
Punsch ist nichts für geschäftige Kapitalisten. Trotzdem
sind rückblickend hundert Jahre Vormachtstellung für
einen Drink gar nicht schlecht.

Die Bedeutung des Punsches mag damals gelitten
haben, verschwunden aber ist er deshalb nicht. Alle
großen Cocktailbücher des 19. Jahrhunderts enthalten
ein Kapitel über ihn. Als ab den 1920er-Jahren die ersten
Touristen in die Karibik strömten, avancierten Variationen des klassischen Planter's Punch zum archetypi-
schen Willkommenstrunk. Die traditionellen Punsche
bildeten die Grundlage für die späteren Tiki-Cocktails.
Die Schale wird noch immer ausgelotet.

REGENT'S PUNCH

Für 10 Becher

1 Zitrone und 1 Bitterorange

115 g Kristallzucker

570 ml grüner Tee

60 ml Smith & Cross
Traditional Jamaica Rum

45 ml Plantation Pineapple Rum

60 ml Batavia-Arrack van Oosten

240 ml VSOP-Cognac

60 ml Maraschino

2 Flaschen Brut-Champagner oder
ein anderer weißer Schaumwein
(warum nicht ein englischer wie
der Ridgeview?)

Aus Zitrone und Orange Oleo saccharum zubereiten: Früchte dünn schälen, dabei möglichst wenig der weißen Haut mit abschneiden. Schalen in ein Gefäß geben, Zucker hinzufügen. Alles zerstoßen, 60 Minuten ziehen lassen, dann Schalen entfernen. Das Oleo saccharum in einer großen Schüssel mit dem grünen Tee und dem Saft von Zitrone und Orange mischen. Eine Stunde bei Zimmertemperatur stehen lassen, dann Rums, Arrack, Cognac und Maraschino dazugeben. In eine Punschschale abseihen und mit Champagner bzw. Schaumwein auffüllen.

Dieser Punsch ist eine Erfindung für den späteren König Georg IV., damals noch als Prinzregent Stellvertreter seines Vaters. Er war ein Mann, der Alkohol und einen extravaganten Lebensstil schätzte und sich in Brighton ein stattliches Vergnügungscenter bauen ließ – manche nennen es auch Royal Pavilion, je nach Sichtweise. Ich wohne übrigens in Brighton, daher auch der Hinweis auf den exzellenten Schaumwein von dort.

WEST INDIAN PLANTER'S PUNCH

Für 6 bis 8 Becher

113 g Kristallzucker	120 ml Madeira
113 g Guavengelee	500 ml kaltes Wasser
240 ml heißer grüner Tee	120 ml Limettensaft
500 ml ausgebauter Jamaika-Rum	Eiswürfel
650 ml Cognac	geriebene Muskatnuss zum Servieren

Zucker, Guavengelee und Tee in eine Punschschale geben und verquirlen, bis sich eine Flüssigkeit bildet. Alle übrigen Zutaten dazugeben und abkühlen lassen. Vor dem Servieren Eis hinzufügen und mit Muskatnuss bestreuen.

Ein Rezept aus dem Jahr 1845, erschienen in *Beachbum Berry's Potions of the Caribbean*

CRIMEAN CUP À LA MARMORA

Benannt nach Alfonso Ferrero la Marmora, Held aus dem Krimkrieg und späterer italienischer Ministerpräsident. Für 15 Becher

2 Zitronen, geschält, Schalen und Saft beiseitelegen	120 ml Maraschino
1 Flasche Sodawasser	120 ml Jamaika-Rum
85 g Kristallzucker	Eiswürfel
500 ml Orgeat	1 Flasche weißer Schaumwein
250 ml Cognac	

Aus der Zitronenschale Oleo saccharum zubereiten (siehe linke Spalte). Zitronensaft, dann Sodawasser dazugeben und den Zucker darin auflösen. Orgeat hinzufügen und verquirlen. Maraschino dazugeben und alles in eine mit großen Eiswürfeln gefüllte Punschschale abseihen. Mit Schaumwein auffüllen.

Aus *Jerry Thomas' Bartender's Guide*, 1862

COCKTAILS

DAIQUIRI NR. 1

60 ml weißer Rum

15 ml Limettensaft, von Hand ausgepresst

1 TL Kristallzucker

zerstoßenes Eis

Zutaten zwischen den beiden Hälften eines Shakers hin und her »werfen«. Ein Shaker ist leer, im anderen befindet sich der Drink mit Eis und einem Barsieb auf der Öffnung. Beide Shaker mindestens auf Augenhöhe halten und den Drink zunächst langsam vom vollen in den leeren Behälter, dann wieder zurück in den eisgefüllten Shaker gießen. Das Ganze vier- bis fünfmal wiederholen, bis die Flüssigkeit kalt, belüftet und gleichmäßig durchmischt ist. Abseihen und im Cocktailglas servieren.

DAIQUIRI

Er gleitet hinein wie eine Degenklinge, kalt und so weich, dass es sich anfühlt wie eine Umarmung. Kältegebannt hält der Geist inne. Ein kurzes süßes Lächeln des Zuckers, dann heischt die Zitrusschärfe beißend nach Aufmerksamkeit. Den Alkohol spürst du kaum, denn die Ablenkungsstrategie seiner Assistenten zeigt Erfolg. Es mag draußen gar nicht so heiß sein, dennoch bist du abgekühlt – und fällst langsam, während der tückische, verführerische Drink Besitz von dir ergreift.

Rum, Zitrussaft, Zucker. Stark, sauer, süß. Warum muss es noch komplizierter werden, wenn diese drei einen solchen Zauber entfalten? Sie sind die alten Fundamentsteine, auf denen die Kathedrale der Rumdrinks ruht.

Für Kubaner des 19. Jahrhunderts war Daiquiri kein Getränk. Hätten sie das Wort überhaupt je gehört, hätten sie es mit einem Küstendorf und einer Eisenerzmine von Yanqui bei Santiago in Verbindung gebracht.

Den Canchánchara aber hätten sie gekannt, jenen Mix aus *aguardiente*, Süßem (Honig oder Melasse) und *limón*. Er war ein Getränk der Felder, der Menschen.

Wie daraus »unser« Daiquiri wurde, hat mit Jennings Cox zu tun. Der Geschäftsführer der spanisch-amerikanischen Iron Company leitete die Mine in Daiquiri. Je nachdem, welcher Quelle man Glauben schenkt, beschloss er entweder eines Nachts im Jahr 1896, seinen Gästen einen Gin Sour zu mixen, als er feststellte, dass er keinen Gin im Haus hatte, und deshalb auf Rum auswich, oder er instruierte den Bartender im Hotel Venus in Santiago, ihm einen Rum Sour zu mixen.

Die Neuschöpfung kam gut an. Man rührte sie über Eis, süßte sie mit braunem Zucker und gab Zitronen oder Limetten hinein (*limón* ist spanisch für »Limette«). Irgendwann bat man ihn oder jemand anderen, ihm einen Namen zu geben. Er oder die anderen wählten den Namen des Dorfs (oder der Mine oder des Strands).

Spielt das alles eine Rolle? Im Makrokosmos des Weltenlaufs nicht. Die Existenz mehrerer Entstehungslegenden deutet jedoch auf dreierlei hin: Der Daiquiri war ein

DAIQUIRI NR. 2

1 TL weißer Zucker
....
15 ml Limettensaft
....
60 ml weißer Rum
....
1 TL Curaçao
....
1 TL Orangensaft
....
zerstoßenes Eis
....

Den Zucker im Limettensaft auflösen. Alle Zutaten schütteln und
in ein Cocktailglas abseihen.

guter Drink, jeder wollte ihn haben, und die Erinnerung wird unscharf, wenn Alkohol im Spiel ist. Denn Tatsache ist, dass bereits vorher ein Rum Sour existierte. Jerry Thomas listet in der 1887 erschienenen Neuauflage seines Bartender-Handbuchs einen »Santa Cruz Sour« auf.

Der Erfolg des Daiquiri legt auch ein typisch kubanisches Paradigma offen. Die meisten Trends – die Musik ist ein gutes Beispiel – nahmen in Santiago ihren Anfang und verlagerten sich dann nach Havanna, wo sie entweder verfeinert (die Havanna-Sichtweise) oder kommerzialisiert und ruiniert (die Auslegung Santiagos) wurden. Im Falle des Daiquiri bin ich bei den Habaneros.

In der Hauptstadt angelangt, wurde der Drink feingeschliffen. Bartender wie der legendäre Maragato ersetzten den braunen Zucker durch weißen, schüttelten den Drink und verwendeten *limón* statt Zitronen. Erst ein weiterer Bartender aber machte den Daiquiri zum Klassiker.

1914 kam ein Katalane in die Bar La Florida in Havanna, die damals noch Narciso Sala Parera gehörte und für ihre »geworfenen« Drinks berühmt war. Vier Jahre später gehörte dem jungen Mann das Lokal, das er fortan Floridita nannte. Sein Name: Constante Ribalaigua Vert. Ebenfalls hinter dem Tresen stand Narcisos Cousin Miguel Boadas, der 1927 in seine katalanische Heimat zurückkehrte. 1933 eröffnete er eine nach ihm benannte Bar und »warf« dort weiterhin Drinks nach kubanischer Art.

Constante war ein Theoretiker. Er wusste um die Rolle von Eis, Mengenverhältnissen, Ausgewogenheit und wie man einfachen Drinks Komplexität verlieh. Ihm ist es zu verdanken, dass das Floridita als *cuna de la Daiquiri* gilt, als »Wiege des Daiquiri«. Doch das Lokal ist auch die Wiege des klassischen Cocktailmixens. Wenn Constante nicht zufrieden war, probierte er fünf Varianten mit unterschiedlichen Techniken, unterschiedlichem Eis, unterschiedlichen Anteilen aus. Nichts überließ er dem Zufall.

Eines Tages habe ich Alejandro Bolívar zugesehen, dem Chef-Bartender des Floridita. Er gab mir eine Lektion im Mixen des Daiquiri Nr. 4. »Füttere ihn«, sagte er und goss reichlich Rum in die Mischung, die gerade gerührt wurde. »Keine Angst. Jetzt hör auf den Mixer. Wenn sich der Ton verändert, ist er noch hungrig. Füttere ihn weiter.« Mixen nach Gehör, intuitives Verständnis für den Drink, Geschick. Das ist der Daiquiri.

DAIQUIRI NR. 3

1 EL Kristallzucker

15 ml Limettensaft

60 ml weißer Rum

1 TL Maraschino

1 TL Grapefruitsaft

340 g zerstoßenes Eis

Den Zucker im Limettensaft auflö-
sen. Alle Zutaten auf zerstoßenem
Eis schütteln. In ein mit zerstoße-
nem Eis gefülltes Glas abseihen.
(Man kann auch wie unter dem
Daiquiri Nr. 4 beschrieben mixen.)

VARIATIONEN

**Hemingway war Diabetiker, wes-
halb er keinen Zucker in seinen
Drinks haben wollte. Er war auch
Alkoholiker, weshalb er Alkohol
in seinem Drink haben wollte. Die
beiden Cocktails, die Constante für
ihn schuf, trugen diesen Bedürfnis-
sen Rechnung. Der Hemingway ist
der Daiquiri Nr. 4 mit doppelt so viel
Rum, aber ohne Zucker, der Papa
Doble der Nr. 3, wieder mit viel Rum
und ohne Zucker. Besonders gut
sind sie nicht, was beweist, dass der
Kunde doch nicht immer recht hat.
Fruit Daiquiris sind oft lediglich
eine Mischung aus Billigrum, war-
mem Eis und Obst. Nimmt man aber
guten Rum, viel frische Früchte,
frischen Saft und gutes Eis, wird
Großartiges daraus. Der Mango Daiquiri mit Obst vom Baum, von Naren
Young und Scotty Schuder nach einem Angeltrip zusammengeworfen,
wird mich immer begleiten. Genial
auch der Tamarind Daiquiri aus der
Bar La Cocinero in Havanna.**

DAIQUIRI NR. 4

60 ml weißer Rum

15 ml Limettensaft

5 Tropfen Maraschino

1 TL Kristallzucker

340 g zerstoßenes Eis

Alle Zutaten auf Eis mixen und unabgeseiht im
Cocktailglas servieren. Das ist die gängigste
Variante im Floridita.

DAIQUIRI NR. 5

60 ml weißer Rum

15 ml Limettensaft

1 TL Maraschino

1 TL Grenadine

1 TL Kristallzucker

zerstoßenes Eis

Alle Zutaten auf Eis mixen und unabgeseiht im
Cocktailglas servieren.

TRADER VIC'S ORIGINAL MAI TAI

60 ml Wray & Nephew 17 Years Old*
....
15 ml Curaçao
....
15 ml Orgeat
....
**15 ml 2:1-Zuckersirup
(siehe Seite 208)**
....
30 ml Limettensaft
....
zerstoßenes Eis
....
**Minzezweiglein, auf die flache
Hand geschlagen**
....

Alle Zutaten auf zerstoßenem Eis
schütteln. In ein Old-Fashioned-Glas
gießen und Limettenschale dazugeben. Mit der Minze garnieren.

* Wie kann man sich behelfen, wenn der
Rum nicht greifbar ist? Beachbum Berry
verwendet einen 50:50-Mix aus ausgebau-
tem *Agricole* und 12-jährigem Appleton
Estate. Einen rumigeren Smith & Cross
einzusetzen wäre, so Bum, als würde
man »eine Haubitze zu einem Messer-
kampf mitbringen«.

GOLDEN GLOVE

1 TL weißer Zucker
....
15 ml Limettensaft, frisch gepresst
....
60 ml goldener Jamaika-Rum
....
1 TL Cointreau
....
340 g zerstoßenes Eis
....
Orangenschale zum Garnieren
....

Zucker im Limettensaft auflösen,
dann alle Zutaten 20 Sekunden
auf Eis mixen. Unabgeseiht in ein
Cocktailglas gießen. Orangenschale über dem Glas drehen, um
das Zitrusöl herauszupressen, dann
das Glas mit der Schale garnieren.

MAI TAI

Trader Vic Bergeron kannte seinen Rum. Als er sich
1944 eine Flasche 17-jährigen Wray & Nephew griff und
damit einen Drink für seine Gäste Ham und Carrie Gould
mixte, war das kein Zufall. Erwartungsgemäß rief Carrie
nach dem Probieren *»Maita'i!«*, das tahitianische Wort
für »gut«. Moment mal: ein 17-jähriger Jamaika-Rum in
einem Cocktail? Heute würde der Drink 1.235 Euro kosten. Denn so viel verlangte ein Händler in Belfast für
die letzte Flasche, die es von diesem Rum gab.

Zurück zum ersten Punkt. Vic mag ein Entertainer gewesen sein, der sich Messer in sein (Holz-)Bein rammte,
um die Menschen zu schocken. Aber er war auch
ein Geschäftsmann, und die werfen kein Geld für teure
Zutaten aus dem Fenster, wenn es eine Alternative gibt.
Er wählte den 17-jährigen Ray & Nephew, weil der funktionierte und in seinem Drink voll zur Geltung kam.

Vic und Donn Beach waren die Streithähne der Tiki-
Welt. Kein Wunder, dass Donn den Mai Tai als seine
Erfindung beanspruchte – oder zumindest behauptete,
dass es eine Kopie seines QB Cooler sei, obwohl er mit
anderen Zutaten konfiguriert wurde. (Beachbum Berry,
der sich damit auskennt, sagt, die zwei schmecken
gleich.) Versuchte Vic Donn den Wind aus den Segeln
zu nehmen oder erinnerte er sich an seine Zeit im Floridita, wo er Constante auf die Finger sah? Schließlich
hatte die kubanische Bargröße mit seinem Daiquiri Nr. 2
alias Golden Glove etwas Mai-Tai-Ähnliches geschaffen.

Was immer Vics Inspiration gewesen sein mag, es
war sein Drink. Deshalb hielt er das Rezept selbst im
goldenen Cocktailzeitalter der 1960er-Jahre, als jede
Bar das Original kopieren wollte, noch geheim. Erst 1970
musste er das Rezept herausrücken, als er Donn Beach
verklagte, weil der sich auf der Flasche seines Mai Tai als
Erfinder des Drinks ausgab. Dass überhaupt vorgefer-
tigte Mischungen erhältlich waren, zeigt, wie allgegenwärtig der Mai Tai war – und wie tief er gefallen war. Zum
Glück sind hochwertige Mai Tais heute mit dem Tiki-
Revival zu neuen Ehren gekommen. *Maururu!* – danke!

COCKTAILS

SO GELINGT DER MOJITO

Verwenden Sie ein passend kleines Glas. Der Mojito ist ein erfrischender Cocktail, keine Halbe Bier.

Setzen Sie die Minze mit Bedacht ein. Ein paar Zweiglein genügen, es muss kein ganzer Busch sein. Zermalmen Sie sie nicht mit dem Baseballschläger, sonst schmeckt alles wie Abwaschwasser. Nur leicht drücken.

Pressen Sie die Limetten sanft aus. Sie brauchen Saft, keinen Brei.

Wenn Sie keine Zeit haben, Zucker im Limettensaft aufzulösen, verwenden Sie einfachen (Zucker-)Sirup.

Nehmen Sie einen aromatischen weißen Rum wie Havana Club, Caña Brava, Flor de Caña oder Santa Teresa Claro. Ein ausgebauter Rum verschiebt das Kräfteverhältnis, sodass Sie die Zutaten justieren müssen.

1 TL Zuckersirup (siehe Seite 208)
....
Saft von 1 Limette
....
2 Minzezweiglein (Grüne Minze zu bekommen ist nicht einfach, aber falls Sie Pfefferminze verwenden, zerstoßen Sie die Triebe nicht)
....
60 ml Sodawasser
....
30 ml weißer Rum
....
Eiswürfel
....
Angostura Bitters (nach Belieben)
....

Sirup im 240-ml-Glas in Limettensaft auflösen. Blätter vom einen Minzezweiglein streifen und hineingeben. Wasser dazu, umrühren. Rum, dann Eis dazugeben und umrühren. Das zweite Minzezweiglein auf die Hand schlagen und den Drink damit garnieren. Die kubanische Variante: einen Spritzer Angostura dazugeben.

MOJITO

1942 hatte Angel Martinez die Nase voll vom Leben auf seiner Farm in Villa Clara. Er wollte sein Glück in Havanna versuchen und eröffnete einen Lebensmittelladen in der Calle Empredado. Noch im selben Jahr bekam er einen neuen Nachbarn in der Druckerei nebenan. Felito Ayón war ein Herausgeber, der sich in Kuba in avantgardistischen Kreisen bewegte. Als Martinez kreolisches Essen anzubieten begann, entdeckte ihn Ayóns Entourage. Immer mehr Menschen strömten in die Bodeguita del Medio, den kleinen Laden in der Mitte des Blocks.

Die Reputation einer Bar hängt allerdings nicht nur von der Qualität ihrer Drinks oder vom Service ab. Wichtig ist auch die Atmosphäre, die die Klientel verbreitet. In den 1940ern gab es etliche großartige Bars auf Kuba, in denen sich zuhauf Touristen und Stars tummelten. Die Bodeguita war das krasse Gegenteil: klein, bescheiden, für die Einheimischen. Sie war radikal und subversiv. Sie war der Ort, wo die *bohemios*, wandernde Musiker wie Sindo Garay, ihre Volkslieder sangen, wo linke Politik und Kunst über ausgebauten Rums und einem einfachen Drink wie dem Mojito verschmolzen.

Martinez führte eine Tradition fort, die Limette, Minze und Zucker mit einem Brand zusammenbrachte – ein Trunk, der vielleicht schon Sir Francis Drake (siehe Seite 13) gutgetan hatte. Der Draque wurde bis in das 19. Jahrhundert in allen spanischen Kolonien konsumiert, obwohl ein Heiltrank wohl kaum nach einer so gefürchteten Gestalt benannt wurde. Es ist, als würde man Rotbäckchen in »Der Schwarze Mann« umtaufen.

Seit einiger Zeit ist der Mojito der Mai Tai der Nullerjahre, der Standardmix für Millennials. Verstehen Sie mich nicht falsch: Ich trinke gern einen gut gemachten Mojito, aber Ersteren findet man seltener als Letzteren, der oft schlecht gemacht ist. Was tun? Die Bartender zur Ausbildung in die Bodeguita del Medio schicken? Nein. Gehen Sie ruhig dorthin, essen Sie etwas, trinken Sie ausgebauten Rum und plaudern Sie Intellektuelles. Aber lassen Sie die Finger von den Mojitos.

REZEPT

**30 ml weißer Rum (Havana Club
3 Años, Caña Brava 3 Años)**

30 ml Gold Rum

60 ml Ananassaft

4 Ananaswürfel

30 ml Kokoscreme

winzige Prise Salz

zerstoßenes Eis

Alle Zutaten mit einem Becher zerstoßenem Eis cremig mixen und im Collins-Glas servieren.

Wer keinen Mixer hat, zerstößt die Ananas und schüttelt.

Ananas und Rum kommen gerade so miteinander zurecht. Ende des 18. Jahrhunderts war »Ananas-Rum« teurer als zehnjähriger Jamaika-Rum. Frage: Enthielt er tatsächlich Ananas oder bezog sich »Ananas« auf eine esterige Note?

Wenn ausgebauter Rum eher Ihr Ding ist, nehmen Sie den:

PAINKILLER

**120 ml Pusser's Gunpowder
Proof Rum**

120 ml Ananassaft

60 ml Kokoscreme

60 ml Orangensaft

225 g zerstoßenes Eis

Alle Zutaten in einen Mixer geben und drei Sekunden mixen. Im nächstbesten Tiki-Becher servieren.

PIÑA COLADA

Piña Colada? Ich weiß schon, was Sie denken. Doch nicht dieser Drink aus dem Dunklen Zeitalter des Cocktails? Das ekelig süße, eindimensionale Zeug, das in Bars mit klangvollen Namen wie »Kir Royal« oder »Sonder-Bar« (haha!) eimerweise konsumiert wurde. Es war ein Discogesöff, das es verdiente, dass eine ausgesuchte Klientel, die ein Buch wie dieses kauft, darüber die Nase rümpfte.

Ich war einer von denen, bis ich einmal an einer Tankstelle in der Nähe der Puente de Bacunayagua in Kuba haltmachte. Es gab da eine Bar. Natürlich ist da eine Bar – brauchen wir nicht alle einen Drink, nachdem wir ein paar Stunden hinter dem Steuer gesessen haben? Es war außerdem eine Bar, die nur einen einzigen Drink anbot: eine Piña Colada. Man verwendete dafür den Havana Club Blanco, frische Kokosnuss, frische Ananas und Zucker. Es schmeckte himmlisch! Ich warf alle Vorurteile über Bord. Mein Geist war ab da offen für alles.

Es passte gut, dass ich mein Damaskuserlebnis in Kuba hatte, denn hier liegen die Anfänge des Cocktails in Form des *piña fria*. Dieser Ananassaft mit Eis gehörte zu den eiskalten Fruchtdrinks, die zu Anfang des 19. Jahrhunderts in Tavernen wie der Piña de Plata Popularität erlangten. Mit etwas *aguardiente* wurde er noch besser: Seiht man den Saft, hat man schon eine Piña Colada. 1922 konnte man in der Bar, die aus der Piña de Plata entstanden war, El Floridita, schon einen Mix aus Ananassaft, Rum, Eis, Zucker und Limettensaft bekommen.

In den 1950ern kam Kokosnuss dazu. 1950 erschien in der *New York Times* ein Rezept für kubanische Piña Colada. Der Drink in seiner heutigen Form aber tauchte zum ersten Mal 1954 im Hilton Caribe Hotel in Puerto Rico auf, kurz nachdem die erste Kokoscreme in Dosen auf den Markt gekommen war.

Die Piña Colada ist kein komplexer Cocktail, doch erreicht man mit Gold Rum oder einer Kombination aus Gold und weißem Rum sowie dem Verzicht auf Kokoscreme eine gewisse Tiefe. Hilfreich ist auch eine kleine Prise Salz oder ein Spritzer Limettensaft.

EL PRESIDENTE MACHADO

30 ml Havana Club
Selección de Maestros

30 ml Dolin Blanc Vermouth

2 TL Curaçao

1 TL Grenadine

Alle Zutaten rühren und in ein
Cocktailglas abseihen.

COMANDANTE CIENFUEGOS

40 ml Havana Club
Selección de Maestros

20 ml Martini Rosso

2 TL Fino Sherry

1 TL grüner Feigenlikör

Zitronentwist zum Garnieren

Alle Zutaten rühren und in ein
Coupette-Glas abseihen. Mit einem
kleinen Zitronentwist garnieren.

Von Tony Conigliaro von der Londoner Bar
Colebrook Row

EL PRESIDENTE

Eddie Woelke war ein New Yorker Bartender, der ab
1913 im Biltmore Hotel hinter dem Tresen agierte. Als
John M. Bowman von der Biltmore-Kette 1919 das Se-
villa in Havanna übernahm, ging auch Eddie nach Kuba.
Angeblich hat er dort den El Presidente als Hommage
an Kubas Präsident Mario García Menocal erfunden.

1924 ging Eddie zum American Jockey Club und
später zum Nacional Casino in Marianao und schuf eine
Reihe schöner Drinks, darunter den Mary Pickford (siehe
Seite 210). Außerdem verbesserte er den El Presidente
und fügte ihm Curaçao zu, sozusagen als Begrüßung für
Gerardo Machado, den neuen Inhaber des Amts ab 1925.

Ich habe Probleme mit dem El Presidente. Nicht mit
dem Drink selbst, der einen schönen Ausgleich zwischen
den süßen und trockenen Elementen eines ausgebauten kubanischen Rums findet und durch den milden,
kräuterwürzigen, weinigen weißen (nicht trockenen)
Wermut Tiefe und Länge mitbekommt. Der Curaçao gibt
ihm leichten Schwung und harmoniert mit dem Rum.
Der Drink ist ausgeklügelt und feinsinnig – all das, was
Machado nicht war. Und genau das ist mein Problem.

Ich mache Eddie keinen Vorwurf. Allerdings wurden
unter Machados Regierungszeit (1925–1933), die in die
Prohibitionsära fiel, Journalisten ermordet und Gegner
Haien zum Fraß vorgeworfen. Korruption und Untreue
waren an der Tagesordnung. Er ließ Oberschulen und
Universitäten schließen und hofierte die Mafia. Will man
wirklich etwas trinken, was nach so einem benannt ist?

Es ist Zeit für einen verbesserten El Presidente, benannt nach Camilo Cienfuegos, dem charismatischen
Revolutionär, von dem der Spruch stammt: »Unter
keinen Umständen sollten wir uns auf das moralische
Niveau derjenigen begeben, die wir bekämpfen.« Er
starb 1959 und ist heute leider vergessen. Camilo war
immer für einen Drink zu haben und verdient die kleine
Hommage. Als ich das Tony Conigliaro sagte, auch er
ein Bewunderer Cienfuegos, dachte er sich das Rezept
links aus. Das Problem Machado ist für uns Geschichte.

REZEPT

45 ml Gold Rum

45 ml ausgebauter Jamaika-Rum

30 ml Lemon Hart 151 Demerara

20 ml Limettensaft, frisch gepresst

15 ml von Donns Mischung*
(siehe unten)

15 ml Falernum

6 Tropfen Pernod

1 TL Grenadine

Spritzer Angostura Bitters

¾ Glas zerstoßenes Eis

Eiswürfel

Minzezweiglein zum Garnieren

Alles in einen Mixer geben und fünf Sekunden mixen. In ein hohes Glas gießen und mit Eiswürfeln auffüllen. Mit dem Minzezweiglein garnieren. Und denken Sie dran: höchstens zwei!

* Es handelt sich um Donns »Spices 4«. Die Mischung geht so: Drei Zimtstangen und je 250 g weißen Zucker und Wasser zusammen erhitzen, bis sich der Zucker aufgelöst hat. Noch zwei Minuten köcheln lassen. Einen Teil der Mischung mit zwei Teilen weißem Grapefruitsaft mischen.

Donn Beach, 1934

ZOMBIE

Die wandernden Untoten faszinieren und erschrecken die Menschen seit Langem. Schon 1832 prägte der Dichter Robert Southey den Begriff *zombi*. Zu seinem Bekanntenkreis zählte übrigens Mary Shelley, die mit *Frankenstein* einen Klassiker schuf. Aber erst als amerikanische Truppen von 1915 bis 1934 Haiti besetzten, begannen Schauergeschichten zu kursieren. Sie waren oft als ethnologische Studien kaschiert. Dazu gehörte auch William Seabrooks auf Zombies fixierter Vodoo-»Reisebericht« *Magic Island*. Seabrook initiierte 1941 eine Voodoo-Zeremonie mit der Absicht, Hitler durch Konsumieren von Rum, Schlagen von Trommeln und Durchbohren eines Führerbilds ins Jenseits zu befördern.

Der erste Zombiestreifen, *White Zombie*, kam 1932 in die Kinos. Besser war *Ich folgte einem Zombie* von 1943. Der sklavereikritische Horrorfilm spielte auf Haiti und kam der eigentlichen haitianischen Vorstellung eines *zombi* als einer Leiche, über die ein *bokor* (Zauberer) die Macht übernommen hat, recht nahe. Als Donn Beach 1934 einen Drink für einen Gast mixte, der daraufhin sogleich einen zweiten orderte, was in einem Trinkgelage endete, und am Tag darauf zurückkehrte und erklärte, er fühle sich wie ein »lebender Toter«, war klar, wie die Neuschöpfung heißen musste.

Der Zombie ist stark. Zwei pro Gast reichen, sagte Donn. Wer will schon jemanden in seiner Bar haben, der nach drei Gläsern die Wand hinunterrutscht? Beim Zombie gab es allerdings dasselbe Problem wie beim Mai Tai: Geheimniskrämerei. Donn verriet nie, was im Original war; man wusste lediglich: viel Alkohol.

Man tut Donn Beach unrecht, wenn man ihn als »Abfüller« bezeichnet. Er war ein Cocktailkünstler. Nie schüttete er wahllos zusammen, immer wählte er seine Zutaten sorgfältig aus, um einen komplexen Drink zu kreieren. Wir würden bis heute rätseln, woraus das Original bestand, gäbe es nicht Beachbum Berry: Er entzifferte das Rezept in einem Notizbuch, das Donns ehemaligem Chef-Bartender Dick Santiago gehörte.

COCKTAILS

KLASSISCHE COCKTAILS

AIR MAIL (rechts)

**60 ml Gold Rum
(Barbados/Saint Lucia)**
....
15 ml Limettensaft, frisch gepresst
....
1 TL Honig
....
150 ml Brut-Schaumwein
....
zerstoßenes Eis
....

Alle Zutaten auf zerstoßenem Eis
schütteln, dann unabgeseiht in ein
Collins-Glas gießen. Mit Schaumwein auffüllen.

Aus dem 1949 erschienenen *Handbook for
Hosts*; ein Vorschlag von Naren Young

CHET BAKER

*Tim Philips zufolge ist dieser 2005 von Sam Ross ersonnene
moderne Klassiker der Drink, den er in einem »netten Schup-
pen« trinken würde. Dabei habe ich diesen australischen
Barhocker noch nie in einem solchen gesehen und kenne auch
keinen, der ihn reinlassen würde. Wenigstens beweist der
Cocktail, dass er einen ausgezeichneten Geschmack hat.*

60 ml Rhum Barbancourt 5 Star Réserve Spéciale
....
1 TL Punt e Mes
....
1 TL Honigsirup
....
2 Spritzer Angostura Bitters
....
Eiswürfel
....

Alle Zutaten schütteln und in ein eisgefülltes
Rocks-Glas abseihen.

FOGCUTTER

30 ml weißer Rum
....
15 ml Gin
....
15 ml VSOP-Weinbrand
....
60 ml frischer Orangensaft
....
30 ml frischer Zitronensaft
....
15 ml Orgeat
....
15 ml Amontillado Sherry
....
1 Minzezweiglein
....
zerstoßenes Eis
....

Alle Zutaten mit Eis mixen und in einer Tiki-artigen
Schale servieren.

Von Trader Vic Bergeron in den 1940er-Jahren erfunden;
ein Vorschlag von Tim Philips

MARAGATO

30 ml Havana Club 3 años

15 ml trockener Wermut

15 ml süßer Wermut

15 ml Orangensaft

15 ml Limettensaft

**Spritzer Maraschino
(nach Belieben)**

zerstoßenes Eis

Alle Zutaten auf Eis schütteln
und in ein gut gekühltes
Cocktailglas abseihen.

Aus *The Savoy Cocktail Book*, 1930

2:1-ZUCKERSIRUP

**Zwei Teile weißen Zucker auf einen
Teil Wasser langsam erhitzen, bis
sich der Zucker aufgelöst hat.
Der Sirup kann mit Minzeblättern,
Zitrusschalen usw. aromatisiert
werden. Wem das zu viel ist, der
kauft eine Flasche Gomme.**

HOTEL NACIONAL SPECIAL (rechts)

*Kreiert von Wil Taylor im Nacional Hotel von Havanna (nicht
von Eddie Woelke, der dort nie gearbeitet hat). Nehmen Sie
leichten Rum und frischen Ananassaft. Köstlich.*

45 ml Silver Rum (oder Havana Club 3 años)

45 ml frischer Ananassaft

15 ml Limettensaft, frisch gepresst

15 ml Aprikosenlikör

zerstoßenes Eis

**Limetten- oder Ananasspalte
zum Garnieren (nach Belieben)**

Alle Zutaten auf Eis schütteln, bis sie sehr kalt sind. In ein
kleines Cocktail-Stielglas abseihen. Nach Belieben mit
einem Limetten- oder Ananasstück garnieren.

JUNGLE BIRD

45 ml ausgebauter Jamaika-Rum

20 ml Campari

20 ml Limettensaft

20 ml 2:1-Zuckersirup (siehe links) oder Gomme

45 ml Ananassaft

Eiswürfel

Ananasspalte zum Garnieren

Alle Zutaten schütteln und in ein Rocks-Glas mit einem
Eiswürfel darin abseihen. Mit der Ananasspalte garnieren.

Erstmals 1978 in der Aviary Bar im Kuala Lumpur Hilton gemixt;
ein Vorschlag von Stuart McCluskey

NAVY GROG

30 ml Demerara-Rum

30 ml ausgebauter Jamaika-Rum

**30 ml weißer Rum aus Kuba
oder Puerto Rico**

30 ml Honigmischung*

20 ml Limettensaft, frisch gepresst

20 ml weißer Grapefruitsaft

20 ml Sodawasser

Alle Zutaten außer dem Soda auf
Eis schütteln. In ein Glas abseihen
und mit Soda auffüllen.

Die 1941 von Donn Beach kreierte Version;
ein Vorschlag von Beachbum Berry

* DONNS HONIGMISCHUNG

2 Teile Kleehonig

1 Teil heißes Wasser

Mischen, bis sich der Honig aufgelöst hat. In einen Behälter abfüllen
und kühl stellen.

MARY PICKFORD (rechts)

*Wir saßen mit der Londoner Bartenderlegende Dick Bradsell
im Floridita. Der Barmann wollte gerade einen Daiquiri mixen,
da sagt Dick: »Einen Moment bitte. Ich möchte lieber einen
Mary Pickford.« Der Barmann tritt einen Schritt zurück, lächelt
und zaubert einen Klassiker. Danke, Dick.*

45 ml Havana Club 3 Años

30 ml frischer Ananassaft

2 Spritzer Maraschino

1 Spritzer Grenadine

zerstoßenes Eis

1 Cocktailkirsche zum Garnieren

Entweder alle Zutaten auf zerstoßenem Eis mixen und
unabgeseiht servieren oder alles zusammen schütteln
und abseihen. Mit einer Cocktailkirsche garnieren.

MULATA DAIQUIRI

Ein erwachsener Daiquiri – einer meiner liebsten Rumdrinks.

45 ml Havana Club 7 Años

30 ml Tempus Fugit Crème de Cacao

15 ml Limettensaft, frisch gepresst

1 TL Zucker

zerstoßenes Eis

Entweder alle Zutaten auf zerstoßenem Eis mixen
und unabgeseiht servieren oder alles zusammen
schütteln und abseihen.

MODERNE COCKTAILS

CARTA SWITCHEL (rechts)

20 ml Bacardí Carta Blanca

20 ml Bacardí Carta Oro

20 ml Grapefruitsaft

10 ml Gomme

4 Spritzer Apfelessig

4 Spritzer Fernet-Branca

zerstoßenes Eis

Grapefruitzeste zum Garnieren

Minzezweiglein zum Garnieren

Alle Zutaten auf zerstoßenem Eis im Highball-Glas schütteln. Mit Grapefruitzeste und einem Minzezweiglein garnieren.

Von Iain Griffiths vom Dandelyan, London

CLOUDS ABOVE THE CANE

40 ml Mount Gay Black Barrel

30 ml Pineau des Charentes blanc

1 TL Gin

Zuckerwatte zum Garnieren

Alle Zutaten rühren und in einem Verkostungsglas mit Zuckerwatte garniert servieren.

Von Stuart McCluskey vom Bon Vivant, Edinburgh

HERBSTPUNSCH

30 ml Scarlet Ibis Rum (falls nicht verfügbar, fünfjährigen Angostura Rum und schweren Pot Still Rum oder ausgebauten *Agricole* mischen)

30 ml Marie Brizard Poire William

30 ml Zitronensaft

1 TL St Elizabeth Allspice Dram

2 TL Orgeat

zerstoßenes Eis

Rosinen (nach Möglichkeit goldgelb)

Alle Zutaten mit Ausnahme der Rosinen in einem Mixglas verrühren und Glas mit Eis füllen. Großes Glas mit frischem Eis füllen und Rosinen daraufstreuen. Zutaten zehn Sekunden schütteln, dann über das frische Eis gießen.

Von H. Joseph Ehrmann vom Elixir, San Francisco

COCOA REPUBLIC

40 ml weißer Rum

20 ml Noilly Prat

1 TL Orangenlikör

1 TL weiße Crème de Cacao

5 ml Grenadine

zerstoßenes Eis

Orangentwist zum Garnieren

Alle Zutaten über Eis rühren. In ein kleines Glas abseihen und mit dem Orangentwist garnieren.

Von Robin Honhold vom White Lyan, London

CUBAN MIST

45 ml Havana Club 7 Años

20 ml Aprikosenlikör

20 ml Hennessy Cognac

1 TL Muscovado-Sirup

2 Spritzer Bitter Truth Old Time
Aromatic Bitters

Orangenzeste zum Garnieren

Alle Zutaten rühren und in ein
Coupette-Glas abseihen. Mit der
Orangenzeste garniert servieren.

Von Tess Postumus aus Amsterdam

GREEN THUMB (rechts)

60 ml Caña Brava 3 Años Rum

15 ml Limettensaft

7,5 ml Holunderblütenlikör
St-Germain

7,5 ml Selleriesaft

7,5 ml 2:1-Zuckersirup
(siehe Seite 208)

⅛ TL Matcha-Tee

zerstoßenes Eis

Gurkenscheibe zum Garnieren

Alle Zutaten schütteln, um das
Matcha-Pulver aufzulösen. Dann
erneut mit Eis schütteln und mit
einem feinen Sieb in ein gekühltes
Coupette-Glas abseihen. Mit einer
Gurkenscheibe garnieren.

Von Jim Meehan von mixographyinc.com

EQUINOX

22,5 ml weißer Rum von den Jungferninseln

22,5 ml goldener Rum von den Jungferninseln

15 ml Limettensaft, frisch gepresst

15 ml Falernum

15 ml Honigsirup (Honig-Wasser-Verhältnis 1:1)

22,5 ml Kokosmilch

Eiswürfel

langer Streifen Limettenschale, zu einer Spirale
gedreht, zum Garnieren

Alle Zutaten in einem Cocktail-Shaker mit Eiswürfeln
schütteln. In ein Rocks-Glas oder Spezialglas mit frischen
Eiswürfeln abseihen. Mit der Limettenschale garnieren.

Von Jeff Beachbum Berry vom Latitude 29, New Orleans

HATS OFF TO BERRY

50 ml Rum Blend (Kuba, Jamaika, Barbados)

20 ml Beerensirup (etwa Heidelbeeren oder Brombeeren)

30 Limettensaft

1 Spritzer Absinth

2 Spritzer Angostura Bitters

Limettenscheibe, Minzezweiglein, Passionsfruchtspalte
oder Orchidee zum Garnieren

Alles in einen Shaker gießen. Kräftig schütteln und in ein
Rocks-Glas abseihen. Mit Limettenscheibe, Minzezweiglein, Passionsfruchtspalte oder Orchidee garnieren.

Von Scotty Schuder vom Dirty Dick, Paris

JOSÉ MARTI SPECIAL

4 Gewürznelken

40 ml Havana Club 3 Años

½ TL Ricard

15 ml Tio Pepe Sherry

20 ml Limettensaft

20 ml 2:1-Zuckersirup
(siehe Seite 208)

zerstoßenes Eis

Gewürznelken auf dem Boden des
Shakers zerstoßen. Die übrigen Zutaten dazugeben, auf Eis schütteln
und in ein Coupette-Glas abseihen.
Mit Strohhalm servieren.

Von Andy Loudon, Gewinner des Havana
Club Grand Prix 2014

KAIETEUR SWIZZLE

60 ml El Dorado, 8 oder 12 Jahre

22 ml Limettensaft, frisch gepresst

15 ml Ahornsirup, Grad A

15 ml John D Taylor's Velvet
Falernum Liqueur

2 Spritzer Angostura Bitters

zerstoßenes Eis

Minzezweiglein zum Garnieren

Alle Zutaten in ein Collins- oder
Highball-Glas geben und Glas zu
drei Vierteln mit zerstoßenem Eis
füllen. Mit einem Swizzle Stick
oder einem Barlöffel umrühren.
Zerstoßenes Eis nachfüllen, bis
das Glas voll ist, und mit einem
Minzezweiglein garnieren.

Von Martin Cate vom Smuggler's Cove,
San Francisco

LATIN QUARTER

grob und fein zerstoßenes Eis

60 ml Ron Zacapa Centenario Sistema Solera 23

1 TL Zuckerrohrsirup

3 Spritzer Peychaud's Bitters

1 Spritzer Angostura Bitters

1 Spritzer Bittermens Xocolatl Mole Bitters

2 bis 3 Spritzer Pernod Absinth

Zitronenschale

Old-Fashioned-Glas mit feinem Eis kühlen. Alle Zutaten
außer Absinth auf grobem Eis rühren. Das Eis aus dem
Old-Fashioned-Glas nehmen. Das Glas mit dem Absinth
benetzen und dabei drehen, bis es mit Absinth überzogen
ist. Den Drink hineingießen und eine Zitronenschale
darüber zerdrücken. Schale entsorgen. Servieren.

Von Joaquín Simó vom Pouring Ribbons, New York

MAID IN CUBA

Spritzer Absinth

Eiswürfel

50 ml Bacardí Carta Blanca

30 ml Limettensaft

20 ml 2:1-Zuckersirup (siehe Seite 208)

3 Gurkenscheiben plus 1 Scheibe zum Garnieren

6 Minzeblätter

15 ml Soda

Einen Spritzer Absinth in ein eisgefülltes Coupette-Glas
geben und mit Wasser auffüllen. Alle restlichen Zutaten
außer dem Sodawasser schütteln. Inhalt des Coupette-
Glases weggießen und den Inhalt des Shakers darin
abseihen. Einen Spritzer Sodawasser dazugeben und
mit einer Gurkenscheibe garnieren.

Von Tom Walker, Großbritannien, internationaler Sieger des
Wettbewerbs Bacardí Legacy 2014

COCKTAILS

RAY BARIENTOS

50 ml ausgebauter, mittel körperreicher Rum (Bacardí 8 Jahre, Zacapa 15 Solera, Angostura 1919)

30 ml Limettensaft, frisch gepresst

15 ml frischer Orangensaft

2 TL Kirschlikör

2 TL Zimtsirup

2 Spritzer Angostura Aromatic Bitters

Zimtstange zum Garnieren (nach Belieben)

Alle Zutaten schütteln und in ein Coupette-Glas doppelt abseihen. Nach Belieben mit der Zimtstange garnieren.

Von Thanos Prunarus vom Baba Au Rum, Athen

LE LATIN

45 ml Bacardí Carta Blanca

20 ml Viognier-Weißwein

20 ml Zitronensaft

2 TL Olivenlake

2 TL Kristallzucker

1 Olive zum Garnieren

Alle Zutaten schütteln und in ein Cocktailglas abseihen. Mit einer Olive garnieren.

Von Franck Dideu, Frankreich, internationaler Sieger des Wettbewerbs Bacardí Legacy 2015

LIN BABA DAIQUIRI

45 ml The Scarlet Ibis Trinidad Rum

15 ml Appleton Estate Signature Blend

7,5 ml Orgeat

7,5 ml Ingwersirup

20 ml Limettensaft

1 Spritzer Angostura Bitters

2 grüne Curryblätter (nicht zerstoßen)

7 g Zimtstange

Alle Zutaten schütteln und mit einem feinen Sieb in ein Cocktailglas abseihen.

Von Joaquín Simó vom Pouring Ribbons, New York

YUZU BREEZER

30 ml Bacardí Carta Blanca

20 ml Yuzushu

2 TL Aperol

Spritzer Pflaumenbitter

Prise Zitronensäure

70 ml Sodawasser

Alle Zutaten ohne das Sodawasser schütteln und abseihen. Sodawasser dazugeben. Der Cocktail wird normalerweise in einer Flasche an der Bar serviert, doch kann man ihn auch in ein Glas füllen.

Von Tim Philips vom Bulletin Place, Sydney

COCKTAILS

THE LOST LOVERS

60 ml ausgebauter Venezuela-Rum oder ein anderer mittel körperreicher, ausgebauter Rum

2 TL Pedro Ximénez Sherry

2 Spritzer Orangenblütenwasser

2 Spritzer Teapot Bitters

extrahiertes Öl der Schale von zwei Orangen (siehe Oleo saccharum unter Regent's Punch auf Seite 191)

Eiswürfel

Alle Zutaten in einem doppelten Old-Fashioned-Glas mit ein paar schönen, trockenen, großen Eiswürfeln rühren.

Von Thanos Prunarus vom Baba Au Rum, Athen

OLD GOLD (rechts)

30 ml Ron Zacapa

20 ml Caol Ila Whisky

1 TL Agavennektar

1 TL Tempus Fugit Gran Classico Bitters

Prise Meersalz

Kakaonibs zum Garnieren (nach Belieben)

Alle Zutaten schütteln und in ein Rocks-Glas abseihen. Nach Belieben mit geriebenen Kakaonibs garnieren.

Von Tim Philips vom Bulletin Place, Sydney

MOLASSACRE PUNCH

Nach der Melassekatastrophe 1919 in Boston benannt. Bei diesem Unglück brach ein riesiger Tank in einer Brennerei, sodass mehrere Millionen Liter Melasse in einer acht Meter hohen Flutwelle mit knapp 50 Stundenkilometern durch die Straßen schossen. Mehrere Dutzend Menschen wurden getötet, Hunderte verletzt. Manche sagen, an heißen Tagen könne man die Melasse noch heute riechen. Das Unglück geschah einen Tag vor der Abstimmung über das Verbot von Alkohol. Zufall?

45 ml Smith & Cross Traditional Jamaica Rum

20 ml Rioja

15 ml Grüntee-Ingwer-Sirup (2 TL frisch aufgebrühten grünen Tee und 1 TL Ingwersirup mixen)

20 ml Zitronensaft

1 TL Johannisbeergelee

zerstoßenes Eis

Zitronentwist zum Garnieren

Alle Zutaten in einer Dose oder einem Cocktail-Shaker auf Eis schütteln. Mit einem feinen Sieb in ein Rocks-Glas abseihen und mit einem Zitronentwist garnieren.

Von Charles Joly von crafthousecocktails.com

L'ORANGE DROP DAIQUIRI

50 ml Saint James Rhum Agricole Blanc

30 ml Limettensaft, frisch gepresst

12,5 ml Agave Real Blue Agave Nectar

3 Spritzer Angostura Orange Bitters

Öl aus einem Twist Orangenschale zum Garnieren

Alle Zutaten schütteln und in einem Coupette-Glas servieren. Mit dem Öl aus einem Orangentwist garnieren (siehe Oleo saccharum unter Regent's Punch auf Seite 191).

Von Ian Burrell vom Cotton's, London

COCKTAILS

ST JAMES GATE

50 ml Myers's

30 ml Zitronensaft

30 ml Eiweiß

15 ml 2:1-Zuckersirup (siehe Seite 208)

20 ml Guinness-Reduktion (50 g Sirup auf 500 ml Guinness-Bier bei kleiner Hitze um die Hälfte reduzieren

zerstoßenes Eis

Alle Zutaten zunächst trocken, dann auf Eis schütteln und in einem großen Coupette-Glas servieren.

Von Tony Conigliaro von der 69 Colebrook Row, London

RUM & RAISIN FLIP

45 ml Appleton Estate Reserve Jamaica Rum

15 ml Pedro Ximénez Sherry

15 ml Frangelico

3 Spritzer Dale DeGroff's Pimento Aromatic Bitters

1 ganzes Ei

zerstoßenes Eis

Muskatnuss, gerieben, zum Servieren

Alle Zutaten auf Eis sehr kräftig schütteln. In einen Becher abseihen. Muskatnuss darüberstreuen und servieren.

Von Naren Young vom Dante, New York

QUELLEN

Abbott, Elizabeth. *Sugar: A Bittersweet History*. London: Duckworth Publishers, 2009.

Allchin, F.R. »India: The Ancient Home of Distillation?«, in Man (Band 14, Nr. 1. März 1979), S. 55–63. London: Royal Anthropological Institute of Great Britain and Ireland, 1979.

Asbury, Herbert. *The Great Illusion: An Informal History of Prohibition*. Garden City, New York: Doubleday, 1950.

Ayala, César J. *American Sugar Kingdom: The Plantation Economy of the Spanish Caribbean, 1898–1934*. Chapel Hill, North Carolina: University of North Carolina Press, 1999.

Barty-King, Hugh, und Massel, Anton. *Rum: Yesterday and Today*. London: William Heinemann Ltd, 1983.

Belgrove, William. *A Treatise Upon Husbandry or Planting*. Boston: D. Fowle, 1755.

Berry, Jeff. *Beachbum Berry's Potions of the Caribbean*. New York: Cocktail Kingdom, 2014.

Bolingbroke, Henry. *A Voyage to the Demerary*. London: Richard Phillips, 1807.

Bonera, Miguel. *Oro Blanco Tomo 1*. Toronto: Lugus Libros, 2000.

Bose, Dhirendra Krishna. *Wine in Ancient India*. Calcutta: K. M. Connor & Co, 1922.

British Guiana Administration Reports. Georgetown, Demerara: The Argosy Co., 1905.

Brown, Jared, und Miller, Anistatia. *Cuban Cocktails*. London: Mixellany Ltd., 2012.

Brown, Jared, und Miller, Anistatia. *Spiritous Journey: A History of Drink, Books 1 and 2*, London: Mixellany Ltd., 2009.

Brown, John Hull. *Early American Beverages*. Rutland, Vermont: C E Tuttle Company, 1966.

Bruno, Sergio Nicolau Freire. »Distillation of Brazilian Sugar Cane Spirits (Cachaças)« in *Distillation: Advances from Modeling to Applications*, Dr. Sina Zereshki (Hg.), ISBN: 978-953-51-0428-5, InTech. Erhältlich über www.intechopen.com.

Camard-Hayot, Florette und Laguarigue, Jean-Luc de. *Martinique Terre de Rhum*. Bordeaux: Traces H.S.E., 1997.

Campoamor, Fernando G. *Hemingway's Floridita*. Toulouse: Editions Bahia Presse.

Cooper, Ambrose. *The Complete Distiller*. London, 1757.

Coulombe, Charles A. *Rum: The Epic Story of the Drink That Conquered the World*. New York: Citadel Press, 2004.

Curtis, Wayne. *And a Bottle of Rum: A History of the New World in Ten Cocktails*. New York: Three Rivers Press, 2007.

Daniels C., Needham J. und Menzies, Nicholas K. (Hg.). *Science and Civilisation in China*, Band 6. Cambridge, Großbritannien: Cambridge University Press, 1996.

Eaden, J. *The Memoirs of Père Labat 1693–1705*. London: Frank Cass & Co. Ltd., 1970.

Edwards, Bryan. *The History, Civil and Commercial of the British West Indies: Band 2*. London: John Stockdale, 1819.

Fawcett, William. *Bulletin of the Botanical Department, Vol III*. Jamaica: Kingston Botanical Department, 1896.

Forbes, R. J. *A Short History of the Art of Distillation from the Beginnings up to the Death of Cellier Blumenthal*. Leiden, Niederlande: E. J. Brill, 1970.

Foss, Richard. *Rum: A Global History*. London: Reaktion Books Ltd., 2012.

García Pepín, Anabel. *Rum in Puerto Rico: Tradition and Culture*. San Juan: Rones de Puerto Rico, Compañía de Fomento Industrial, 2002.

Haigh, Ted. *Vintage Spirits and Forgotten Cocktails*. Beverly, MA: Quarry Books, 2009.

Hearn, Lafcadio. *Two Years in the French West Indies*. Teddington, Middlesex, Großbritannien: Echo Library. 2006.

Hoarau, Michel. *Rhum (Le) de l'île de La Réunion*. Réunion: Privatdruck, 2001.

Huetz de Lemps, A. *Histoire du Rhum*. Paris: Editions Desjonquères, 1997.

Hui, Y. H., Evranuz, E. (Hg.). *Handbook of Plant-Based Fermented Food and Beverage Technology*. Oxford, Großbritannien: CRC Press Abingdon, Jg. unbekannt.

Kieschnick, John. *The Impact of Buddhism on Chinese Material Culture*. Princeton, New Jersey: Princeton University Press, 2003.

Knight, Franklin W. *The Caribbean*. New York: Oxford University Press, 1990.

Kobler, John. *Ardent Spirits: The Rise and Fall of Prohibition*. New York: Da Capo Press Inc., 1993.

Lam, Rafael, und Bowler, Tim. *The Bodeguita del Medio*. Havanna: Editorial José Marti, 1999.

Ligon, Richard. *A True and Exact History of the Island of Barbados*. Bath, Großbritannien: Bookcraft, 1998.

Martin, Samuel. *An Essay upon Plantership*. Antigua: Samuel Jones, 1756.

Mintz, Sidney W. *Sweetness and Power: The Place of Sugar in Modern History*. London: Penguin Books, 1986.

Morewood, Samuel. *Philosophical and Statistical History of the Inventions and Customs of Ancient and Modern Nations in the Manufacture and Use of Inebriating Liquors*. Dublin: William Curry, Jnr, and Company, 1838.

Niazi, Ghulam Sarwar Khan, Dr. *The Life and Works of Sultan Alauddin Khalji*. Neu-Delhi, Indien: Atlantic Publishers, 1992.

O'Connell, Sanjida. *Sugar: The Grass that Changed the World*. London: Virgin Books, 2004.

Ortiz, Fernando. *Cuban Counterpoint: Tobacco and Sugar*. Durham, North Carolina: Duke University Press, 1995.

Parker, Matthew. *The Sugar Barons: Family, Corruption, Empire and War*. London: Random House, 2011.

Pack, James, Captain. *Nelson's Blood: The Story of Naval Rum*. Stroud, Gloucestershire, Großbritannien: Allan Sutton Publishing Ltd., 1995.

Pérez Jr, Louis A. *On Becoming Cuban: Identity, Nationality, and Culture*. Chapel Hill, North Carolina: University of North Carolina Press, 1999.

Report on the Experimental Work. Kingston, Jamaica: Sugar Experiment Station, 1906.

Roberts, Justin. *Slavery and the Enlightenment in the British Atlantic, 1750–1807*. Cambridge, Großbritannien: Cambridge University Press, 2013.

Shamasastry, R. *Kautilya's Arthashastra Translated into English*. Bangalore: 1915.

Sheridan, Richard B. *Sugar and Slavery: An Economic History of the British West Indies, 1623–1775*. Barbados, Jamaica: University of the West Indies, Canoe Press, 2007.

Smith, Frederick H. *Caribbean Rum: A Social and Economic History*. Gainesville, Florida: University Press of Florida, 2008.

Sublette, Ned. *Cuba and Its Music: From the First Drums to the Mambo*. Chicago: Chicago Review Press, 2004.

Taussig, Charles William. *Rum Romance and Rebellion*. London: Jarrolds, Jg. unbekannt.

Thompson, Peter. *Rum Punch and Revolution*. Philadelphia: University of Pennsylvania Press, 1999.

Verhoog, Jeroen. *Walking on Gold*. Amsterdam: E&A Sheer, 2013.

Weeden, William. *Economic and Social History of New England, 1620–1789*. Cambridge, Massachusetts: Houghton, Mifflin, 1890.

Williams, Ian. *Rum: a Social and Sociable History*. New York: Nation Books, 2005.

Wondrich, David, *Punch: The Delights (and Dangers) of the Flowing Bowl*. New York: Penguin Group, 2010.

Wray, Leonard. *The Practical Sugar Planter*. London: Smith, Elder & Co., 1848.

Y-Worth, W. *The Compleat Distiller*. London: J Taylor, 1705.

REGISTER

BILDNACHWEIS UND DANK

BILDNACHWEIS

Der Verlag dankt allen Rumerzeugern und Händlern, die Bildmaterial für dieses Buch zur Verfügung gestellt haben.

Spezialfotos für Octopus Publishing: **Cristian Barnett**

Weiteres Fotomaterial:

Alamy Stock Photo Didier Forray/ Sagaphoto.com 33; age fotostock 48; Everett Collection 13; Falkenstein/ Bildagentur-online Historical Collect 24; Florilegius 11; GL Archive 12; Guy Harrop 55; Pulsar Images 51.

Courtesy **Angostura** 46.

Bridgeman Images Pictures from History 31; The Stapleton Collection 21.

© **Decca** Records, 1945 34.

Courtesy **The Duppy Share** 2, 8, 9, 38, 44.

Getty Images Adalberto Roque/AFP 41; Franck Guiziou 39; Jim Heimann Collection 35; Jonathan Blair 42; MPI 18; Nelson Almeida/AFP 52; Spencer Arnold 27; Steve Russell/Toronto Star 57; Universal History Archive/UIG 19.

Courtesy **Haus Alpenz** 53.

istockphoto.com nengredeye 40.

Courtesy Gayle Seale/**R L Seal** 45.

Scotchwhisky.com 7.

SuperStock Hemis 49.

TopFoto 14; EUFD 16, 26; The Granger Collection 23; The Print Collector/HIP 30; World History Archive 10.

vintageadbrowser.com 29.

© **The Whisky Exchange** 1999-2016 All Rights Reserved 71, 74, 140, 149, 155, 156, 164, 170, 184, 186.

Ein Dank an Carsten Vlierboom, der mir am allermeisten über das Rumverschneiden beigebracht hat. Richard Seale für seine endlose Geduld, seine Meinungen und seinen technischen Input. Luca Gargano, mit dem es immer Spaß macht, sich eine Bühne zu teilen. Ian Burrell für seine grenzenlose Rumleidenschaft – ich habe nur eine Stunde geschlafen! Jeff »Beachbum« Berry und Annene für die vielen Tiki-Infos, Asbel Morales, weil er mir die Augen für kubanischen Rum geöffnet hat, und François Renie, weil ihm dasselbe mit kubanischer Musik gelungen ist. Bruce Perry und John Barrett: Die alten Rumnasen waren immer bereit zu helfen. Ein Dankeschön auch an Ryan Cheti, Laurent Broc, Lorena Vasquez, Rebecca Quiñonez, Christelle Harris, Alexandre Gabriel, Meimi Sanchez, Nick Blacknell, Chris Middleton, Alejandro Bolivar, Shervene Shahbazkhani, die Burrs; Keir, Arthur und The Deacon [RIP], weil er mir erlaubt hat, in der Da Rum Chapel zu predigen; Stef, die noch immer Melasse im Herzen hat; Steve Hoyles und Tony Hart, weil sie mir den Weg gezeigt haben.

Ich danke allen, die mir mit Kostproben und Infos zur Seite gestanden sind: Gabrielle D'Alessandro, Lauren Bajdala Brown, Sonia Bastian, Florent Beuchet, Daniele Biondi, Carl Blackwell, Edward M. Butler, Agatha Chapman-Poole, Oliver Chilton, Ashok Chokalingam, Gabrielle Cole, Emma Currin, Claire Desnoyer, George Frost, Simon Ford, Tom Gamborg, Jenny Gardener, Jessica Gibbons, Nick Gillett, Charlie Graham, der große Jim Grierson, Chris Hysted, Marissa Johnston, Pavol Kazimir, Alexander Kong, Nathalie de Labrouhe, Nicolas Legendre, Duncan Littler, Catherine McDonald, Gregory Neisson, Su-Lin Ong, Bailey Pryor, Fabio Rossi, Chris Seale, Jess Swinfen, Luke Tegner, Cynthia Thomas, Peter Thornton, Guy Topping, Tarja Tuunanen, Abbigale Wallis, Dan Warner, Larry und Simon Warren, Sarah Watson, John West, Emily Wheldon, Lexi Winsley und Raj, Dawn und Jacqui von TWE, weil sie obskure Rums ausfindig gemacht und mir geschickt haben. Keshav für die McDowell's und JD, weil er sein Jetset-Leben unterbrochen und mir in einem Supermarkt in Manila einen Tanduay gekauft hat.

Ein Dank an alle Bartender: Martin Cate, Tony Conigliaro, H. Joseph Ehrmann, Iain Griffiths, Robin Honhold, Charles Joly, Andy Loudon, Stu McCluskey, Jim Meehan, Tim Philips, Tess Postumus, Thanos Prunarus, Scotty Schuder, Joaquín Simó, Tom Walker, Naren Young und an alle, die sich in den letzten zehn Jahren die Zeit genommen haben zu fragen, wann das nächste Rumbuch erscheint. Ich hoffe, es gefällt euch.

Meinen Blogger- und Autorenkollegen: Wayne Curtis, Simon Difford, Martine Nouet, Stashe und Jared, Chris Middleton, John Gibbons, Ian Williams, David Wondrich und allen, die hinter den folgenden hervorragenden Blogs stecken: thelonecaner.com, rumdood.com, thefatrumpirate.com, thefloatingrumshack.com, www.cochacagora.com, robsrumguide.com, www.bostonapothecary.com.

Danke, Denise, Leanne, Juliette, Giulia, Jamie, Geoff, Liz und alle von Octopus: Manchmal kam ich mir vor, als würde ich durch Melasse schwimmen. Danke für euren Glauben, eure Hilfe, eure bemerkenswerte Geduld und eure fantastische Arbeit und Hingabe. Ein Dank auch an meinen Agenten Tom Williams für seine weisen Worte der Vernunft.

Ein Dankeschön an meine wundervolle Frau Jo, die bei der vielen Arbeit immer ruhig geblieben ist, und schließlich an meine Tochter Rosie, die ihrem immer beeindruckenderen Palmarès nun einen Ace Daiquiri Wrangler hinzufügen kann. Ich liebe euch beide.